전쟁미시사

戰　爭　微　視　史

일러두기

1. 단행본과 학술지, 잡지 등은 『 』로, 논문과 단편, 시조, 그림은 「 」로 표기했다.

국학자료 심층연구 총서 25

전쟁
미시사

戰　爭　微　視　史

일기를 통해 본 조선시대 전쟁의 이면

한국국학진흥원 인문융합본부 기획
엄기석 김경태 김정운 김한신 이규철 지음

은행나무

책머리에 • 006

1장
『계암일록』에 나타난 17세기 초반 별역 문제 엄기석 • 009
머리말 | 광해군 연간 재정 부담 증가와 별역 발생 | 인조 연간 별역 징수 지속과 변화 양상 | 맺음말

2장
김종의 『임진일록』을 통해 본 피란 생활과 의병 활동 김경태 • 055
머리말 | 피란의 시작 | 강화도에서의 활동 | 새로운 의병진의 모색 | 맺음말

3장
17세기 전쟁과 혼인과 거주 방식의 변화 김정운 • 097
전쟁과 일상의 변화 | 성행하는 혼인 | 간략해진 절차 | 친족 조직의 등장 | 변화의 의미

4장

1593년 조선 조정의 명군지휘부 접촉과
일본군 공세 논의 김한신 • 153

머리말 | 평양 수복 이후 조선 조정의 명군지휘부 접촉 노력 | 경략 송응창의 조선 조정
인식과 기본 책략 | 맺음말

5장

『임진일록』을 통해 본 전쟁 중
민간의 정보 수집과 교류 양상 이규철 • 203

머리말 | 전쟁 발생 초기 피난 과정 속의 정보 전달 | 민간의 전쟁 상황 파악과 명군 관련
정보의 전달 | 맺음말

　전쟁은 사람들의 일상에 깊은 상처와 씻을 수 없는 고통을 남겨준다. 조선은 임진왜란과 병자호란이라는 큰 전쟁을 겪으며 회복하기 힘든 인적 물적 피해를 입었고, 전쟁 이후에도 큰 후유증을 겪었다. 당시 전쟁을 겪은 사람들의 참혹했던 기록을 통해 우리는 이 땅에서 다시는 전쟁이 일어나면 안 된다는 교훈을 얻을 수 있다.

　『전쟁미시사』는 한국국학진흥원 국학자료 심층연구 포럼의 결과물로, 임진왜란 때 겪은 피란 생활과 의병 활동의 생생한 경험담, 민간의 정보 수집과 그 전달 양상, 조선 조정에서 명군 지휘부와 접촉하기 위해 노력했던 모습, 전쟁 이후 혼인과 거주방식의 변화, 중앙 정부의 재정 부족을 극복하기 위해 초과 부과된 '별역'으로 인한 민간의 부담 등에 대한 심도 깊은 논의를 담고 있다. 『임진일록』, 『운천호종일기』, 『모당일기』, 『경당일기』, 『계암일록』, 『매원일기』 등에는 전쟁의 직접적 피해와 그 이후 이어지는 후유증에 대한 기록이 남아 있어 2023년 5명의 연구자가 모여 1년 동안 '조선시대 전쟁'이라는 대주제를 가지고 같이 공부하고 서로 질문을 던지며 논의를 심화시켜 나가면서 전쟁의 실상에 대해 다각도에서 검토했다. 엄기석은 '『계암일록』에 나타난 17세기 초반 별역 문제'를 주제로 전쟁 이후 중앙 정부의 재정 부족을 극복하기 위해 초과 부과된 '별역'으로 인한 민간의 부담에 대해 살펴보았고, 김경태는 '김종의 『임진일록』을 통해 본 피란 생활과 의병 활동'을 주제로 강화도로 피란 간 김종을 사례로 임진왜란 때 피란 생활과 그의 의병 활동에 대해서 검토했으며, 김정운은 '17세기 전쟁과 혼인과 거주 방식의 변화'를 주제로 전쟁으로 인해 변화된 일상 중에 혼인과 거주 방식에 대해서 조망하였다. 김한신은 '1593년 조선 조정의 명군지휘부 접촉과 일본군 공세 논의'를 주제로 평양 수복 이후 조선 조정이 명군지휘부와 접촉하려는 노력, 일본군에 대한 공세를 위한 명과 조선의 공조를 살펴보았고, 이규철은 '『임진일록』을 통해 본 전쟁 중 민간의 정보 수집과 교류 양상'을 주제로 임진왜란 발생 초기 피란 과정 속에서 민간에 전달되는 정보에 대해서 검토하였다.

『전쟁미시사』는 수많은 기탁자 분들이 소중한 선조들의 기록 유산을 한국국학진흥원에 기탁하여 연구에 활용할 수 있도록 허락해 주셨기 때문에 시작될 수 있었다. 한국국학진흥원에서는 기탁 자료에 대한 기초조사 사업과 함께 국역 사업을 진행하여 '일기국역총서' 시리즈로 『임진일록』(2012), 『경당일기』(2012), 『계암일록』(2013), 『매원일기』(2018), 『운천호종일기』(2022), 『모당일기』(2022) 등을 국역하였는데, 이러한 본원의 사업은 이 연구의 기초로 활용되었다. 무엇보다도 이 연구가 가능했던 것은 참여한 연구자들이 2년 동안 많은 노력을 기울인 덕분이다. 각자의 영역에서 전문가로 활동하는 연구자들이지만 다양한 학문의 전공자들과 심층연구포럼이라는 형식으로 함께 모여 토론하는 가운데 새로운 관점에서 조선시대 전쟁의 참상을 살펴볼 수 있는 성과를 낼 수 있었다.

앞으로도 기탁된 여러 자료에 대한 심도 깊은 연구를 통해 전통시대 사람들의 다양한 삶과 문화의 모습을 이끌어 낼 수 있도록 최선의 노력을 기울이도록 하겠다.

2024년 11월
한국국학진흥원 인문융합본부

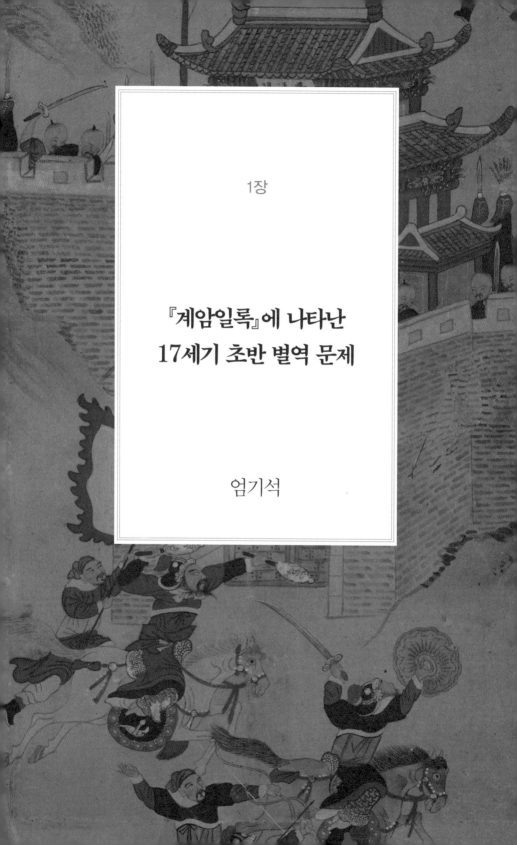

1장

『계암일록』에 나타난
17세기 초반 별역 문제

엄기석

머리말

선조 25년(1592, 임진) 발발한 왜란倭亂은 조선의 근간을 흔드는 사건이었다. 7년여 간의 전쟁은 조선에 회복하기 힘든 인적·물적 피해를 주었고, 전쟁이 끝난 뒤에도 커다란 후유증이 남았다. 조선의 위기는 여기서 끝이 아니었다. 왜란을 전후로 하여 성장한 여진의 누르하치[奴兒哈赤] 세력이 어느새 명明을 위협할 정도로까지 성장하였고, 조선은 국가 재건에도 힘에 부치던 상황에서 북방 여진의 위협까지 방비해야만 하였다. 정유재란을 끝으로 물러난 일본의 재침 우려도 끊이지 않는 상황이었다. 이처럼 17세기 초반 동북아시아의 국제적 혼란 속에 조선은 계속된 위기를 겪었고, 그만큼 군사·외교 비용의 부담을 안아야 했다. 외부 세력의 위협에 맞서서 국방비 지출이 늘어났으며, 중국 사신의 잦은 방문은 조선의 재정이 회복할 틈조차 주지 않았다. 여기에 내부적으로는 왜란으로 파괴된 국가 기반 시설의 재건이라는 막대한 재정 수요도 있었다. 결국 정해진 세액 범위에서는 이 비용을 모두 감당하기가 어려웠으며, 정규세가 아닌 일종의 '임시세' 형태의 비정규세를 만들어 재정을 충당할 수밖에 없었다.[1] 이러한 비정규세 문제는 일반적인 부세 운영에 위반이 되는 요인이었으므로 상례적으로 받는 세목인 '상세常稅'에 대비되어, 명분이 없는 추가 부세라는 의미와 함께 '별역別役'이라고 불렸다.[2]

　기존 연구에서는 17세기 초반 출현한 비정규적인 세목에 관하여 대체로 국가 혼란기에 만들어진 불필요한 징수이면서 민인에게는 커다란 부담이었음을 설명하였다. 해당 내용을 구체적으로 살펴보면 우선 광해군 연간을 전후로 분호조分戶曹를 비롯한 조도어사調度御史 등의 제도가 만들어져 국가의 대규모 역사役事나 사신 접대, 군사비용 등을 대처하였음을 설명하였다.[3] 부족한 재원을 마련하기 위한 방도로는 정규세 범주를 넘는 당병량唐兵糧과 결포結布 등의 징세가 시행되었음을 확인하였고,[4] 최근에는 명사明使의 접대에 활용된 결포 부담이 실제 국가재정 운영에 어느 정도 영향을 끼쳤는가를 살펴본 연구도 제시되었다.[5] 이상의 연구를 통하여 17세기 초반에 있었던 대내외 위기 속 부세 운영에 대한 전반적인 이해가 가능하였다. 하지만 기존 연구만으로는 추가적인 부세에 대해 민인이 체감하는 실질적 부담이 어떠하였는지, 별역 부과가 어느 수준까지 이루어졌던 것인지에 대해서 파악이 어려운 게 사실이다.

　국가의 입장에서는 파악하기 어려운 지방 혹은 납세 당사자의 실질적 부세 납부 구조와 부담, 인식을 알아보고자 한다면 해당 시기 상황을 담은 일기 자료의 활용이 좋은 방법이 될 수 있다.[6] 현재 다양한 일기 자료가 발굴되어 번역과 데이터베이스화가 진행되고 있다. 모든 일기가 그러한 것은 아니지만 일부 자료에서는 실제 부세 납부와 관련된 상세한 기록도 찾아볼 수 있어 주목된다. 이 연구에서는 그중에서도 17세기 초반, 왜란 이후부터 호란을 전후로 하여 경상도 예안의 상황을 담은 『계암일록溪巖日錄』을 통해 해당 시기 별역과 관련된 구체적인 사안을 확인해 보고자 한다.

『계암일록』은 광산 김씨 예안파 인물인 김령金坽(1557~1641)이 1603년부터 1641년까지 작성한 일기 자료다. 『계암일록』에는 김령 본인의 가정생활, 교우관계와 같은 사적인 부분부터 관직 및 지역사회 활동 등 공적인 업무까지 다양한 내용이 수록되어 있다.[7] 특히 저자인 김령은 예안 지역의 부세 문제에 관심을 두고 해당 내용을 일기에 상세하게 서술하였다. 『계암일록』에 서술된 부세 관련 사항은 이미 기존 연구에서 정리한 바 있다. 실제 예안현의 전세 부담액, 공물 납부 방식 등의 변화를 분석한 사례[8]와 『계암일록』에 다수 나타나는 토지 8결 기준의 부세 단위에 주목하여 공동납의 선행적 형태인 '공역호貢役戶'가 운영되었음을 밝힌 연구 결과가 제시되었다.[9]

『계암일록』은 왜란 직후 혼란한 시기를 대상으로 한 기록이니만큼 정규적인 세액 부담 외에도 이 시기에만 발생한 각종 별역別役 문제도 보여 준다.[10] 광해군 연간에 발생한 궁궐목宮闕木과 결포, 이어서 인조 연간에도 징수되었던 결포를 비롯하여 당량唐糧 등의 별역에 관한 내용이 기록되어 있다. 『계암일록』에는 별역에 대한 항목별 상세한 설명도 있지만 40여 년이라는 짧지 않은 기록 속에서 별역의 발생부터 변화까지도 살펴볼 수 있는 자료이기도 하다. 이 연구에서는 『계암일록』에 등장하는 별역 사례를 종합하여 실제 연대기에서는 확인하기 어려운 실제 납부 과정, 납세자의 부담 정도, 해당 부세의 인식 변화 등을 살펴보고자 한다. 이를 위하여 비정규세인 별역이 생성·확대되어 가던 광해군 연간과 해당 세목의 유지·변화가 나타나는 인조 연간으로 시기를 구분하여『계암일록』에 등장하는 별역 징수를 확인해 보겠다. 해당 일기 자료의 연구를 통해 전쟁을 전후로 한 일반 사람들의 생활이 조명되고, 동시에 기존 제도적 시각에서는 확인하기 어려웠던 부분이 채워지기를 기대한다.

광해군 연간 재정 부담 증가와 별역 발생

왜란 이후 재정 부담 증가와 별역 부과

조선은 왕조 초반 조용조租庸調 기반의 부세제도를 설계, 운영하였다.[11] 토지와 가호, 인신에 각각 전세와 공물, 요역을 부과하여 재원을 마련하였고, 징수된 다양한 품목의 세원을 바탕으로 왕실과 정부에서 필요로 하는 각종 수요를 충당하였다. 이러한 재정 체계는 왜란을 계기로 크게 변화하였다. 전쟁이라는 비상 상황에서 정부는 필수적인 군량 확보를 위하여 기존 현물 위주의 공납을 쌀 등으로 바꿔서 내는 작미作米를 시행하였다. 문제는 물종 변화만으로는 증가하는 재정 수요를 감당하기가 어려웠다는 점이다. 이에 전란 중에 가세미加稅米·별수미別收米·호수미戶收米와 같이 기존에는 없었던 추가적인 부세, 일종의 비정규적 세목을 만들어 징수하는 방식을 시행하였다.[12] 선조31년

(1598, 무술) 일본군이 철수하면서 전쟁은 끝이 났지만, 재침의 우려 속에 명군의 일부가 조선에 남아 있는 등 전쟁의 위기가 지속되었다.[13] 여기에 전쟁으로 파괴된 궁궐 복구와 잦은 명 사신의 방문을 응대하기 위한 외교 비용 마련도 필요하였다. 결국 전쟁 이후에도 비정규적 세액 징수, 즉 별역의 부과가 불가피한 상황이었다.

왜란 이후 부과된 별역이 이전과 다른 점은 부세 품목의 전환이었다. 전쟁 중에 조선 정부에 가장 필요한 품목은 군량, 즉 쌀이었다. 하지만 전란 이후에는 포목이 가장 필요한 품목으로 바뀌었다. 당시 포목은 대일관계에 쓰이는 공목公木과 같이 직접적인 사용도 있었지만,[14] 실제로는 궁궐 공사와 외교 비용 등에 필요한 지불 수단으로 그 수요가 증가하는 양상을 보였다.[15] 정부는 해당 비용 마련을 위하여 공물 일부를 포목으로 전환하여 징수하는 방안 등을 시행하였다. 그러나 그것만으로는 필요한 포목을 확보하기 어려웠다.[16] 결과적으로 정규세 범위에서 벗어난, 별역에 해당하는 포목 징수가 시행되었다.

포목의 추가 징수는 주로 전결을 기준으로 한 이른바 '전결수포田結收布' 방식이 채택되었다. 전결수포는 양안量案상 등록된 토지를 바탕으로 일정한 결수에 맞추어 포를 징수하는 방법이었다. 이때 발생한 별역은 삼결포三結布 · 오결포五結布와 같이 '결수+결포'로 불렸다.[17] 이와 같은 전결에 포목을 거두는 제도는 선조 연간 말에 궁궐 건립을 위한 징수에서부터 확인해 볼 수 있다.

선조 39년(1606, 병오) 종묘궁궐영건도감宗廟宮闕營建都監의 보고를 살펴보면, 공사를 위한 재목과 철물 등에 필요한 재원 마련을 위하여 전결에 포를 봄에 징수해야 한다고 하였다. 다만 조사詔使의 방문 때문에 민간의 부담이 증가하므로 가을로 미루어 거두기로 하였다는 의견을 올렸다.[18] 실제 선조 39년의 결포는 징수되었는데, 이는 『계암일록』의 기록을 통해서 찾아볼 수 있다.

> 궁궐 건립에 필요한 면포는 지난해 민간에서 1결당 1필을 거두었다. 가늘기[細]가 8~9승升에 이르고, 길이는 40자에 이르렀다. 민인의 재력이 전부 고갈되어 겨우 마련하여 납부하였는데, 이번에 들으니 조정 납부하여 역군들에게 지급한 값은 모두 5승의 품질이 낮은 베라고 한다.[19]

『계암일록』의 선조 40년(1607, 정미) 6월 기록에 궁궐 건립에 필요한 면포를 지난해인 선조 39년 1결당 1필을 거두었음을 확인할 수 있다. 이는 앞서 살펴본 실록 기사에 등장하는 궁궐 공사를 위한 결포 징수에 해당하는 내용으로 파악된다. 해당 결포에 대한 김령의 설명을 살펴보면 궁궐 건립에 필요한 면포에 대하여 8~9승에 이르는 품질이 좋은 품목을 내도록 하였는데, 실제 역군들에게 지급한 면포는 모두 5승으로 하품이었음을 비판하였다. 이와 같은 궁궐 공사를 위한 결포 징수는 광해군 연간에도 이어졌다.

광해군 연간은 후에 반정反正의 빌미가 될 정도로 기존에 파괴된 궁궐의 복구에, 인경궁仁慶宮의 조성까지 크고 작은 공사가 많았던 시기였다.[20] 이때 앞선 선조 연간과 마찬가지로 해당 비용 마련을 위한 추가적인 결포 징수가 시행되었다. 광해군 9년(1617, 정사) 7월 영건도감營建都監에서 증가한 경비를 충당하기 위하여 결포를 징수해야 하는 상황임을 설명하였고, 결과적으로 선조 연간의 사례에 의거하여 1결당

1필을 거두는 조치가 취해졌다.[21] 실제 광해군 연간에 있었던 결포 징수 사례도『계암일록』을 통해서 확인된다.

> 정병장속精兵裝束에 필요한 면포를 독촉하여 거두었다. 이것은 전결田結에 부과하는 것이다. 이 외에도 연가목烟家木이 있어 내가 사는 곳에는 두 필로 정해졌다. 요역徭役이 심하여 백성들이 의지하여 살 수가 없었다. 최근에는 요역과 부세, 민전에 대한 세금 외에도 별도 항목이 있는데, 궁궐목宮闕木(이는 지난해 궁궐을 지을 때 낸 것이고 매년 그런 것은 아님)이 있고, 기인목其人木은 궐내와 각사의 땔감 값이다. 삼수목三手木은 포수와 사수의 양료糧料 값이며, 대동목大同木은 서울의 각사와 상급 관청의 제반 비용이다. 우리 집은 다섯 필을 할당받았다. 세후목稅後木은 세를 운반할 때 드는 비용으로 대개 인정人情이라 하는 것이다. 정병장속목精兵裝束木과 정병장속연가목精兵裝束煙家木의 목木은 면포의 방언이다. 그 외 상공上供하는 여러 물품이 백 종류가 되어서 마치 거미줄과 쇠털과 같아 셀 수 없을 정도다.[22]

위 기사를 살펴보면 정병장속목을 비롯하여 기인목·삼수목 등 다양한 세목이 등장하는데, 그중에서도 '궁궐목'을 주목해 볼 수 있다. 궁궐목은『계암일록』에 세주로 설명되어 있는데, 지난해인 광해군 10년(1618, 무오)에 궁궐 공사를 위하여 징수되었으며 매년 내는 정기적으로 부과되는 세액이 아니라고 하였다. 이는, 즉 정기 부세와는 대비되는 별역에 해당하는 항목이었다.

'궁궐목'이라는 용어는 비슷한 시기 대구에 거주하였던 손처눌

17

孫處訥(1553~1634)이 기록한 『모당일기慕堂日記』에서도 찾아볼 수 있다. 『모당일기』 광해군 9년 10월 기록 중에 "이정里正이 궁궐목의 품질을 보러 마을을 순시하였는데 8승 40척으로 정하였다. 전에는 6승 36~37척이었는데, 혹 내년에는 9승 50척이 될 것이라는 말이 있다." 라는[23] 내용이 있다. 이를 통해서도 광해군 연간 궁궐목이라는 명목의 결포가 징수되고 있었음을 확인해 볼 수 있다.

이상 살펴본 바와 같이 왜란 이후, 선조 후반부터 궁궐 공사와 같은 전후 복구를 위한 재정 수요가 급증하자 이를 충당하고자 별역이 징수되었다. 별역은 대부분 포목으로 징수되었고, 전결수포의 원리에 따라 토지에 부과하는 방식을 택하였다. 이러한 추세는 광해군대에도 이어졌는데, 광해군 연간에는 궁궐 건립 비용만을 위한 이른바 '궁궐목'의 징수도 시행되었다. 그런데 이 시기 별역의 수요는 공사 비용에만 있지 않았다. 당시에는 왜란 이후 대외 정세의 혼란 속에 명 사신의 방문이 증가하였고, 이들을 위한 접대 비용 마련도 조선 정부 입장에서는 만만치 않은 부담이었기 때문이다.

외교 비용 증가와 결포 부과

광해군 연간 별역의 부과는 궁궐 공사비 마련 외에도 사신 접대와 같은 외교 비용을 충당하기 위한 징수도 있었다. 명 사신의 조선 방문 횟수는 선조 초반까지만 하더라도 1년에 1회가 안 될 정도로 드문 일이었다.[24] 하지만 왜란 이후 명의 원군 파견과 이후 후금後金과의 대치 상황 등으로 인하여 공식적인 조사나 칙사 파견뿐만 아니라 감군監軍 또는 차관差官의 방문이 수시로 이루어졌고, 이에 따라 외교 경비가 증가할 수밖에 없었다.[25] 여기에 임진왜란이 끝나고 나서부터 기존에는 배제하였던 은과 인삼을 명 사신에게 예물로 지급하면서 이들에 대한 접대 비용이 눈에 띄게 늘어났다. 광해군~인조 연간에도 명 사신의 은·인삼 요구는 지속되었고, 사신의 방문 때마다 이전의 전례보다도 더 많은 양을 요구하면서 외교 비용은 계속해서 증가하였다.[26] 이러한 비용의 증가는 앞선 궁궐 영건 사례와 마찬가지로 일반적인 재정만으로 충당하기 어려운 양이었다. 결국 외교 비용 마련에도 비정규세인 별역의 징수를 피할 수 없었다.

> 조도사가 독촉하는 내용의 관문이 고을에 이르렀다고 한다. 은가면포
> 銀價綿布는 이번 달 16일까지, 대동포大同布는 20일까지, 전세포田稅布는
> 25일까지 납부하라고 하니, 다급하기가 성화와 같았다. 백성의 살림살
> 이가 파산하였으니 장차 준비하여 납부하는 일을 어떻게 기한에 맞출 수
> 있겠는가?[27]

위의 내용은 『계암일록』의 광해군 6년(1614, 갑인) 10월 기록으로 부세 징수를 위하여 선조 연간부터 파견되어 오던 조도사가 예안까지 와서 납세를 독촉하는 장면이다. 해당 내용에 나타난 세목은 은가면포를 비롯하여 대동포, 전세포 등이 있었다. 해당 징세가 있기 전인 광해군 6년 9월에 명 사신 접대를 위한 비용 마련으로 강원도와 하삼도에 결포 징수가 결정되었다.[28] 이를 통해 위의 『계암일록』에 등장하는 은가면포가 명 사신 접대에 쓰이는 은을 구입하기 위한 추가적인 부세, 별역임을 알 수 있다.

이처럼 외교 비용의 수요 증가로 인한 별역 징수는 광해군 말까지도 지속되었다. 광해군 14년(1622, 임술)에는 명에서 후금과 전쟁을 위한 조선의 출병과 조선에 피난해 온 요동 민인들을 위로하기 위한 목적으로 감군어사監軍御史 양지원梁之垣이 파견되었다. 양지원은 감군이었지만 사실상 조사와 같은 예우를 받았고, 조선에서도 이에 맞는 접대가 논의되었다.[29] 실제 양지원은 조선에 들어와서 5~6만 냥에 해당하는 은을 받았는데,[30] 정부는 이때 필요한 은값 마련을 위한 별역으로 결포를 부과하였다.

중국 장수 양 감군에게 줄 은가로 3결당 포목 1필을 이미 관아에 납부하였다. 또한 관첩官帖에 징수하는 품목을 보니, 감군 처소에 필요한 추가 물목으로 부채[扇子] 15자루의 값 포목 30필, 갓모[笠帽] 1개 값 3필, 살아 있는 돼지[生猪] 1마리 값 50필, 백별선白別扇 5자루 값 15필, 은자銀子 6냥 값 30필, 국마國馬가 죽은 것에 대한 값 70필, 존호를 올리는 데 진상하는 말의 값 20필, 진상할 별궁자別弓子 1자루에 대한 값 3필, 충렬록忠烈錄에 대한 값 3필, 선생안先生案을 만들 종이 4장 값 8필, 동철銅鐵의 값 30필, 품포品布 1필의 값 15필 등 모두 11가지 명목으로 민간에서 차출하는데, 2결 80부당 포목 1필씩을[31] 내어야 하니 백성들이 어찌 감당하겠는가? 한스럽다. 민인들이 전결에 이미 부과된 활 값을 준비하였는데 또 별도의 활을 정하니 더욱 한스럽다.[32]

『계암일록』의 광해군 14년(1622, 임술) 5월 기사에는 감군어사 양지원에 대한 접대 비용의 재원 확보 방식이 서술되어 있다. 구체적으로 살펴보면 예안에는 양지원의 처소에 필요한 품목 마련을 위하여 은 가만이 아니라 부채, 갓모, 돼지, 말, 활 값 등을 명목으로 각종 잡물가도 부과되어 2결 80부당, 대략 3결당 1필에 해당하는 비용을 납부해야 함을 설명하였다. 여기에서 김령은 이미 활[弓子] 값을 납부하였는데 다시 '별궁자別弓子'라는 명목을 만들어 징수하는 일을 비판하였다. 이 내용을 통해 징수한 삼결포 외에도 감군어사 접대를 위한 다른 세액 부과도 있었던 것으로 추정된다. 이처럼 광해군 연간 내내 사신 접대를 위한 외교 비용의 마련에 대한 별역 부과가 수시로 이루어졌음을 확인해 볼 수 있다.[33]

　이처럼 광해군 연간에는 전후 복구뿐만 아니라 외교 비용 마련을 위한 별역도 발생한 시기였다. 명 사신의 방문 횟수가 증가하였고, 이들이 요구하는 품목도 인삼이나 은과 같이 고가품이 되면서 재정 부담은 지속적으로 증가하였다. 이를 맞추기 위해서 별역 징수는 피할 수 없었고, 실제 은가면포 등을 명분으로 결포 징수가 시행되었다.

　광해군 연간 별역 징수에 대하여 한 가지 생각해 볼 수 있는 문제는 국가 입장에서 별역은 기존 재정 원칙이라 할 수 있는 '양입위출量入爲出'과 반대되는 재정의 수요를 고려한 '양출量出'의 원리로 시행되었다는 점이다.[34] 여기에 별역 부과 징수의 기준이 되는 전결의 확보가 양전量田의 미시행으로 인하여 제대로 이루어지지 않았다는 점도 광해군 연간 별역 운영의 부담으로 작용하였다. 결과적으로 별역의 시행은 광해군 정국 운영의 부담으로 작용하였고, 반정反正의 빌미 중 하나가 되었다. 그렇지만 별역의 문제를 비난한 인조 정권이라고 해서 상황이 나아진 것은 아니었다.

인조 연간 별역 징수 지속과 변화 양상

결포 부담의 지속과 완화

광해군 15년(1623, 계해) 3월 광해군의 실정失政을 이유로 서인 세력과 광해군의 조카 능양군綾陽君이 주도한 이른바 인조반정이 일어났다. 이 사건으로 광해군과 대북大北 정권은 무너졌고, 인조가 새로운 왕으로 즉위하면서 정국이 변화하였다.[35] 반정 세력은 광해군대에 추진되었던 대내외 정책이 대부분 잘못되었음을 지적하였다. 그중에 하나가 지나친 토목 공사와 조도사의 수탈 등으로 인한 민심 이반이었다.[36] 이에 따라 인조 정권은 집권 직후 궁궐 공사 등을 중지하였고, 기인목과 같은 포목 징수도 없애도록 하였다.[37]

하지만 현실은 정권의 의지대로 되기에 어려운 상황이었다. 정권은 변하였지만 대외적인 여건의 상황은 크게 달라지지 않았기 때문이다. 명 사신에 대한 접대는 여전히 큰 부담이었고 후금의 위협도 줄어들지 않았다. 오히려 친명親明을 지향하는 정권이었기 강성해지는 후금에 대한 방비도 서둘러야만 했다. 실제 반정 직후 별역의 징수를 중지하였지만, 감군이 온다는 보고를 받고 징수하지 못한 결포 일부를 그대로 받게 하는 모습을 보이기도 하였다.[38] 이후 인조 연간에도 조사와 칙사, 감군어사와 같이 명의 사신 방문이 잦았고, 결국 광해군 연간과 마찬가지로 경상비 마련 외에 추가적인 세액 확보를 위한 별역의 징수가 불가피해졌다.

인조 3년(1625, 을축) 4월, 인조의 책봉을 위한 조사가 파견되었다.[39] 연초부터 정부에서는 이들 사신 접대를 위한 비용 마련을 논의하였다.

이때 호조에서는 삼결포의 징수가 광해군대에 있었던 실정 중 하나로 혁파해야 하지만 비용 마련을 위해서 피치 못하게 폐지하지 못하고 있음을 설명하였다.[40] 결과적으로 책봉 조사의 접대를 위한 결포 징수가 결정되었고, 논의를 거쳐 3~4결당 1필을 거두는 방식이 채택되었다.[41] 이때 징수된 결포에 관해서는 앞선 사례와 마찬가지로 『계암일록』을 통해 확인할 수 있다.

> [책봉]조사詔使 접대를 위한 요역徭役이 매우 번잡하고, 물목物目은 헤아릴 수가 없었다. 가장 문제는 목면이 부족한 때라서 3~4결마다 은가銀價와 기인其人, 각종 명목의 포목을 마련할 길이 없으니, 백성들의 삶이 매우 곤궁해졌다.[42]

위의 『계암일록』을 살펴보면 인조 3년, 책봉조사 접대 비용 마련을 위하여 3~4결마다 은가와 기인가其人價 등을 명목으로 결포가 징수되고 있음을 알 수 있다. 이때 거두어진 결포는 대략 2,490여 동이고 『계암일록』에서도 볼 수 있듯이 사신에게 예물로 지급하는 은 등을 매입하기 위한 비용으로 지출되었다.[43] 이처럼 인조 정권은 광해군 연간에 있었던 별역 징수를 부정하였으나, 현실적인 외교 비용 마련을 위해서 기존의 결포 징수와 같은 별역 부과를 중지할 수가 없었다.

인조 연간에는 외교 비용 마련 외에도 양서 지역에서 이정移定된 공물가를 대신한 오결포五結布나 조례가皂隸價 등의 다른 비정규세도 여전하였다.[44] 다만 오결포와 같은 세목의 경우 매년 부과되는 항목이었으므로 별역으로 인식되기보다는 일반적인 정규세의 영역에 포함되는 추세였다. 인조 연간의 별역 문제는 외교 비용을 마련할 때 유독 나타났다. 특히 인조 12년(1634, 갑술)에는 소현세자 책봉사가 방문하면서 다시 결포 문제가 대두되었다. 이때도 책봉 조사의 접대를 위한 은가 마련을 위한 삼결포 징수가 결정되었다.[45]

> 칙사 접대를 위하여 이 고을에 3결포 280여 필이 차정되었다. 유둔油芚 2, 유후지油厚紙 5, 우롱雨籠 7, 백저白苧 2필, 꿀[蜜] 2두, 밀랍[蠟] 3근, 찹쌀[粘米] 5두, 백지白紙 55권, 살아 있는 돼지 2마리, 노루 가죽 2, 크고 작은 줄과 작은 사슴 가죽 및 땔감 6근 등 다른 물종이 20여 건이다. (…)[46]

인조 12년 삼결포 징수는 경상도 예안에서도 있었다. 『계암일록』을 살펴보면 중국 칙사 접대를 위하여 예안에서 삼결포로 총 280여 필을 거두어 납부했음을 알 수 있다. 결포 외에도 유둔, 유후지, 우롱 등 20여 가지의 잡물도 함께 부과되었다. 해당 별역 징수에 대하여 김령은 이미 세포稅布를 거두었음에도 다시 추가 징세가 이루어지는 상황을 비판하며 백성의 곤궁함을 염려하기도 하였다.[47] 이처럼 민간에 무리가 되는 삼결포를 비롯한 각종 수요품의 징수가 있었지만 실제로 이러한 별역 징수만으로는 사신 접대의 수요를 맞추지 못한다는 것이 문제였다. 결국 정부에서는 삼명일三名日 방물을 작목作木하거나 병조의 여정목餘丁木을 활용하는 등의 방법을 통해 접대 비용을 충당하는 조치도 취하였다.[48]

인조 연간 외교 비용 마련을 위한 별역 부과는 책봉 조사의 접대에서 그치지 않았다. 인조 14년(1636, 병자)에는 명에서 감군어사 황손무黃

孫茂가 방문하면서 감군 일행을 접대하기 위한 비용 마련이 문제로 떠올랐다. 이때 호조판서 김신국金藎國은 호조의 비축된 목 1천여 동과 사섬시司贍寺에 있는 목 3백여 동을 활용하는 방안을 제기하였다. 하지만 곧 이 물량만으로는 부족하다는 의견이 나왔고, 종이와 부채 같은 잡물의 경우 지방에 분정分定할 수밖에 없다고 하였다.[49] 이때 결포에 대한 직접적인 논의는 없었으나 같은 시기 『계암일록』의 기사를 통해 은가포와 같은 결포 징수가 있었음을 확인할 수 있다.

> 요역의 번다함이 요즘과 같은 날이 없다. 이미 정병포精兵布와 대동포大同布를 내었는데 통신사의 지대를 위한 물목이 마치 털처럼 많아서 전부 기록할 수가 없을 정도다. 황감군의 접대에도 생저포生楮布·은가포銀價布와 기타 침책侵責이 너무 많아 지탱하기 어려울 정도다. 여기에 연가烟家 부역도 번잡하며, 정병구피精兵狗皮·군기칠즙軍器柒汁·염초焰硝 등의 일로 어지럽고 곤궁하여 피폐해지니 백성이 명을 견딜 수가 없다.[50]

위의 『계암일록』 내용은 인조 14년 8월의 기사다. 내용을 살펴보면 다양한 별역 징수로 인한 어려움을 토로하고 있는데, 그중에 인조 14년에 명에서 파견되는 감군어사 접대를 위한 비용으로 생저포와 은가포와 같은 포목 징수가 시행되었음을 설명하고 있다. 해당 별역의 경우 세율과 같은 징세 기준에 관해서 확인이 어렵지만,[51] 결과적으로 명 사신의 접대를 위한 외교 비용이 이때에도 사실상 결포 부과를 통해 이루어졌음을 알 수 있다.

이처럼 인조 연간에는 명사 접대에 필요한 비용을 충당하기 위한 결포 징수가 계속해서 발생하였다. 이러한 추세의 결과 인조 6년(1628, 무진) 명 사신 접대 비용 마련을 논의하는 자리에서는 전결에 따라 면포를 거두는 일은 항규恒規라는 표현이 나올 정도였다.[52] 외교 비용 충당을 위한 별역 부과가 관례 혹은 고정화되는 상황이었다.

명 사신 접대를 위한 외교 비용은 인조 14년에 발발한 병자호란을 기점으로 변화하였다. 호란 이후 더 이상 명 사신이 조선에 들어오지 못하면서 이들에 대한 접대 비용이 사라졌기 때문이다. 하지만 그렇다고 외교 비용 부담이 사라진 것은 아니었다. 오히려 각종 요구 사항을 전달하기 위한 청淸 사신의 방문이 빈번해졌고, 여기에 세폐歲幣 징수까지 시작되면서 조선 정부의 대외 비용은 훨씬 증가하였다.

먼저 사신에 대한 접대 비용 문제를 살펴보면 인조 재위 시 호란 패배 이후부터 청에서 사신을 파견한 횟수는 58회로 연평균 4.5회 정도로 방문이 빈번했다.[53] 기존 명 사신 방문과 마찬가지로 은과 인삼의 요구가 있었고, 오히려 이전보다도 사신 방문이 잦아지면서 이들에 대한 접대 비용은 경상 재정만으로는 감당하기가 어려웠다. 결국 이전과 마찬가지로 별역 부과가 시행되었다.

> 오랑캐 사신이 장차 11월에 온다고 하는데, 이른바 칙사다. 각 고을에 물목을 배정한 게 아주 많은데 우리 현에는 10결포 외에 저포紵布와 돼지·거위·쌀·깨·백지 등의 물품이 배정되었다.[54]

병자호란 이후인 인조 15년(1637, 정축) 8월 『계암일록』을 살펴보면 오랑캐 사신, 즉 청의 칙사 접대를 위한 이른바 십결포 징수가 있었다.

이 외에도 저포·돼지·거위 등의 잡물 역시 분정되어 있었다. 이를 통해 청 사신 방문 시에도 이전처럼 별역 징수를 통한 비용 마련이 전개되었음을 알 수 있다. 사신 방문 시 접대 비용을 충당하기 위한 결포 징수는 인조 17년(1639, 기묘) 팔결포를 거둔 사례를 통해서도 확인된다.[55] 다만 병자호란 이후 사신 접대를 위한 결포 징수는 이전과 차이를 보인다. 명 사신 접대 때만큼이나 결포 징수에 적극적이지 않고, 정부의 논의조차도 많이 사라졌기 때문이다. 오히려 이때 별역 부과 논의는 사신 접대보다는 세폐를 마련하는 데 초점이 맞춰졌다.

세폐는 이전에는 대중국 관계에서는 찾아볼 수 없는 것으로 조선-청의 관계가 패전국과 승전국이고, 동시에 청의 유목 민족적인 특성에서 기인한 외교적 항목이었다. 세폐의 경우 이전 조공-책봉 관계에서 발생하는 방물과 다르게 징벌적 성격이 있었으므로 조선에 강제되었고, 이전과는 비교하기 어려울 정도로 커다란 부담이었다. 병자호란 직후 조선의 세폐와 방물 마련에는 40~50만 냥에 이르는 수준의 비용이 필요하였는데 이는 일반적인 재정 범위를 훨씬 웃도는 양이었다.[56] 결국 정부는 세폐 비용의 마련을 위한 별역 부과를 시행할 수밖에 없었다. 실제 인조 17년에는 세폐 관련 논의 과정에서 3~4결포 징수가 건의되기도 하였다.[57] 다만 해당 결포 납부가 이루어졌는지 확인은 어렵다.

> 오랑캐에게 바치는 세공歲貢인 칠결포七結布의 납부를 독촉하였다. 예안 현감[地主]은 반드시 8승 4~5척을 기준으로 하였는데, 말할 수가 없다.[58]

세폐를 마련하기 위한 실제 결포 징수 사례는 『계암일록』을 통해서 확인된다. 인조 18년(1640, 경진) 세공歲貢[세폐]을 위하여 7결당 1필, 즉 칠결포 부과가 있었는데, 예안에서는 8승 이상의 품질을 요구하여 높은 등급의 포목을 내야 했음을 알 수 있다. 이처럼 병자호란 이후에 세폐라는 새로운 외교 비용 부담이 추가되면서 이전과 유사한 방식의 결포 징수가 시행되고 있었다.

이상 인조 연간 결포 부과에서 한 가지 주목할 만한 부분은 이 시기 결포 부담의 기준이 변화하였다는 점이다. 『계암일록』을 살펴보면 앞선 선조~광해군 연간에는 1결당 1필을 거두는 등 결당 부과 액수가 매우 큰 수준이었다. 이후 인조 12년(1634, 갑술) 책봉 조사에 관한 접대에서는 3결당 1필을 징수하였다.[59] 그런데 청 사신 접대와 세폐 비용 마련을 위한 결포 부과를 살펴보면 7결 혹은 10결을 기준으로 징수하였다. 즉 1필을 거두는 전결의 기준이 증가, 1결을 기준으로 하였을 때 부과량은 감소하는 모습을 보이고 있었다. 이러한 변화 양상을 그래프로 나타내면 다음 그림과 같다.

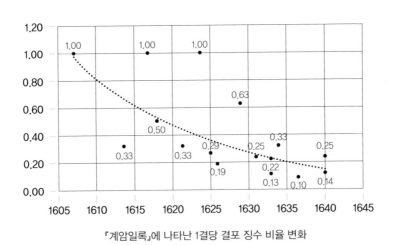

『계암일록』에 나타난 1결당 결포 징수 비율 변화

앞의 그림에서 점선으로 그린 추세선을 살펴보면 결당 결포 징수는 광해군 초반 1결당 1필 수준에서 점차 하향 조정되어 인조 연간 후반에 가서는 결당 0.10~0.14까지 떨어졌다.[60] 이와 같은 추세는 대체로 병자호란을 전후로 하여 결포 징수의 부담이 크게 완화된 측면으로 해석해 볼 수 있다. 결포 부담이 나아질 수 있었던 이유는 궁궐 공사와 같은 대규모 재정 수요의 감소도 있었겠지만, 결정적으로는 인조 12년부터 시행되었던 갑술양전이 계기가 되었을 것으로 보인다.

왜란 이후 재정 확충을 위하여 선조 34년(1601, 신축)에 이른바 '계묘양전'이 시행되었다. 하지만 계묘양전은 조사 당시 전후 복구가 제대로 이루어지지 않은 상황이었고, 양전 과정도 세밀하지 못하였기 때문에 왜란 이전의 전결 수준에 크게 미치지 못한 결과로 마무리되었다. 이후 양전에 대한 필요성은 꾸준하게 제기되었으나 실제 시행은 인조 12년에나 가능하였다. 이때 정부에서는 하삼도를 대상으로 양전사量田使를 파견하여 적극적인 조사를 시행하였고, 그 결과 앞선 양전보다 1.4배 증가한 89만 5천여 결의 수준으로 전결 수를 회복하였다.[61] 갑술양전의 결과는 군현별로 파악하기 어렵지만 『계암일록』에 따르면 당시 경상도 예안현에서도 양전이 실시되었고,[62] 고을의 전결은 이전 5백 60여 결 수준에서 대략 2백여 결이 증가하였다.[63]

갑술양전 이후 정부는 전결 수 회복에 맞추어 이전부터 전결에 부과되었던 각종 비정규 세목을 완화하는 조치를 취하였다.[64] 이는 결포를 비롯한 결당 부과되던 각종 별역의 부담을 감소시키는 결과를 가져왔다. 실제 『계암일록』에서 살펴볼 수 있는 것처럼 예안현도 전결이 대략 1.3~1.4배 증가함에 따라 결포 부담액을 기존 3~4결포에서

7~10결포로 변화시켰다. 결과적으로 양전이 별역 부담을 크게 낮추는 요인으로 작용하였다고 볼 수 있다.

인조 정권은 광해군대에 있었던 각종 별역 부과를 부정하며 탄생하였지만, 현실의 상황은 녹록지 않았다. 정권 교체 이후에도 대외적인 위기는 지속되었으며 사신 접대를 위한 비용 마련에 결포와 같은 별역의 부과는 계속될 수밖에 없었다. 인조 연간에는 오히려 사신 방문 때마다 삼결포를 징수하는 일이 고정화되는 추세도 보였다. 병자호란 이후 명 사신에 대한 접대는 사라졌으나 더욱 증가한 청 칙사의 방문과 세폐 마련을 위한 비용 부담이 있었다. 정부는 이에 대한 재정 수요도 마찬가지로 결포 징수 등으로 해결해 나갔다. 다만 이전과 다른 점이라면 결당 부과 액수가 크게 줄었다는 점이다. 이는 갑술양전을 통한 전결 증가가 결정적인 원인이었을 것으로 보인다. 실제 『계암일록』을 살펴보면 예안현에서도 양전 결과, 전결이 증가하면서 기존 3~4결포에서 7~10결포 수준으로 부담이 완화된 추세를 확인할 수 있다.

당량의 징수와 폐지

앞서 살펴본 바와 같이 왜란 이후 전후 복구 과정에서 발생한 비정규세인 별역은 궁궐 영건이나 외교 비용 충당을 위한 결포 등이 있었다. 그런데 이 시기 별역은 결포만 있는 게 아니었다. 이 시기는 군사적인 위험이 증가하던 때였기 때문에 군량을 확보하는 문제가 중요하였고, 이를 충당하는 데에도 별역의 부과가 있었다. 실제 광해군~인조 연간에는 변방의 방비와 명 혹은 청의 요구에 따라 원군 파견이 있었고, 이때마다 대량의 군량 마련이 필요하였다. 이에 대응하기 위하

여 정부는 사포량射砲糧, 서변농량西邊農糧, 가수미加收米와 같은 추가
징수를 시행하였다.[65] 다만 이러한 군량 징수는 일시적인 사항이었다.
오히려 광해군 말부터 인조 연간 지속적으로 문제가 되었던 군사 비용
관련 별역은 이른바 '당량唐糧'이라 불리는 세목이었다.

광해군 10년(1618, 무오) 명의 요청으로 후금을 공격하기 위한 원군을
파병하였다. 원병 파견이 있자 정부는 군량 마련에 다양한 방안을 세
웠다. 이때 시행한 가장 커다란 제도적 변화는 양서 지역의 공물을 작
미하여 군량으로 활용하고, 양서 공물을 대신하여 다른 지역에서 오결
수포五結收布를 시행하는 조치였다.[66] 이후 오결수포 또는 오결포(오결
목) 부과는 인조 연간에도 이어져서 인조 24년(1646, 병술) 양서 공물이
복구될 때까지 남아 있었다. 이때 오결수포는 공물을 대신한 것이고
정례적으로 징수되었으므로 별역의 징수라고 하기에는 다소 거리가
있는 항목이었다.

인조 연간에는 기존에는 없었던 군사적인 목적에 의한 추가적인 별
역이 생겨났는데, 바로 가도假島에 주둔한 모문룡毛文龍 군대에 대한
군량 지원이었다. 모문룡은 명의 요동도사로 광해군 13년(1621, 신유)
후금에 쫓겨 조선의 국경 안으로 넘어 왔고, 평안도 철산과 선천 등에
주둔하며 후금과 대치하였다. 조선의 입장에서는 모문룡 군대의 횡포
로 평안도 지역 피해가 극심하였고, 외교적으로도 부담스러웠다. 이에
광해군은 모문룡에게 군대를 이끌고 철산 앞에 있는 가도로 이동할 것
을 권유하였고, 모문룡도 이를 받아들여 가도로 옮겨 갔다. 이후 모문
룡 군대의 주둔이 장기화되자, 이들에 대한 군량 지원이 문제로 불거
지기 시작하였다. 초반에는 양서 지역에서 군량을 전담하는 방식으로

전개하였으나, 이는 한계가 있었다. 반정 이후에는 인조 정권에 대한 명의 승인 과정에서 모문룡이 협력하면서 군량 등의 요구가 더욱 노골적으로 변하였다.[67] 실제 모문룡 역시 자신의 지위 등을 이용하여 조선 정부에 군량 요구를 직접적으로 제기하기도 하였다.[68]

조선 정부에서는 처음에 모문룡 군대의 군량 보급을 양서 지역에서 충당하도록 하였다. 하지만 이들의 주둔이 장기화되자 점차 한계에 부딪혔다. 이를 해결하기 위하여 관향사管餉使 남이웅南以雄이 둔전 설치 등을 제기하였으나,[69] 당장 실효를 거두기에는 어려운 방법이었다. 계속된 논의 끝에 인조 3년 10월 비변사에서는 양서 지역의 오두수미五斗收米 중 3두를 견감하고 줄어든 부분에 대해서는 하삼도를 대상으로 1결당 1두씩을 거두는 방안을 마련하자는 의견을 제시하였다. 결과적으로는 경기 및 강원, 하삼도에 1두 5승의 세액이 추가 부과되는 방식이 채택되었다.[70] 이때 만들어진 세목은 '당량', '당병량唐兵糧', '모량毛糧', '서량西糧' 등으로 불렸고, 전국 각지에서 징수한 세곡을 황해도 해주 앞의 결성창結城倉으로 수송하면 모문룡 군대가 와서 가져가도록 하였다.[71] 당량은 징수 방식 등이 정해진 인조 3년 이듬해부터 시행되었다.

> 모문룡의 양식으로 8결당 미 13두를 내었고 가흥창可興倉으로 운송하였는데, 민역이 매우 번잡하였다.[72]

『계암일록』에는 당량 징수와 관련된 기록이 다수 남아 있다. 첫 번째 기록은 인조 4년(1626, 병인) 1월의 내용으로 모문룡 군대의 군량 마련을 위한 별역이 정해지고 나서 3개월 만의 일이었다. 해당 기사를 살펴보면 예안에서는 8결당 13두, 1결당 1.625두 수준으로 당량이 부과되었다. 이는 당량의 세액으로 정한 1.5두에 근접한 양을 징수하였음을 알 수 있다. 예안에서 거두어진 당량은 전세와 마찬가지로 가흥창에 운송하는 방식이었음도 확인된다. 이후『계암일록』에는 당량을 납부할 때마다 해당 내용을 기록하였다.

기록마다 약간의 차이는 있지만 김령은 당량 징수에 부정적인 인식을 하고 있었다. 인조 5년(1627, 정묘) 김령은 당량을 납부하는 과정을 서술하며 당량이라는 것은 모문룡에게 주는 양식인데, 이치에 어긋나는 일이라고 비판하였다.[73] 이처럼 당량에 대한 부정적인 인식은 당량 징수의 명분 자체가 부족한 점도 있지만, 당량의 부과로 인한 결세 부담의 증가 때문이기도 하였다.

> (…) 세미稅米, 삼수량三手糧 및 당량唐糧과 노세가미路稅加米를 모두 계산하니 1결당 내는 쌀이 1석 남짓이었다. 어찌 후에 이것을 분별하겠는가.[74]

『계암일록』의 내용을 살펴보면 당시 예안현에서 전결세로 납부하는 항목을 설명하였는데, 전세에 해당하는 '세미稅米', 훈련도감 삼수군의 급료조인 '삼수량三手糧'이 있고, 여기에 당량과 운반에 필요한 부가세 등이 있다고 하였다. 세액은 1결당 대략 1석으로 정규세라 할 수 있는 전세가 4~6두이고, 삼수량이 2두 2승인 점을 고려하면 정규세액의 두 배 정도를 납부해야 하는 상황이었다.[75] 여기에 예안에서는 당량을 납부할 때 1두마다 3승을 부가세로 더 내도록 하였는데, 이는 아전의 농간임을 지적하기도 하였다.[76] 이처럼 당량은 징수의 명분도 부족하고, 납세 부담만 증가시키는 부정적인 대상이었다.

여기에 당량 징수 문제를 더욱 심화시키는 사건이 일어났다. 인조 7년(1629, 기사) 모문룡이 원숭환袁崇煥에 의하여 살해되면서 모문룡 군대가 약화된 것이다. 남은 세력이 여전히 가도에 남아 있었지만, 조선이 이들에게 군량을 지원할 명분은 줄어들었다. 정묘호란 이후에는 후금의 압박 때문이라도 사실상 가도의 지원은 불가능한 상황이었다. 문제는 이러한 상황 변화가 있었음에도 당량의 징수가 계속되었다는 점이다.

> 지난 병인년(1626)에 모문룡의 요청으로 백성에게 세금을 부과하여 마침내 당량을 거두었다. 지금은 당병에게 주지 않는데도 명목이 여전히 남아 있어서 예전과 같이 거둔다. 대개 훈신勳臣과 군관의 급료를 지급하는데에 사용한다.[77]

『계암일록』에서도 모문룡 사후 당량 징수가 지속되고 있음을 확인할 수 있다. 위 기사를 보면 인조 8년(1630, 경오) 명군 지원이라는 기존 목적이 사라졌음에도 여전히 당량을 거두고 있었다. 주목할 점은 명분이 사라진 당량을 어디에 쓰는지에 관한 부분이다. 김령은 당시 당량이 기존 목적은 잃었으나 훈신과 군관의 급료로 사용되고 있음을 설명하였다. 병자호란 이후에는 징수한 당량을 서쪽 오랑캐[청]와 의병 대장 및 군관을 위해 쓰고 있다며, 오히려 명나라 사람들에게는 주지 않는다는 점을 지적하기도 하였다.[78] 실제 당량은 모문룡이 제거되고 나서부터 명군에 대한 지원 기능은 사라진 채 다양한 목적으로 활용되고 있었다. 『계암일기』의 설명처럼 당량은 군관의 인건비 등으로 사용되기도 하였으며, 병자호란 이후에는 대청 외교 비용 및 파견된 원군의 군수 조달, 심양에 있는 소현세자에 대한 지원에도 사용하였다.[79]

하지만 어디까지나 당량은 명분을 잃은 세목임에 분명하였다. 이에 조정 안팎에서 당량의 폐지를 주장하였고 김령 역시 마찬가지였다. 『계암일록』에서 김령은 당량을 징수하는 것은 옳지 않으며, 어쩔 수 없는 이유가 있다면 그 명목을 고쳐야 한다고 주장하였다.[80] 또한 군량 징수 과정에서 당량을 전세·삼수량과 함께 '삼세三稅'라고 부르면서 일종의 정규적인 전결세 범주에 포함하는 경우가 있는데, 그럼에도 당량은 엄연히 이치에 맞지 않는 항목이라 부정하고 이를 바꾸어 불러야 한다고 주장하였다.[81] 이와 같은 당량에 대한 부정적 인식과 태도는 김령에게만 해당하는 내용은 아니었다. 실제 김령의 주장대로 명목의 변화가 이루어졌기 때문이다.

『승정원일기』에서 당량과 관련된 키워드를 찾아보면 인조 초반까지만 하더라도 당량 혹은 당병량이라는 용어가 등장한다. 그런데 모문룡이 제거된 이후인 인조 8년부터 서량이라는 단어가 나타나면서 이후부터는 사실상 당량이라는 명칭은 사라진 채 서량이 해당 세목을 지칭하는 용어로 대체되는 현상을 확인할 수 있다. 이는 『계암일록』에서도 나타난다.

서량西粮을 징수하는 일은 매우 이치에 어긋난다. 바로 이른바 당량唐粮

이라는 것인데, 명목도 없이 부과하여 거두어들이는 게 이와 같은 지경에 이르렀다. 조정에는 사람이 있는가?[82]

앞 기사에서 볼 수 있듯이 인조 16년(1638, 무인)부터 김령도 더 이상 당량이라는 용어를 사용하지 않고, 이를 대신하여 서량이라는 단어를 사용하고 있다. 이와 같은 명칭의 변화에도 서량은 어디까지나 별역의 영역이었다. 김령은 인조 18년(1640, 경진)에 있었던 서량 징수에 대해서 청이 명나라를 공격하는 데 군량으로 사용되었다며 조선이 금수의 나라가 되었다고 한탄하였다.[83] 그만큼 서량은 지방 사족의 입장에서도 명분이 없는 징수, 비판의 대상이었다. 이후부터는 『계암일록』에서 확인이 어렵지만, 서량은 인조 19년(1641, 신사)부터 명칭에 대한 논의가 있기 시작해서,[84] 인조 23년(1645, 을유) 폐지를 결정하였다.[85] 그리고 이듬해인 인조 24년(1646, 병술) 양서 공물의 복구와 충청도 대동법 논의를 계기로 전결에 부과되던 각종 비정규 세목이 폐지됨에 따라 사라지게 되었다.[86]

당량 혹은 서량은 인조 연간 내내 군량 등을 마련하기 위한 별역으로 군사적인 성격이 강한 비정규세였다. 결포와 같이 모문룡 군대의 군량 지원이라는 특정한 목적을 갖고 설정된 세목이었지만 오히려 초반의 명분은 사라지고 다양한 수요에 응하는 추세로 변화하였다. 그 과정에서 기존 명군에 대한 군량 보급을 의미하는 당량에서 군사적 비용 전반의 수요에 맞춘 서량으로 용어가 변경되기도 하였다. 하지만 어디까지나 『계암일록』에서도 나타나지만 당량은 별역의 일종으로 정규세 범주에서 벗어난 부정의 대상이었다. 결국 당량은 인조 후반

재정 운영의 정상화, 대동법과 같은 제도 개선의 과정에서 다른 별역과 함께 폐지되었다.

맺음말

17세기 초반 조선은 왜란 이후 지속되는 대외 위기에 군사·외교 및 전후 복구 비용까지 마련해야 하는 재정 부담에 놓여 있었다. 증가하는 재정적 수요는 정규세 범위 내 재원으로는 충당하기가 불가능하였고, 이를 해결하기 위한 수단으로 '결포'와 같은 추가적인 비정규적 세목, 즉 별역 징수가 불가피하였다. 『계암일록』을 통해 살펴보면 별역 징수는 선조 말부터 시작되었다. 광해군 연간에는 별역 징수가 본격화되어 궁궐 영건 비용과 사신 접대 등을 위하여 '궁궐목'·'삼결포'와 같은 명칭의 별역이 징수되었다. 반정으로 집권한 인조 정권은 광해군 대 별역을 폐지하고자 하였다. 하지만 증가하는 후금·청의 위협 속에서 외교·군사 비용 마련을 위한 별역 징수를 유지할 수밖에 없었다. 실제 광해군 연간에 이어 명사 접대 비용 마련을 위한 삼결포 징수가 시행되었고, 병자호란 이후에는 청의 칙사 접대와 세폐 마련에도 각종 결포 부과가 있었다. 한 가지 주목되는 부분은 갑술양전이 있었던 인조 12년(1634, 갑술)을 기점으로 결당 부과액이 크게 줄었다는 점이다. 이는 전결의 추가 확보에 따른 결포 부담의 완화로 해석해 볼 수 있다. 인조 연간 별역의 부과는 군사 비용 마련에서도 나타났는데 대표적인 예가 모문룡 군대 보급을 위한 당량이었다. 『계암일록』에는 당량에 대한 다수의 기록이 나타나는데, 대부분 당량을 명분이 없는 세목이라 비난하였다. 당량은 모문룡 사후 목적을 상실하였으나 서북방 변경에 대한 군량 보급과 같이 다른 군사적인 목적을 갖는 비용으로 전환하면서 그 징수가 지속되었다. 다만 목적의 전환에 맞추어『계암일록』에도 나타나듯이 기존 당량을 대신하여 서량이라는 명칭으로 변경되는 모습을 보이기도 하였다. 이러한 서량은 인조 연간 후반까지도 지속되었다가 재정의 안정화와 제도 개선 등의 과정에서 다른 별역과 함께 사라졌다.

『계암일록』을 통해 살펴본 17세기 전반 별역의 부과는 민간에는 큰 부담이었음에 분명하다. 동시에 국가의 입장에서도 반드시 해결해야 하는 대상이었다. 이와 같은 별역의 문제는 직접적인 언급은 없지만 조선 재정의 원칙이었던 '양입위출量入爲出'에 어긋나는 대상이었다. 실제『계암일록』에서 볼 수 있듯이 3결포, 7결포와 같은 결수 차이가 나는 이유는 국가에서 지출 범위를 정해 놓고 이를 군현별 전결 수에 맞추어 나누었기 때문이다. 이는 '양출量出'의 방식이므로 지양해야 하는 대상이었으며, 별역에 대한 부정적 인식은 중앙과 지방에서 동일하게 나타났다. 이러한 인식을 바탕으로 17세기 전반 당시 대내외 여건상 원칙에 어긋나는 별역의 징수는 불가피한 선택이었지만 차츰 재정의 안정화가 이루어지고, 그 과정에서 다양한 제도의 개선이 진행되면서 비정상 범주의 별역은 완화 혹은 사라지는 모습을 보였다.『계암일록』의 별역 징수와 폐지는 일반 민인의 부세 부담과 감소를 보여줄 뿐만 아니라 국가 재정의 정상화 과정을 보여주는 요소이기도 한 것이다.

[부표 1] 『계암일록』에 나타난 결포 징수 관련 기사*

일시	수포 기준	결당 필수	내용
1607년(선조40) 06월 10일	1	1.00	지난해에 대궐을 건립하는 면포綿布를 백성들에게 거두었는데, 토지 1결당 1필로서 곱기는 8~9새[升]에 이르고 길이는 40자[尺]에 이르렀다.
1607년(선조40) 10월 21일	4	0.25	부역하는 사람들에게 줄 면포를 8결에 2필씩 차출하는데, 올해 4월에 이미 거두어 놓고 지금 다시 이처럼 거둔다고 한다.
1622년(광해14) 05월 11일	3	0.33	중국 장수 양 감군楊監軍(감군어사 양지원)에게 선물로 보낼 은값[銀價]의 명목으로 토지 3결당 무명베[木布] 1필疋은 이미 관아에 바쳤다.
1622년(광해14) 06월 22일	1.7	0.59	도관이 세금으로 징수할 무명을 결정했는데, 토지 1결 70부마다 1필을 내라 하니 무슨 까닭인지 알 수 없으나 이 명목은 전 감사 정조鄭造의 죄다. 정조는 간흉으로 먼저 □□□ 윤리기강을 폐하고자 하였으니, 온 나라가 통탄해하고 놀랐다.
1623년(인조1) 08월 25일	1	1.00	정병목精兵木을 1결당 또 1필씩 거두고, 부역도 가혹하고 번거로워 물처럼 더욱 깊어지니 어떻게 할 수가 없다.
1625년(인조3) 02월 24일	3.5	0.29	책봉조사 접대 때문에 요역은 매우 번거롭고 물목은 이루 다 헤아릴 수 없었다. 특히 무명베가 제일 부족할 때 3결·4결에 해당하는 은값에다가 기인其人의 갖가지 명목의 무명베를 마련할 길이 없으니, 백성들의 삶이 매우 곤궁하겠다.
1626년(인조4) 03월 12일	5.4	0.19	중국 사신에게 바칠 공물供物로 꿀·소유랍蘇油蠟(우유 기름으로 만든 밀랍) 및 각종 명목들을 민간에 요구하였으니, 다 기록할 수 없을 정도다. 우리 읍에는 저지楮紙 값으로 5결 40부당 무명베 1필을 징수하였다.
1629년(인조7) 12월 14일	1.6	0.63	또 임술년(1622)과 계해년(1623)의 공물을 거두지 않았다고 핑계댈 뿐만 아니라 8결당 베 5필씩 내도록 하니, 읍민들이 어느 곳에 손발을 두겠는가.
1631년(인조9) 02월 04일	4	0.25	서쪽으로 가는 군사들이 행장을 꾸렸는데, 8결당 베 2필씩을 내어 각 사람마다 15필을 지급하였으니, 이른바 서변농량西邊農糧이다.
1631년(인조9) 10월 28일	4	0.25	우리 현에서 또 명목도 없이 징수를 하면서 각처에서 쓸 것이라고 명목을 갖다 붙이며, 8결당 면포 2필씩을 내도록 하였다. 예안 현감이 백성들에게 이처럼 폐를 끼치고 있으니, 이루 말로 다할 수가 없다.
1634년(인조12) 04월 04일	3	0.33	중국 칙사의 접대에 쓰기 위하여 우리 읍에서 차출하는 것은 삼결포 280여 필이다.

1634년(인조12) 04월 07일	4	0.25	윤동빙과 금시함 등이 삼결포 및 칙사 접대용 잡물의 베 값을 8결당 2필로 정해, 어제 비로소 명하고는 성화같이 독촉하였다. 삼결포는 세금으로 내는 베처럼 좋은 것으로 올이 6~7새[升]짜리 40자였다. 백성들의 힘은 이미 고갈되어 잡물을 사는 것도 쉽지 않고 베를 짜는 것도 미치지 못하여, 마을이 경황이 없는 것이 도탄에 빠진 것 같았다.
1637년(인조15) 08월 29일	10	0.10	오랑캐 사신이 장차 11월에 오는데, 이른바 칙사라고 하는 것이다. 각 고을에 배정된 물목이 아주 많은데, 우리 현은 정해진 십결포十結布 외에 또 저포紵布와 돼지, 거위, 찹쌀, 들깨, 백지白紙 등의 물목이 있다.
1640년(인조18) 01월 18일	4	0.25	서량西糧 및 4결포를 독촉해 징수하여 오랑캐가 명나라를 공격하는 것을 도왔는데, 식량은 군사들을 먹이는 데 사용하고, 베는 배와 기계를 만드는 데 사용한다고 한다. 고금 천하에 어찌 이러한 일이 있는가. 우리나라가 금수의 나라가 되었다.
1640년(인조18) 03월 21일	7	0.14	오랑캐에게 세공歲貢으로 바치는 면포綿布가 7결당 베 한 필이다. 이른바 베 한 필이라는 것은 7, 8새[升]짜리 45, 46자[尺]이며, 대척大尺을 기준으로 한 것이다.
1640년(인조18) 06월 16일	12	0.08	들으니, 봉림대군이 또 주상을 근친하러 오는데, 오랑캐도 함께 온다고 한다. 그들을 호행관護行官이라고 부르는데, 낭비하는 것이 많아서 셀 수가 없다고 한다. 백성들이 12결당 우선 먼저 상호포常好布 1필을 냈다.

* 『계암일록』 내용은 한국국한진흥원에서 구축한 '선인의 일상 생활, 일기' 웹사이트(https:// diary.ugyo.net/)에 있는 번역본을 참고하였음.

[부표 2] 『계암일록』에 나타난 별역 징수 사례*

시기	항목	징수액	징수 명목**
1607년(선조40) 06월 10일	결포	1결당 1필	궁궐 건립에 필요한 면포 징수
1614년(광해6) 10월 10일	결포	-	명 사신 접대를 위한 비용 마련
1619년(광해11) 03월 10일	결포	-	정병장속, 연가목, 궁궐목 등
1622년(광해14) 05월 11일	결포	3결당 1필	명 사신 접대를 위한 비용 마련 등
1622년(광해14) 12월 06일	사포량	-	-

1623년(인조1) 08월 25일	정병목	1결당 1필	군수 비용을 위한 정병목
1624년(인조2) 02월 24일	모장군량	-	모문룡 군대의 군량 마련
1625년(인조3) 02월 24일	결포	3~4결당 1필	명 사신 접대를 위한 비용 마련 등
1626년(인조4) 01월 26일	당량	8결당 13두	모문룡 군대의 군량 마련
1626년(인조4) 03월 26일	결포	5결 40부당 1필	명 사신 접대를 위한 비용 마련
1627년(인조5) 02월 08일	당량	-	모문룡 군대의 군량 마련
1628년(인조6) 03월 25일	당량	-	-
1629년(인조7) 12월 14일	결포	8결당 5필	-
1630년(인조8) 02월 25일	당량	-	훈신과 군관의 급료 마련
1631년(인조9) 02월 04일	서변농량	8결당 2필	서쪽으로 가는 병사들에게 지급하는 군량 마련
1631년(인조9) 03월 07일	당량	-	-
1632년(인조10) 02월 06일	당량	-	-
1633년(인조11) 01월 09일	결포	4결 60부당 1필	부서군赴西軍을 위한 군량 마련
1633년(인조11) 02월 16일	당량	-	-
1633년(인조11) 04월 02일	가수미	1결당 2두	변방의 방비를 위한 군량 마련
1633년(인조11) 09월 02일	가수미	8결당 1필	변방의 방비를 위한 군량 마련
1634년(인조12) 03월 15일	당량	-	-
1634년(인조12) 04월 04일	결포	3결당 1필	명 사신 접대를 위한 비용 마련
1635년(인조13) 01월 29일	당량	-	-
1635년(인조13) 10월 04일	가수미	8결당 2두	-

1636년(인조14) 08월18일	결포	-	명 사신 접대를 위한 비용 마련 등
1637년(인조15) 08월29일	결포	10결당1필	청 칙사 접대를 위한 비용
1638년(인조16) 01월28일	서량	-	-
1640년(인조18) 01월18일	서량	-	청에 대한 군량 지원
1640년(인조18) 01월18일	결포	4결당1필	청에 대한 군량 지원
1640년(인조18) 04월10일	결포	7결당1필	청에 바칠 세공 마련을 위한 비용

* 『계암일록』에서 별역이라 판단되는 사례를 정리하였으며, 일반 잡역과 관련된 대동포 징수 등은 제외하였음.
** 징수액과 명목이 불확실한 경우 : 처리하였음.

참고문헌

『溪巖日錄』

『慕堂日記』

『承政院日記』

『朝鮮王朝實錄』

『增補文獻備考』

권내현,『조선 후기 평안도 재정연구』, 지식산업사, 2004.

김옥근,『朝鮮王朝財政史研究』Ⅰ, 일조각, 1984.

이재경,『조선시대 명 사신에 대한 외교경비 연구』, 서울대학교 박사학위논문, 2022.

이정철,『대동법 : 조선 최고의 개혁』, 역사비평사, 2010.

한명기,『임진왜란과 한중관계』, 역사비평사, 1999.

문광균,「영남대동법 시행 초기 지방재정의 개편과 그 성격」,『한국사연구』161, 한국사
    연구회, 2013.

엄기석,「17세기 전반 황해도 공납제 변화와 別收米」,『조선시대사학보』106, 조선시대
    사학회, 2023.

오항녕,「내상内傷과 외상外傷을 넘어 – 인조시대 대내외 정책 – 」,『한국불교사연구』4, 한
    국불교사학회, 2014

윤용출,「17세기 초의 結布制」,『역사와 세계』19, 효원사학회, 1995.

이성임,「16~17세기 '공역호貢役戶'와 '호수戶首'」,『역사연구』24, 역사학연구소, 2013.

_____, 「『溪巖日錄 : 1603~1641』에 대한 자료적 검토」, 『한국사학보』57, 고려사학회, 2014.

_____, 「조선시대 생활사 연구와 일기 자료」, 『조선시대사학보』107, 조선시대사학회, 2023.

이정철, 「『계암일록』을 통해 본 17세기 전반 예안현의 부세 상황」, 『한국사연구』53, 한국사학회, 2013.

임성수, 「17세기 戶曹의 布木 확보책과 '田稅作木' 시행」, 『민족문화연구』74, 고려대학교 민족문화연구원, 2017.

_____, 「癸卯·甲戌 量田의 시행과 田稅 운영 변화」, 『진단학보』132, 진단학회, 2019.

최주희, 「大同法 시행 이후 중간비용의 처리양상과 科外別役의 문제」, 『대동문연구』92, 성균관대학교 대동문화연구원, 2015.

_____, 「16세기 말~17세기 전반 唐糧의 성격에 대한 검토」, 『조선시대사학보』89, 조선시대사학회, 2019.

홍선이, 「17~18세기 초 조선의 對淸 歲幣·方物 규모와 조달 방식」, 『한국사학보』55, 고려사학회, 2014.

주

1　조선 왕조의 정규세 범위를 단적으로 정의하기는 어렵지만, 대체로 조용조大同法 체제를 기반으로 한 전세田稅, 공납貢納[공물貢物·진상進上], 부역賦役[신역身役·요역徭役]으로 나누어 볼 수 있다. 후기에는 대동법大同法 시행을 전후로 전결세화田結稅化가 심화되었고, 17세기 이후 환곡還穀이 새로운 정규세로 편입되는 변화가 있었다[김옥근, 『朝鮮王朝財政史研究』 I (일조각, 1984); 六反田豊, 『朝鮮王朝の国家と財政』(山川出版社, 2013) 참고]. 왜란 직후에는 이전에는 찾아볼 수 없던, 정규세 영역을 벗어난 형태의 세액 징수가 빈번하였는데 삼수량三手糧·결포結布·당병량唐兵糧·사포량射砲粮·별수미別收米와 같은 항목이 이에 해당한다. 기존 연구에서는 이를 대체로 목적세 혹은 임시세 등으로 지칭하였다. 문제는 해당 세목이 특정 목적으로 만들어졌지만, 실제 징수 과정에서 다양한 수요에 지출되었으므로 목적세라고 표현하기가 어렵다는 점이다. 또한 임시 형태의 수세였으나 정기적 세수 항목으로 전환되는 등 변화 양상을 보이기 때문에 해당 항목을 단순하게 임시세라 부르기에도 모호하다는 문제가 있다.

2　『인조실록』 권31, 인조 13년(1635) 7월 29일 정축; '별역別役'이라고 하는 용어의 사용은 18세기 후반 대동법 시행 이후에도 나타난다. 우선 지방의 경우 대동세라는 정규세 범위 밖에 나타나는 각종 운반 비용 등을 '과외별역科外別役'으로 규정하였다. 이러한 별역의 양상은 중앙에서도 나타나는데 공물 조달 체계가 재편되는 과정에서 공인貢人들에게 정규적인 공물뿐만 아니라 국역國役이라는 명분하에 각종 과외별역을 부과한 것이다. 이처럼 별역은 정규적 세액의 범위 밖에 있는 세목을 지칭하는 용어로 통용되었음을 알 수 있다. 문광균, 「영남대동법 시행 초기 지방재정의 개편과 그 성격」, 『한국사연구』 161(한국사연구회, 2013); 최주희, 「大同法 시행 이후 중간비용의 처리양상과 科外別役의 문제」, 『대동문화연구』 92(성균관대학교 대동문화연구원, 2015) 참고.

3　한명기, 『임진왜란과 한중관계』(역사비평사, 2001); 권내현, 『조선 후기 평안도 재정연구』(지식산업사, 2004); 최주희, 「광해군대 京畿宣惠法의 시행과 선혜청의 운영」, 『한국사연구』 176(한국사연구회, 2017).

4　윤용출, 「17세기 초의 結布制」, 『역사와 세계』 19(효원사학회, 1995); 임성수, 「17세기 戶曹의 布木 확보책과 '田稅作木' 시행」, 『민족문화연구』 74(고려대학교 민족문화연구원, 2017); 허태구, 「병자호란 이전 조선의 군사력 강화 시도와 그 한계」, 『군사』 109(국방부 군사편찬연구소, 2018); 최주희, 「16세기 말~17세기 전반 唐糧의 성격에 대한 검토」, 『조선시대사학보』 89(조선시대사학회, 2019); 엄기석, 「17세기 전반 황해도 공납제 변화와 別收米」, 『조선시대사학보』 106(조선시대사학회, 2023).

5　이재경, 『조선시대 명 사신에 대한 외교경비 연구』(서울대학교 국사학과 박사학위논문, 2022).

6　이성임, 「조선시대 생활사 연구와 일기 자료」, 『조선시대사학회』 107(조선시대사학회, 2023) 참고.

7　박현순, 「해제」, 신상목·김용환 역, 『계암일록』 1(한국국학진흥원, 2013) 참고.

8 이정철, 「『계암일록』을 통해 본 17세기 전반 예안현의 부세 상황」, 『한국사연구』 53(한국사연구회, 2013).

9 이성임, 「16~17세기 '공역호貢役戶'와 '호수戶首'」, 『역사연구』 24(역사학연구소, 2013).

10 현전하는 『계암일록』은 19세기 전반 김령의 후손들이 일기를 축약, 수정한 전사본이다. 기존 연구에 따르면 실제 원본의 70퍼센트 정도가 삭제되거나 축약되었다고 한다. 내용상으로는 생활과 관련된 기록이 다수 사라졌고, 유생 활동이 주로 남아 있다고 하였다. 이 때문에 현재 『계암일록』의 내용이 예안현의 사회 경제적인 내용 전반을 담고 있다고 보기에는 어렵다[이성임, 「『溪巖日錄: 1603~1641』에 대한 자료적 검토」, 『한국사학보』 57(고려사학회, 2014) 참고]. 그럼에도 17세기 전반 특정 지역의 부세 운영을 확인할 만한 일기 자료가 많지 않다는 점, 특히 40여 년이라는 장기간 부세 항목의 추이를 확인할 수 있는 자료라는 점에 있어서 『계암일록』은 불완전하지만, 연구 가치가 있는 자료라고 판단된다.

11 『三峯集』 권13, 朝鮮經國典 上, 賦典.

12 『선조실록』 권107, 선조 31년(1598) 12월 9일 경신, "최근에 군비가 부족하다는 이유로 사명使命이 자주 있고 독책이 심해져 백성들이 명령을 따르기가 쉽지 않습니다. 먼저 백성들이 곡식을 내는 일만 보더라도 원전세元田稅 외에도 가세미加稅米, 별수미別收米가 있고 여기에 호수미戶收米가 있습니다. 이 밖에도 백성들에게 거두는 명목이 너무 많아 일일이 거론하기도 어렵습니다. 지금 명나라 군이 철수하려고 하는데 이때 백성들의 부역을 완화시켜 주지 않는다면 신은 호서와 호남의 민심을 잃을까 걱정됩니다."

13 임진왜란 이후 명군의 주둔 원인과 경과에 대한 구체적인 내용은 김경태, 「임진왜란 후, 明 주둔군 문제와 조선의 대응」, 『동방학지』 147(연세대학교 국학연구원, 2009) 참고.

14 김영록, 『17~18세기 대일무역의 변화와 성격』(부산대학교 사학과 박사학위논문, 2022) 참고.

15 임성수, 앞의 논문, 2017, 236쪽.

16 윤용출, 앞의 논문, 1995, 321~322쪽.

17 윤용출, 위의 논문, 1995, 324~328쪽.

18 『선조실록』 권199, 선조 39년(1606) 5월 27일 갑오, "종묘궁궐영건도감宗廟宮闕營建都監에서 다음과 같이 아뢰었다. '양쪽 도감에서 기반을 닦고 기둥을 세우는 일은 비록 무신년(1608)에 하기로 계하하였으나 재목과 철물, 기와, 부석 등 각 항목의 일은 공역이 가볍지가 않습니다. 반드시 밖에서부터 미리 헤아려서 준비한 연후에야 때에 맞추어 준비할 수 있습니다. 그러므로 전결에 따라 포를 거두어야[田結收布] 하니, 이번 봄에 받고자 하였으나, 조사詔使가 뜻밖에 나오기 때문에 부득이 가을 추수를 기다려 받아들이는 것으로 입계하고 각 도에 알렸습니다. (…)"

19 『계암일록』 1책, 1607년(선조 40) 6월 10일, "建闕綿布 前年徵民間 一結一疋 細至八九升 長至四十尺 殫竭財力 僅乃備納 而至是聞之 則納于朝 給價役使者 皆五升常布."

20 노대환, 「광해군대의 궁궐 경영과 풍수지리설」, 『조선시대사학보』 63(조선시대사학회, 2012); 오항녕, 『광해군 : 그 위험한 거울』(너머북스, 2012) 참고.

21 『광해군일기』 권117, 광해군 9년(1617) 7월 3일 을축, "영건도감營建都監에서 다음과 같이 아뢰었다. '경비가 점차 늘어나서 어떤 이는 마땅히 4결당 1포를 거두어야 한다고 합니다. 다른 사람은 4결당 1포를 거두면 1천여 동에 불과하다고 하니, 비록 창덕궁을 지을 때처럼 1결당 1포를 거두는 방식으로 과다하게 복정卜定하지는 못하더라도 두 번에 걸쳐 거두는 일이 한 번에 거두는 것만 못하므로, 혹여 2결당 1포 또는 3결당 1포를 거두는 것이 무방하다고 하였습니다. 또 다른 사람은 가을이 되기를 기다렸다가 복정해야 한다고 하였습니다. 여러

사람의 뜻이 이와 같으니 천천히 뒷날을 기다려서 의논해 조치하라는 뜻으로 아룁니다.' 이
에 전교하시니 '선조 때 창덕궁을 지었던 전례를 따라서 1결당 1필을 거두어서 사용하라'라
고 하셨다. (…)"

22 『계암일록』 3책, 1619년(광해군 11) 3월 10일, "精兵裝束 綿布督徵 此則田結所賦也 此外又
有烟家木 吾處定二疋 徭役之甚 民不聊生 近日徭賦 民田租稅外 又有別目 曰宮闕木(此則前
年造宮時納之也 非每年而然)曰其人木 闕內及各司薪價也 曰三手木 砲手射手糧料價也 曰大
同木 京各司及上司諸般所用也 我家受五疋 曰稅後木 輪稅時所用 盖所謂人情也 曰精兵裝束
木 曰精兵裝束烟家木 木者綿布方言也 其他上供諸物 凡百雜色 如蛛網牛毛 不可勝計."

23 『모당일기』 5책, 1617년(광해군 9) 10월 24일, "里正以宮闕木見樣 巡示村間 正八升四十尺
前則六升三十六七尺 或云 明年則九升五十尺云."

24 이현종, 「明使接對考」, 『향토서울』 12(서울역사편찬원, 1961), 73~88쪽; 이재경, 앞의 논문,
2022, 108~112쪽.

25 이재경, 앞의 논문, 2022, 174~217쪽.

26 이재경, 위의 논문, 2022, 219~236쪽.

27 『계암일록』 2책, 1614년(광해군 6) 10월 10일, "聞調度使督關至縣 銀價綿布 限今月十六 大
同布 限二十日 田稅布 二十五日 無遺備納 急如星火 民生破産 將不得備納 又何及期限乎."

28 『광해군일기』 권82, 광해군 6년(1614) 9월 5일 갑인, "(…) 대개 경기·황해·평안 세 도는 책
사가 왕래하는 길이고, 함경도는 전부터 베를 거두지는 않았습니다. 이 때문에 하삼도와 강
원도에 두 해 동안 거둔 베가 이처럼 많은데 이르렀습니다. 이 외에도 온갖 종류의 복정한 물
건의 명목이 매우 많으니 매우 민망하고 염려스럽습니다. (…)"

29 『광해군일기』 권170, 광해군 13년(1621) 10월 17일 갑신, "전교하시기를 '감군에 관한 접대
를 사신보다 조금 못하더라도 어찌 비용이 많지 않겠는가. 만약 해조에서 비축한 것만으로
충분히 대접할 수 있다면 분정할 필요는 없을 것이다. 다만 그렇지 못하다고 한다면 어떻게
소소한 폐단을 다 생각해 따로 보내지 않을 수가 있겠는가. (…)'"

30 이재경, 위의 논문, 2022, 192~193쪽.

31 『계암일록』의 원문에는 '七疋'로 기록되어 있으나 앞에서 3결당 1필이라는 점을 고려해 보
면 2결 80부당 1필을 징수하였을 것으로 생각되기 때문에 '七'은 '一'의 오타라고 추정되므
로 수정하여 번역하였다.

32 『계암일록』 3책, 1622년(광해군 14) 5월 11일, "以唐將楊監軍贈遣銀價 三結木布一疋 旣已
納官矣 又見官帖之徵 則監軍處所用加定扇子十五柄價木布三十疋 笠帽一事價三疋 生猪一
口五十疋 白別扇五柄十五疋 銀子六兩三十疋 國馬斃故七十疋 上尊號進上馬二十疋 進上別
弓子一張三疋 忠烈錄三疋 先生案紙四張八疋 銅鐵價三十疋 品布一疋價十五疋 凡十一色差
定民間 二結八十卜當 出木布七疋 民何以堪 可歎 民田結旣出弓子價買備 而又定別弓子 尤可
歎."

33 『계암일록』에는 광해군 연간 별역 부과와 관련하여 궁궐 공사나 외교 비용 마련 외에도 일
종의 속전贖錢 징수와 군사 비용 마련 등을 위한 형태의 별역 부과도 확인해 볼 수 있다. 『계
암일록』 3책, 1622년(광해군 14) 6월 22일, "(…) 조도관이 세금으로 징수할 무명을 결정
하였다. 1결 70부마다 1필을 내라고 하는데 무슨 까닭인지 알 수가 없다. (…) 각 고을의 아
전과 군사들은 죄목을 강제로 만들어서 속포贖布를 징수하였다. 거군 몇 명에 대하여 갑자
기 점호한 후에 빠진 자가 있으면 속포를 거두기도 하였다. 이처럼 명목을 만들어 주현州縣
에서 가혹하게 거두는 일이 전부 헤아리기가 어려울 지경이었다. (…)"(調度作木 每田一結

七十卜出一疋 未知何緣而有此色目 (…) 各邑官吏及軍士勒定罪目 徵取贖布 炬軍幾名 卒然點名有闕 則徵贖强作名目 苛歛州縣 不可勝計.); 1622년(광해군 14) 12월 6일, "민호民戶에 미곡을 강제로 정해 놓고 명목은 각종 환자[還上]라고 하였다. 토지 8결에 납부해야 하는 양이 쌀 2석 7~8두였다. 이를 바꾸어서 1석 12두를 마련하게 하고 나머지는 좁쌀과 겉곡식으로 해도 괜찮다고 하였다. 관패官牌가 이미 발부되어 징수를 독촉함이 심해졌다. 이른바 작미作米라는 것은 소금, 청어, 연분年分에 따른 종이, 대구, 소모자에 대한 비용으로 모두 전신적신賊臣 정조鄭造가 조세를 함부로 거두어서 백성의 재물을 약탈하는 명목이었다. (…)"(民戶勒定米穀 名爲各樣還上 一八結所當納者大米二石七八斗 而改磨鍊爲一石十二斗 其餘小米及皮穀亦不貰 官牌已出 督徵方急 所謂各樣作米 如塩 靑魚價 年分紙價 大口價 小帽子價 皆賊臣鄭造掊克剝割 作爲名目.)

34　조선시대 재정 원리 중 하나인 양입위출에 대해서는 송양섭, 『18세기 조선의 공공성과 민본이념 : 손상익하의 정치학, 그 이상과 현실』(태학사, 2015) 참고.

35　계해반정의 과정과 의미에 대해서는 최근까지도 다양한 논의가 전개되고 있다. 계해반정과 관련해서는 오수창, 「仁祖代 政治勢力의 動向」, 『한국사론』13(서울대학교 국사학과, 1985); 한명기, 「17·8세기 韓中關係와 仁祖反正 : 조선 후기의 '仁祖反正 辨誣' 문제」, 『한국사학보』13(고려사학회, 2002); 계승범, 『계해정변(인조반정)의 명분과 그 인식의 변화』, 『남명학연구』26(경상대학교 남명학연구소, 2008); 오항녕, 「내상내傷과 외상外傷을 넘어 – 인조시대 대내외 정책 –」, 『한국불교사연구』4(한국불교사연구소, 2014); 조선시대사학회, 『반정(反正)을 돌아보다 – 인조반정 400주년 학술대회 –자료집』(조선시대사학회, 2023) 등 참고.

36　『인조실록』권1, 인조 1년(1623) 3월 14일 갑진, "임금께서 백관의 하례를 받고 팔도에 교서를 반포하셨다. (…) 여러 영건하는 토목 공사로 일어난 부역과 조도사 등의 관리는 가혹하게 수탈하는 부류이므로 일정 혁파하여 없앤다. (…)"

37　『인조실록』권1, 인조 1년(1623) 3월 24일 갑인, "승정원에서 아뢰었다. '(…) 기인其人의 포는 본래 옛 제도가 아닌데, 넘치는 폐단이 최근에 와서 더욱 심해졌습니다. 전결에 그것을 거두는 일이 날로 증가하여 세밀하기와 길이가 갈수록 심해지니, 보통 무명과 비교할 때에 값이 3~4배나 높습니다. 백성의 부역 중 이것이 실제로 가장 심합니다. (…)' 임금께서 말씀하시기를 선왕의 전례에 따라 하라고 하셨다."

38　『인조실록』권1, 인조 1년(1623) 5월 10일 기해, "(…) 김장생이 아뢰었다. '즉위하신 초기에 전결을 기준으로 거두는 포를 면제하라고 명하셨습니다. 이에 인심이 무척 기뻐하였는데, 지금 다시 거두라는 명이 있다고 들었습니다. 중외에 모두가 믿음을 저버렸다고 못마땅해합니다.' 임금께서 말씀하셨다. '당초에 오래도록 거두어들이지 못한 것만 면제하라고 하였는데, 감군監軍이 나온다는 보고를 받았으므로 이미 거두어들인 것은 그대로 납부하도록 한 것이다.'"

39　『승정원일기』5책, 인조 3년(1625) 4월 29일 병오.

40　『인조실록』권8, 인조 3년(1625) 1월 6일 을묘, "임금께서 낮에 자정전에서 『맹자』 강하셨다. 시강관 이윤우가 아뢰었다. '삼결三結마다 수포收布하는 법은 폐조廢朝 때부터 만들어져 지금까지 혁파되지 않았습니다. 백성의 원망하고 괴로워함이 당연하지 않겠습니까? (…)' 호조판서 심열이 아뢰었다. '삼결수포법은 일찍이 폐조 때에 있었는데 전 감군의 지대로 인하여 만들어지고 시행되었습니다. 본래 속히 혁파해야 하는 것이 당연합니다만, 바야흐로 명나라 사신을 기다리고 있으므로 아직 혁파하지 못하였습니다.' 임금께서 말씀하셨다. '이것은 명분이 없는 역이므로 마땅히 바로 혁파해야 하지만, 명나라 사신이 만약 온다면

분명 다시 백성들에게 거둘 것이고, 이미 절반은 거두었다고 하므로 일단은 그대로 두는 것이 나을지 모르겠다.' (…)"

41 『승정원일기』 4책, 인조 3년(1625) 2월 11일 경인; 2월 13일 임진; 2월 14일 계사.

42 『계암일록』 4책, 1625년(인조 3) 2월 24일, "以詔使供待 徭役極煩 物目不可勝數 最以木綿乏 絶之時 三結四結銀價 其人諸色木布 無路辦出 民生甚困."

43 『승정원일기』 5책, 인조 3년(1625) 4월 25일 임자, "이목이 호조 보고로 아뢰었다. '두목頭目 4백 명이 사용할 방에 배설할 금침을 열심히 마련하고 있습니다. 이제 다시 2백 명 몫을 더 마련하고 있는데, 더 나오는 1등 두목의 수만 9십 명이나 되니 방에 배설할 잡물이 끝이 없습니다. 이 상황이 되니 신들은 계책과 힘이 부족하여 어찌할 바를 모르겠습니다. 지금 거둔 결포는 모두 은과 인삼을 사는 재원으로 쓰고 다른 용도로 사용해서는 안 됩니다. 이 외에 별도로 마련할 수 있는 대책이 없는 상황이니 너무 애가 타고 답답합니다.' (…)"

44 임기석, 앞의 논문, 2023, 171쪽.

45 『승정원일기』 42책, 인조 12년(1634) 3월 21일 정미, "정백창이 호조 보고로 아뢰었다. '조사 사행이 공교롭게 백성들이 궁핍하고 재물이 바닥난 상황에 나오게 되었습니다. 삼결목三結木을 어쩔 수 없이 백성들에게 분정하였는데, 은으로 계산하여 이전에 조사가 나왔을 때와 비교해 보면 절반 이상이 부족합니다. 명주·모시·인삼 등 조사가 올 때 임시로 값을 지불하고 구입해야 하는 물품도 많습니다. 하지만 빈속이라 멍하니 변통할 방법을 찾지 못하고 있으니 참으로 걱정입니다. 책봉 및 포상으로 염소焰焇를 내려 주고, 사은과 관련하여 세 차례 방물方物을 올리는 일이 모두 조사가 올 때와 겹치게 되니, 참으로 어찌 계책을 세워야 할지 모르겠습니다.' (…)"

46 『계암일록』 6책, 1634년(인조 12) 4월 4일, "勅使支待 此邑所差三結布二百八十餘定 油苞二油厚紙五雨籠七白苧二疋蜜二斗蠟三斤粘米五斗白紙五十五卷生猪二口獐皮二大索小鹿皮及紫草六斤 他物並二十餘件. (…)"

47 『계암일록』 6책, 1634년(인조 12) 4월 4일, "흉년에 쇠잔해진 백성들이 겨우 세포로 1석당 5필을 낼 수 있는 상황으로 고혈이 이미 다하였다. 그런데 또다시 징수하니 심장을 깎고 머리를 자르는 그 급박함이 여태 없던 일이라, 백성 삶의 곤궁함이 무척이나 심해졌다."(饑歲殘民 僅能出稅布一石五疋 膏血已渴 又復徵歛 剝割心頭 未有其急 生民之困甚矣.)

48 『승정원일기』 43책, 인조 12년(1634) 4월 2일 정사, "(…) 조사가 곧 도착하니 온갖 역사가 구름처럼 일어났습니다. 왜공倭供의 작목作木은 비록 전세 중에서 줄이기 어려운 것입니다만, 한꺼번에 봉납을 재촉한다면 백성이 명을 감당하지 못할 것은 참으로 전하의 하교와 같을 것입니다. 전하께서 궁핍한 백성을 아끼는 마음이 무척이나 높으시니 저희들은 진실로 봉행하는 데 틈이 없어야 합니다. 다만 사용해야 할 은과 인삼, 잡물, 두목頭目의 침구, 포진해야 하는 차장遮帳 등 준비해야 하는 물건의 수가 제한이 없습니다. 여기에 삼결목三結木 외에도 병조의 여정목餘丁木 2백 동과 삼명일三名日에 바칠 방물方物을 작목한 2백여 동, 호남주사湖南舟師의 제방목除防木 1백 6십여 동 등이 있습니다. 하지만 조사가 청렴할지 탐욕스러울지는 아직 확실히 알 수 없으니 사용하기에 충분한지도 역시 미리 알기 어렵습니다. (…)"

49 『승정원일기』 53책, 인조 14년(1636) 8월 2일 계유, "(…) 김신국이 다음과 같이 아뢰었다. '제 생각으로 본조의 비축물로 응입應入할 것을 계산한다면 □□ 수효가 서로 차이가 큽니다. 양 감군 때에는 3결당 두 번씩 1필을 거둔 것이 40여 동이 있었습니다. 이번 행차에도 이와 같은 예로 한다면, 감당해 낼 수 없습니다. 본조에 비축되어 있는 목은 겨우 1천여 동이고,

사섬시에 있는 목도 단지 3백여 동입니다. 이것으로 책응하는 것은 매우 터무니가 없습니다. 예단禮單의 경우에도 인삼, 호피, 주석 등 물품은 당연히 써야 할 수가 매우 많은데, □□ 매우 근심스럽습니다. 지금 관리들의 녹봉을 줄여 얻은 쌀 1천 8백여 석과 □□ 1백여 석을 체부體府로 이송하고, 체부에서 작목作木하고 나서 보내도록 한다면 □□ 용이할 것입니다. 그러므로 다른 목으로 절가折價하여 보내고 그 쌀은 유치하여 인삼을 산다면 인삼은 어찌저찌 간신히 수효를 맞출 수 있습니다만, 종이와 부채 등 물품은 참작하여 분정分定하지 않을 수가 없습니다.' (…)"

50 『계암일록』 7책, 1636년(인조 14) 8월 18일, "徭役之煩 無如近日 旣出精兵布大同布 而通信支待 物色如毛 不能盡記 黃監軍接待生楮布銀價布及其他侵責 萬萬難支 烟家之役亦甚繁 精兵狗皮軍器柴汁熁硝等事 奔遑困弊 民不堪命."

51 이재경, 앞의 논문, 2022, 332쪽.

52 『인조실록』 권18, 인조 6년(1628) 2월 3일 을미, "(…) 영접도감이 아뢰었다. '(…) 듣자니 해조에 저축된 면목이 1백 동도 못 된다고 합니다. 항규恒規에 의거해 말한다면 전결田結에 따라서 면포를 거두는 일을 멈출 수가 없습니다. 다만 외방의 민력이 이미 어쩔 수가 없는 상황이니 분정分定하기가 쉽지 않습니다.' (…)"

53 병자호란 이후 청 사신의 파견과 성격에 대해서는 이명제, 『17세기 청·조선 관계 연구』, 동국대학교 박사학위논문, 2021, 25~28쪽 참고.

54 『계암일록』 7책, 1637년(인조 15) 8월 29일, "胡使將以十一月至 所謂勅使也 各邑差定物目甚繁 此縣所差十結布外 又有綿布及猪鵝粘米荏子白紙等物."

55 『승정원일기』 70책, 인조 17년(1639) 7월 21일 병자, "신익량이 비변사 보고로 아뢰었다. '칙사가 나온다는 기별을 처음 듣고, □□ 비용이 바닥난 후였습니다. 그리하여 해조의 용도가 분명 어려운 것이라 여기고서, □□ 그러므로 팔결포八結布를 거두는 일을 8월 그믐 이전에 운송하여 바치기를 청하고 용도에 이어서 공급하려고 하였습니다.' (…)"

56 인조 연간 세폐 부담에 대한 내용은 홍선이, 「17~18세기 초 조선의 對淸 歲幣·方物 규모와 조달 방식」, 『한국사학보』 55(고려사학회, 2014) 참고.

57 『승정원일기』 68책, 인조 17년(1639) 1월 7일 을축, "(…) 임금께서 말씀하셨다. '세폐歲幣에 들어가는 □□ 매우 중대한 일임을 알고 있다. 다만 우리 미련이 고갈되어 □□ 마련하기가 어렵다는 점을 애처롭게 하여 저들이 들어주기를 바란다면, 오히려 나중에 □□ 있을 것이다. 이러한 조치로 몇 년간 책응할 수 있을지 모르겠지만, 진실로 민력을 번거롭게 하지 않을 수가 없고, □□ 넉넉한 듯 보여서는 안 될 일이다.' 임금께서 이명에게 '대개 요량하여 마련하면 얼마나 되는가?'라고 물으셨다. 이명이 대답하기를 '22종을 모두 절가한다면 1천 7백~8백여 동이나 됩니다'라고 하였다. 임금께서 '몇 결포를 거두어야 쓸 수 있는가?'라고 물으셨다. 답하기를 '제가 아직 자세히 헤아리지는 못하였으나, 만약 3~4결포로 거둔다면 거의 마련할 수 있습니다'라고 하였다. (…)"

58 『계암일록』 1640년(인조 18) 4월 10일, "胡中歲貢七結布方督納 地主必以八升四五尺爲準 不可言也."

59 삼결포는 광해군 연간에 있었던 감군어사 접대 비용 마련에서 유래한 일종의 관례처럼 여겨지는 경향도 있었다. 『승정원일기』 53책, 인조 14년(1636) 8월 2일 계유.

60 그래프에 활용한 광해군·인조 연간에 나타난 구체적인 결포 부담에 대해서는 [부표 1] 참고.

61 계묘·갑술 양전의 과정과 결과에 대해서는 임성수, 「癸卯·甲戌 量田의 시행과 田稅 운영 변화」, 『진단학보』 132(진단학회, 2019) 참고.

62 『계암일록』 6책, 1634년(인조 12) 1월 30일, "관찰사가 전세를 작포作布하는데 1석에 5필로 하는 것이 너무 과중하다고 조정에 아뢰었다. 또 승정원에서 아뢴 여러 도의 양전을 가을을 기다려 하도록 하라는 일로 모든 읍에 관문을 내렸다. 그 때문에 우리 고을도 양전을 우선 멈추었다. 관찰사 홍명구는 총명하고 기억을 잘해서 장부를 처리하는 재주가 남보다 뛰어나 거짓으로 속이기가 어려우니, 정사에 능하다 할 만하다."(方伯以田稅作布 一石五疋太重 啓稟于朝 且以院啓 諸道量田 待秋爲之事 移關列邑 故此邑量田姑止 方伯洪命耈聰明强記 簿書之才過人 難眩以僞 可謂能政矣.)

63 『계암일록』 6책, 1635년(인조 13) 2월 5일, "향소鄕所에서 회문回文한 것을 보았다. 내용을 살펴보면 '우리 고을 전답의 결부 수가 평상시 결부 외에도 추가된 것이 2백여 결이나 된다. 장래에 요역徭役을 감당하기가 어려울 것이다. 따라서 마땅히 안동으로 전부 가서 양전사量田使에게 감액해 줄 것을 청해야 한다.'라고 하고, 내일로 날을 정했다. 이는 석채례釋菜禮 때문에 재계하려고 들어간 제군들이 향소에 통보하여 이러한 일을 한 것이다."(見鄕所回文云 此邑田結 平時結數之外 加至二百餘結 將來徭役有難支堪 當齊徃安東 請減于量使 以明日爲期 盖釋采 入齋諸君 通於鄕所 爲此擧也.)

64 『인조실록』 권31, 인조 13년(1635) 7월 29일 정축, "(…) 애초에 임금께서 삼남 지방에 새롭게 양전한 결수에 대해서는 3년 동안 세금을 반으로 줄여 주도록 명하셨다. 이에 비변사에서 다음과 같이 아뢰었다. '이번에 양전을 한 뒤, 처음에는 오결포五結布와 별설미別設米, 조례가미皂隷價米를 모두 경감해 주라는 명이 있었습니다. 이어서 새로 더한 파악한 결수는 3년 동안 절반으로 줄여 주라는 명령이 있었습니다. 신 등이 호조와 함께 새로운 결수[新結]에서 받는 세금과 세 종류의 요역을 경감해 주는 수를 비교해 보니, 새로 얻는 양으로 줄어든 양을 보충할 수가 없습니다. 그러므로 3종의 요역은 정말 줄여 주기가 어렵습니다. 여기에 또 새로 더한 세금까지 경감해 준다면, 국가 수입이 이전에 비하여 오히려 줄어들 것입니다. 해조에서 어렵게 여기는 것은 대개 이 때문입니다. 저희 생각으로는 새로 세금을 더한 결수에 대해서는 하교하신 대로 반을 감해 주고, 세 종류의 요역은 전날의 사목事目에 따라서 그 원래 숫자로 결수를 따져 고루 분배하는 것이 하나의 방법입니다. 다른 방법으로는 오결포와 조례미는 하교하신 대로 전부 감해 주고 전세는 예에 따라 받으며, 삼별수미三別收米와 서량西糧 등 각종 요역은 결수를 따져 고루 분정하는 것이 다른 방안입니다. 결포를 감해 주는 일은 그 은혜가 오래 지속되고, 누구나 혜택을 입게 됩니다. 하지만 새롭게 부과한 세금을 줄여 주는 일은 그 혜택이 3년에 그치고, 혜택을 받는 자가 적습니다. 명분 없는 별역別役은 그대로 두고 의례적으로 받는 상세常稅를 줄여 주는 게 역시 옳지 않을 듯합니다. 요역을 줄이는 일과 세금을 감하는 것을 병행하지 못할 바에야 별포別布를 완전히 감해 주는 것이 더 편할 것입니다.' 이에 임금께서 다음과 같이 답하셨다. '여러 사람의 논의가 이와 같으니, 더 내게 되는 전세는 반으로 줄여 주지 않도록 하라. 3종의 요역은 줄여 주지 않을 수 없고, 서변 군량은 사직 김시양의 차자 내용대로 분정하라.' (…)"

65 『계암일록』에 나타난 구체적인 군사 비용 조달에 관한 별역 부과 내용에 대해서는 [부표 2] 참고.

66 엄기석, 앞의 논문, 2023, 161~164쪽; 오결수포도 양서공물을 대신하는 특정 목적과 일정 기간 내 폐지해야 하는 부가적인 세액이라는 점에서 별역의 범주에 포함된다고 할 수 있다. 다만 『계암일록』 등에 나타나는 해당 세목의 징수가 장기적이고, 가시적인 변화가 없었다는 점 등을 고려하여 본격적인 별역의 논의 대상에서는 제외하도록 하겠다.

67 권내현, 앞의 책, 2004, 65~66쪽.

68 『계암일록』 4책, 1624년(인조 2) 3월 27일, "모문룡의 접반사 서목에 모장이 군량에 관한 일 때문에 진노했다고 하였다."(毛將接伴使書目, 毛將以糧事發嗔怒.)

69 『인조실록』 권7, 인조 2년(1624) 12월 29일 기유, "관향사 남이웅이 서로西路의 공한지空閑 地에 둔전 설치를 요청하였다. 이를 윤허하셨다. 이때 남이웅이 군향 전운轉運의 책임을 맡 았다. 마침 매해 흉년이 들어 모영毛營에서 요구하는 것과 변방 군량 마련의 계책이 없게 되 었다. 이에 이듬해부터 둔전을 대대적으로 설치할 것을 조정에 요청한 것이다. 호조판서 심 열도 곡식을 얻는 방법으로 둔전만 한 것이 없다고 하였기 때문에 따른 것이다."

70 『승정원일기』 9책, 인조 3년(1625) 10월 26일 을축, "비변사가 다음과 같이 아뢰었다. (…) 평안도의 오두수미五斗收米는 전에 없던 역으로 공물작미와 전세 3갑甲 합을 모두 합쳐 1결 에 내는 조세가 총 17두나 됩니다. 이는 하삼도의 민결에서 내는 쌀과 서로 같습니다. 이 밖 에도 모문룡 도독 군영[독부督府]에 내는 화가貨價, 조사詔使에게 내는 은가銀價 및 쇄마와 인부의 부역까지 있어서 부담이 몇 배나 됩니다. 어떻게 감당하겠습니까. 도체찰사의 요청 에서, 5두 가운데 3두를 견감하여 서로西路 백성들의 급한 사정을 완화해 주도록 하되 하삼 도를 대상으로 매 결당 1두의 쌀을 거두어 '당병량唐兵粮'이라 이름하고 배로 운송하여 해주 등의 창고에 쌓아 두어 모문룡 도독 군영이 스스로 실어다가 먹게 하자고 하였습니다. 이는 실로 부득이하게 나온 계책입니다. 신들이 생각하기로는, 5두 가운데서 3두를 견감시켜 준 다면 남는 것이 절반에도 미치지 못합니다. 게다가 전세는 3갑 가운데 이미 1갑을 견감시켜 주었으니 서쪽 변경의 군량이 또한 매우 염려스럽습니다. 금년에는 우선 5두 가운데 2두만 견감하여 조정에서 서로의 백성들을 염려한다는 뜻을 보이는 것이 합당하겠습니다. 황해도 역시 똑같이 견감해 주어야 하겠지만 백성들이 받는 피해가 평안도만큼 심하지는 않습니다. 다만 산군 각 고을에 재해를 입은 곳이 많다고 하니, 본도의 도사로 하여금 사실대로 적간摘 奸하고 등급을 나누어 급재給災하여 조금이나마 은혜를 베풀어 주는 것이 합당하겠습니다. 당병량을 매 결당 1두씩 거두어들이자는 논의는 이미 정탈定奪하였습니다. 경기, 강원 및 하 삼도에서 똑같이 거두어들여야 하는데 5개 도의 전결이 도합 35만여 결이 됩니다만 면세, 복호, 잡탈을 빼면 거둘 수 있는 쌀이 겨우 2만 석밖에 되지 않습니다. 그 가운데에서도 강원 도의 영동과 경상 좌도의 해변에 있는 고을의 경우 부득불 편의에 따라 함경도로 실어 보낼 수밖에 없고, 그 나머지 양호兩湖 지방의 산군과 바다에서 멀리 떨어진 곳은 마땅히 포목으 로 거두어 선가船價를 지급해야 합니다. 이렇게 계산해 보면 해주의 창고에 도착할 수 있는 수는 1만 5천, 6천 석을 넘지 못합니다. 거기에다 이번에 또 양서에서 응당 거두어들여야 할 쌀을 견감해 준다면 10만 명이나 되는 요민遼民을 지원할 수가 없습니다. 신들이 거듭 상 의한 결과, 매 1결에 대해 각각 쌀 1두 5승을 거둔다면 해주의 창고에 도착할 수 있는 수가 2 만여 석이 될 수 있을 것 같습니다. 지금 해조에서 이를 마련하여 복정卜定하거나 혹 포목으 로 바꾸어 배를 임대하여 내년 2, 3월까지 해주의 결성창으로 운송해 들이도록 법을 만들어 별도로 행회行會하는 것이 합당하겠습니다."

71 엄기석, 앞의 논문, 2023, 165~166쪽.

72 『계암일록』 4책, 1626년(인조 4) 1월 26일, "毛將粮餉 一八結出米十三斗 運諸可興 民役甚煩 矣."

73 『계암일록』 4책, 1627년(인조 5) 2월 8일, "감사는 이처럼 난리가 심각한 상황을 당해서도 백성의 가죽 벗기기를 더욱 심하게 했다. 지난달 군량 이외에 민간에서 내도록 요구한 것은 당군량唐軍粮 및 남한산성으로 군량을 운반하는 데 드는 세미稅米, 삼별미三別米, 인동仁同 사포량射砲粮 등이었다. 이를 한꺼번에 독촉하니, 지금이 어떠한 때인데 이처럼 포학하게

거두어들이는가. 이른바 당량唐糧은 난리가 일어나기 전에 모문룡 장군에게 주려고 한 것이다. 이와 같은 명목은 더욱 사리에 맞지 않는다."(監司值此亂極 剝民尤甚 前月軍粮之外 責出民戶者 唐軍粮及南漢城運粮稅米三別米仁同射砲粮 一時幷督 此何如時而爲此虐割也 所謂唐粮 未亂前 欲給毛將者也 此尤無理.);『계암일록』5책, 1627년(인조 5) 3월 14일, "득복得卜이 안동의 당량唐糧을 받아 갔다. 당량이라는 명목은 사리에 매우 어긋나는 것이니, 나라가 백성을 위한다고 할 수 있겠는가. 또 전세와 삼두량 독촉하기를 세찬 불길과 같이하였다. 이러한 시기에 백성 가죽 벗기기를 여전히 이처럼 하니, 분통이 터지고 원통하다."(得卜受去安東唐糧 唐糧之名 極無理 可謂國爲人乎 又田稅三斗糧 催督如烈火 此時剝民猶如此 痛惋.)

74 『계암일록』5책, 1627년(인조 5) 3월 9일, "(…) 稅米三斗[手]糧及唐糧幷路稅加米通計, 則一結出米一石有餘, 何後可辦此乎."

75 이정철, 앞의 논문, 2013, 257~258쪽.

76 『계암일록』6책, 1634년(인조 12) 3월 15일, "당량唐糧을 쌀로 거둘 때 매 1두마다 반드시 3승 더 납부하였다. 세두稅豆를 거둘 때 몇 승을 더 내는 것도 쌀로 거두려고 하였다. 이는 담당하는 아전이 크게 욕심을 낸 일이다. 아전이 예안 현감[地主]에게 이를 청하자, 예안 현감이 그렇게 하게 했다. 향임鄕任의 무리도 그들과 함께 한통속이 되니, 통탄한들 어찌하겠는가."(唐粮收米 每斗必以三升加給 而稅豆加升 亦欲以米 色吏之所大欲也 請於地主 地主勒令爲之 鄕任輩與之爲一 痛歎奈何.)

77 『계암일록』5책, 1630년(인조 8) 2월 25일, "往在丙寅年間 以毛文龍之請 賦於民 遂有唐糧之徵 今則無與於唐兵 而名目猶存 徵出如舊 盖用於勳臣軍留糧料也."

78 『계암일록』6책, 1635년(인조 13) 1월 29일, "당량唐粮이라는 명목이 지금까지 여전히 남아 있다. 대개 서쪽 오랑캐와 거사한 의병, 대장大將과 군관軍官에게 주기 위한 것으로, 명나라 사람[당인唐人]에게는 1승, 1홉도 주지 않고 있다. 봄가을로 오는 서쪽 오랑캐 사절의 행차 때마다 보내는 것이 각종 명목의 잡물 외에도 베가 9백 동이다. 이 물건들이 어디에서 나오겠는가. 백성들이 어찌 곤란하지 않겠는가."(唐粮之名 至今猶存 盖爲給西虜及擧義大將軍官 而唐人則不與一斗一合也 西虜春秋信使之行也 每次所送 除各色雜物外 布九百同 此物何從而出 民安得不困哉.)

79 최주희, 앞의 논문, 2019, 96~97쪽.

80 『계암일록』6책, 1632년(인조 10) 8월 28일, "당량唐糧을 징수하는 일은 매우 온당하지 않다. 부득이 거두어야 한다면 그 명칭을 고치는 것이 옳을 것이다. 가도假島에는 단지 늙고 쇠약한 이들만 남아서 살고 있고, 황 도독은 이미 철수하여 돌아갔다. 명나라 군사가 비록 있었을 때도 본국이 양식을 대어 주지 않은 지가 오래되었다. 매년 이것으로 세목을 삼고 있다."(唐糧之徵 極爲無謂 如不得已 改其名可矣 假島只有老殘留活 黃都督已撤還 而唐軍雖在時 本國則不給糧久矣 每歲猶以此爲名目.)

81 『계암일록』6책, 1633년(인조 11) 2월 16일, "오결포五結布를 관아에 납부한 지 이미 오래되었다. 그 세밀하기가 6·7승짜리 41자[尺]였다. 이때 일이 잘못되어 백성들의 곤궁함은 더욱 심해졌다. 조정에 누가 다시 이를 염려하여, 한 푼이라도 너그럽게 해 주려는 뜻을 지니고 있는가? 전세와 삼수량·당량을 삼세三稅라고 이른다. 향소에서는 다시 민간에 영을 전달하였다. 대개 체찰사體察使가 공문을 보내서 군량을 마련하는 일이 다급하였기 때문이다. 김시양이 이때 체찰사였다. 당량이라는 말은 더욱 이치에 맞지 않는다. 만약 어쩔 수 없다면 어째서 그 이름을 변경해서 부르지 않는 것인가?"(五結布納官已久 六七升四十一尺也 時事可誤 而民窮益甚 廟堂誰復慮此 而有一分寬恤之意乎 田稅及三手糧唐糧 謂之三稅 鄕所再傳令

於民間 盖以體察文移 急於軍餉也 金時讓時爲體察使矣 唐粮之說 尤極無理 如不得已 則何不
改喚其名乎.)

82 『계암일록』7책, 1638년(인조 16) 1월 28일, "西粮之徵甚無理 卽所謂唐粮也 無名科歛 至於
如是 廟堂有人乎."

83 『계암일록』8책, 1640년(인조 18) 1월 18일, "서량西粮과 4결포를 독촉해 징수하고서, 오랑
캐가 명나라를 공격하는 일을 도왔다. 식량은 군사들을 먹이는 데 사용하고, 베는 배와 군사
용 기물을 만드는 데 사용한다고 한다. 고금 천하에 어찌 이러한 일이 있는가. 우리나라[동
방東方]가 짐승의 나라가 되었다. 오랑캐 칸이 병이 심해서 장차 죽게 되었다. 그런데 세자
가 병 고치는 법을 가르쳐 주었고, 급하게 우리나라에 사람을 보내 죽력竹瀝과 생강을 가져
가게 하였다. 세자의 행동은 정말로 이해할 수가 없었다."(西粮及四結布督徵 以助虜將犯大
明 而粮則用於軍食 布則用於舟船器械也 古今天下 寧有是事 東方爲禽獸矣 虜汗病甚將斃 世
子教以治法 急遣人取竹瀝生薑于本國 世子所爲 殊未可知也.)

84 『승정원일기』78책, 인조 19년(1641) 6월 6일 경술, "또 다음과 같이 아뢰었다. '지난번 김상
이 탑전에서 아뢰어 말한 일로 전교하셨습니다. 양전을 시행한 뒤 삼남 지방 전결이 다소 넉
넉해졌기에 5결마다 거두던 포와 군수목軍需木, 조례가미皂隸價米는 모두 혁파하고, 서량
만 남겨 두었습니다. 그런데 삼남은 각각 그 서량의 승수升數를 줄였고, 강원도는 아직 양전
을 실시하지 않았기에 승수를 줄이지 않았습니다. 이른바 서량이라는 것은 당초에는 당량唐
糧이라 하기도 하고 모량毛糧 혹은 서량이라 칭하였습니다. 정축년(1637) 이후에 다른 명
목으로 바꾸지 않은 것은 진실로 유사有司의 불찰 때문입니다. 다만 이미 서량이라는 명목
으로 시행한 지가 오래되었으니 지금 비록 다른 명목으로 바꾼다고 해도, 그만큼 미곡을 거
두어들이는 이상에는 결국 구차하게 끌어다 때우는 것에 불과할 뿐입니다. 그대로 서량이라
칭하여도 무방할 듯합니다. 감히 아룁니다.' 알았다고 하셨다."

85 『승정원일기』92책, 인조 23년(1645) 8월 25일 갑진, "오늘 인견할 때에 영의정 김류가 아뢴
내용은 다음과 같다. '올해 흉년은 최근에 없던 일입니다. 공사 간 아무것도 없이 텅 비어 손
을 쓸 수가 없습니다. 만약 서량을 혁파한다면 조금이라도 은혜를 베풀 일이 될 것입니다. 하
지만 양서 지방에 비축되어 있던 것은 그동안 북쪽으로 거의 다 운반해 갔기 때문에 지금 또
다시 줄이기가 어렵습니다.' 임금께서 말씀하시기를 '서량을 줄이면 백성들이 균등하게 그
은택을 입을 수 있을 것이다. 이 밖에 다른 것은 줄일 만한 것이 없는가?' 정태화가 다음과 같
이 아뢰었다. '경창京倉에 비축된 콩은 다소 여유분이 있습니다. 콩을 쓰는 것은 쌀을 쓸 때
처럼 크게 번거롭지도 않습니다. 지난번 조석윤의 상소를 보니, 올해 세태稅太를 전부 줄이
고자 하였으나 전부 줄이기는 어려운 형편입니다. 여러 도에서 똑같이 모두 그 반만 줄이는
것이 좋을 듯합니다.' 임금께서 말씀하시기를 '편리하고 합당하다.' (…)"

86 엄기석, 앞의 논문, 2023, 171~175쪽.

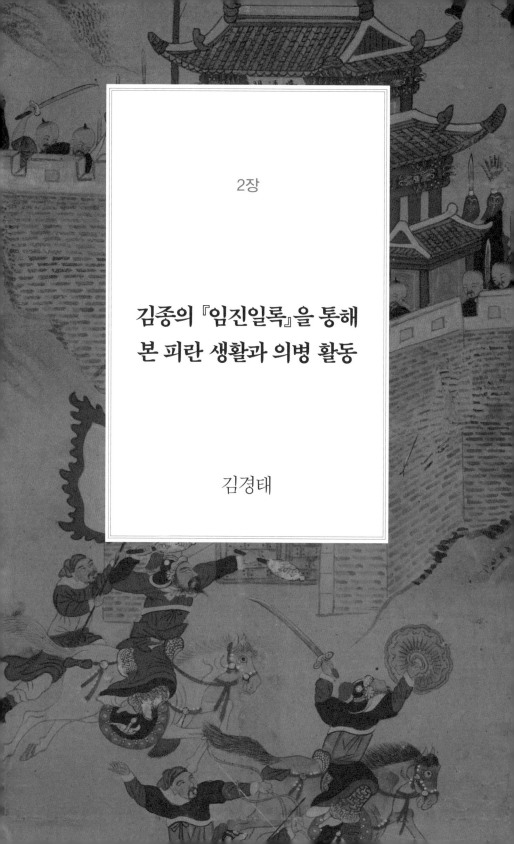

2장

김종의 『임진일록』을 통해
본 피란 생활과 의병 활동

김경태

머리말

임진왜란이 일어나고 국경을 방어하던 조선군이 패배했다는 소식이 연이어 전해지자 조선 조정은 이일과 신립을 연이어 보내 북상하는 일본군을 막게 했다. 그러나 신립은 패전했고 한성은 큰 충격에 빠졌다. 선조는 파천을 결정했다. 많은 관료들은 선조를 따라 북쪽으로 이동했지만, 행렬을 따르지 않은 이들도 적지 않았다. 이미 많은 인구가 살고 있던 한성은 파천에 따르는 이, 각자 피란을 모색한 이, 그대로 남은 이들이 뒤섞여 혼란해졌다.

조정의 정사는 파천 과정에서 이루어졌다. 조정의 상황은 실록뿐만 아니라, 파천 행렬에 함께했던 이들의 기록을 통해서도 파악할 수 있는데, 대표적으로 박동량의 『기재사초』가 있다.[1] 그 외에도 최근 이덕열 『양호당일기養浩堂日記』와 김용의 『운천호종일기雲川扈從日記』 등이 학계의 주목을 받고 있다.[2] 전쟁은 전국적으로 영향을 미쳤다. 특히 일본군이 진입하여 폭력을 행한 남부 지방에서는 많은 이들이 피란을 택해 산으로 올라가거나 바다로 피신하기도 했으며, 가족들을 피신시킨 후에는 의병을 일으키기도 했다. 피란 과정과 의병 활동을 일기로 남긴 이들도 적지 않았는데, 오희문의 『쇄미록瑣尾錄』과 정경운의 『고대일록孤臺日錄』이 대표적이다. 그리고 이들 기록의 번역[3]은 임진왜란 연구의 지평이 확대되는 데 영향을 주었다.[4] 한편 근래에는 전쟁 당시에도 작동하고 있던 관료 시스템을 이해하기 위해 지방관들의 활동을 분석하는 연구가 이루어지고 있다.[5] 이 연구들에서는 일기 자료를 통해 실록 등 관찬 사료에는 미처 드러나지 않은 관원들의 지역에서의 구체적 활동에 접근하고 있다는 점이 주목된다.

이와 같이 최근 임진왜란 연구에서는 일기 자료가 활발히 이용되고 있다. 그런데 일기가 다루고 있는 지역을 살펴보면 의아함을 느낄 수 있다. 역설적이게도 가장 많은 인구가 살고 있었고 따라서 관료와 관료 후보군인 양반 사족의 인구도 많았던 한성과 경기 지역의 상황을 보여 주는 일기류가 많지 않다. 그렇기에 일기를 주요 사료로 삼은 연구도 찾기 어렵다. 국왕과 대신을 비롯한 조정 관료들은 북쪽으로 파천을 했고, 수만에 이르는 일본군이 한성으로 들어와 이듬해 4월 중순까지 버티고 있었기에, 한성과 경기는 피란처로서 적합한 곳이 아니었기 때문일 것이다. 따라서 이 연구에서 다룰 김종金琮(1533~1593)의 『임진일록壬辰日錄』(1592. 1~1593. 5)은 귀중한 자료라고 할 수 있다.[6]

김종은 전쟁이 일어났을 때 한성에서 가족들과 거주하고 있었으며, 정부 물품 공급에 관련된 업무에 관여하고 있었다. 선조가 파천을 결정하자 그도 가족들과 피란을 시작했는데, 경기도 김포와 통진을 지나 강화도로 들어가 피란 생활을 하였으며, 의병진 결성에도 주요한 역할을 하다가 전쟁 중 세상을 떠났다. 이 연구에서는 『임진일록』을 통해 한성에 거주하던 양반 (예비) 관료로서 경기 지역으로 피란한 이의 전쟁 생활에 대해 살펴보고자 한다.

『임진일록』을 통해 한성에 주재하던 관직자가 전쟁 직전 어떤 생활을 했는지, 전쟁이 일어나자 어떻게 대응했는지 살필 수 있다. 특히 강화도는 한성에서 가까운 지점이면서도 일본군이 쉽게 침범할 수 없는 주요 피란처였으며, 파천한 조정의 연락 거점이자 반격의 거점으로서 매우 중요한 지점이었다. 그럼에도 강화도에서 어떤 일이 있었는지 직접 알려 주는 자료는 드물다. 『임진일록』은 전쟁사의 빈 부분을 채워 넣을 수 있는 귀중한 자료인 것이다.

또한 『임진일록』에는 다양한 인물이 등장하는데, 주요한 관직자와 의병장 외에 관찬 사료에서는 보기가 어려운 인물들도 적지 않다. 그들 사이의 교유관계를 관찰할 수 있으며, 교유 관계가 피란 생활은 물론 의병진 결성에 어떤 영향을 미치는지도 확인할 수 있다. 아울러 일기 자료로서 다양한 '일상'의 모습도 담고 있기에 당대의 생활사적인 요소도 살필 수 있다. 본문에서는 김종의 『임진일록』을 주요 사료로 활용하여 그의 한성과 경기-강화 지역의 피란 생활과 조정과의 연락 지점으로서의 강화도라는 지역의 실상 그리고 의병진의 결성과 활동 과정을 분석하고자 한다.

피란의 시작

　김종의 일기는 임진년 1월 1일부터 시작한다. 그는 지인들과 새해를 맞이하고 있었다. 이전과 크게 다를 바 없는 한 해의 시작이었을 것이다. 이때 김종은 한성에서 관료로 생활하고 있었다. 소속된 관청과 관직이 무엇이었는지는 명확하지 않으나, 관청으로 들어오는 여러 물품을 관리하는 모습이 보이므로 관청에 출입하며 업무를 수행하고 있었던 것은 분명하다.

　전쟁이 일어나기 이전에도 조선 조정이 조용하였던 것은 아니다. 일본은 몇 년 동안 조선의 사절을 요구했고 일본을 다녀온 통신사는 명을 공격하겠다는 도요토미 히데요시의 선언을 전했다. 조선에서는 이를 명에 보고할 것인지를 두고 논쟁이 벌어지기도 했다. 다만 김종의 일기에는 전쟁이나 외교적인 갈등에 관한 내용은 기록되어 있지 않다. 그러나 동지사의 서장관과 역관이 연루된 비위 사건에 관한 기록이 눈에 띈다. 이 일로 인해 여러 인물들이 처벌을 받고 있었다.

　한편, 전쟁 전 기록에서 눈에 띄는 부분은 김성일에 대한 서술이다. 4월 7일에 기록된 비변사 계사에 대한 선조의 비망기인데, 경상우도 병마절도사로 있던 조대곤의 교체 문제에 대한 선조의 의견이다.[7] 『임진일록』에서 단일 내용으로서는 상당히 긴 분량을 차지하는 편이나, 김종이 직접 관계된 사건이 아니었다는 점에서 수록 이유에 대해 의문을 가지게 한다. 내용은 다음과 같다.

　선조는 조대곤의 교체에 대해 몇 가지 문제를 제기했다. 먼저 대처가 늦은 것에 대해 지적했다. 갑자기 장수를 바꾸는 것은 적절하지 않다는 것이다. 그리고 대임으로 거론된 사람도 부족하며 그들이 장수로 적합한지도 모른다고 하였다.[8] 이어서 지금 급한 것은 일본의 침략 가능성에 대해 방어 태세를 갖추는 것인데, 김성일이 일본에 다녀온 후 일본이 걱정할 바가 못 된다고 한 탓에 방어 태세가 해이해져 유명무실해졌다고 하였다.

이어서 지금 대적이 이러한 상황을 이용하려는데, 장수 재목은 더욱 부족하니 신하가 된 자로서 군주를 위에서 근심하게 만들면서 담론을 일삼는다는 점을 지적했다. 선조는 몸으로 담당하는 것은 충신이 할 일이고, 병사를 운용하여 적을 제압하는 것은 유자儒者의 일인데, 옛날에는 유장儒將으로 공을 세운 자가 많았으나 지금은 그렇지 않다고 하면서, 무신과 함께 문신도 장수로 뽑아 재주를 펼 수 있도록 해야 한다고 하였다. 이야기의 결론은 김성일金誠一이었다. 지금 문신 중에 장수로 삼을 사람은 김성일보다 나은 이가 없다. 강한 기개가 있어 용감하게 나아가 적과 맞붙어 싸울 수 있는 사람이고, 하물며 지금 (명의) 병부에서 성지를 받들어 자문을 보내 우리나라로 하여금 왜적을 초멸하여 없애게 하였으니[況今兵部奉聖旨移咨 使我國勦除倭賊], 더 말할 나위가 없다고 하였다. 그렇게 하지 않는다면 (김성일의) 죄를 성토하고 벌을 행해야겠지만, (그렇게 한다면) 후일의 근심을 말할 수 없을 것이므로, 지금은 (김성일이) 신하로서 힘을 다해야 할 때라면서, 조대곤을 체차하고, 김성일을 북도어사北道御史에 제수하여 보내라고 했다.[9]

승정원은 선조의 지시에 의문을 표했다. 김성일이 재능이 해당 직임에 합당한지 여부는 모르겠으나, 하루아침에 임명한 절차는 적합하지 않으며, 국왕의 전교는 중요하니 재고해 달라는 것이었다. 하지만 선조는 이에 따르지 않았다고 한다. 김성일이 임명된 것이다. 김성일 임명을 둘러싼 선조의 비망기에 대한 『임진일록』의 기록은 여기까지다.

이 비망기가 내려진 시점, 즉 김성일의 경상우병사慶尙右兵使 임명에 관한 논의가 조정에서 있었던 시점은 언제일까. 『임진일록』에는 앞서 본 바와 같이 4월 7일에 기재되어 있다. 위의 비망기를 비롯하여 전후 사정이 더 기록되어 있는 『인재집訒齋集』의 「학봉선생언행록鶴峯先生言行錄」에도 전쟁 전의 상황으로 묘사되어 있다. 임진년 4월의 일로 소개하면서, 경상우병에 임명된 김성일이 남하한 후 단월역에서 침략 소식을 들었다는 내용으로 이어지므로, 경상우병사 임명을 전쟁 전으로 판단한 것이 분명하다.[10] 다만 『임진일록』과 「학봉선생언행록」에 모두 등장하는 "하물며 지금 (명의) 병부에서 성지를 받들어 자문을 보내 우리나라로 하여금 왜적을 초멸하여 없애게 하였으니[況今兵部奉聖旨移咨 使我國勦除倭賊]"[11]라는 문구는 의아하다. 일본군의 침략이 시작되기 전에 명에서 조선에 일본군을 공격하라는 지시는 하지 않았기 때문이다. 다만 명 조정의 방어 태세 권고가 이와 같이 해석되어 기록되었을 가능성에 대한 검토는 필요할 것이다.

한편 『선조실록宣祖實錄』에는 선조 25년(1592) 10월 27일 경상도관찰사 김성일을 가선대부에 가자하였다는 기사의 주석(사론)에 "(통신사 귀환 후 옥당의 장관에 보임되었다가 선조의 의도에 의해 그를 승지로 좌천되었고) 얼마 되지 않아 또다시 성일을 과감한 공격에 합당하다 하여 경상우병사에 제수했다. (김성일이) 진영에 도착하자마자 왜적이 경상도를 침범하였다"[12]는 기사가 보인다. 『선조실록』이 편찬될 당시 추가되었을 가능성이 높다. 어쨌든 『선조실록』에서도 김성일의 경상우병사 임명 시점을 통신사 귀환과 전쟁 발발 사이로 보고 있다.

『선조수정실록宣祖修正實錄』에는 선조 25년 3월 3일 기사에 관련된 내용이 보인다. 조대곤의 대임으로 선조가 김성일을 택한 이유, 비변 사가 이에 반대 의견을 냈으나 선조가 윤허하지 않았다는 서술은 앞의 비망기 내용과 유사하다.[13] 요컨대 비망기와 실록의 기사에는 "조대 곤과 교체할 경상우병사가 필요함 → 선조는 김성일을 임명하는데, 여 기에는 통신사 귀환 이후 방비 태세에 대한 김성일의 의견에 대해 가 지고 있던 불만이 내포되어 있었음 → 신료들의 반대에도 임명을 강 행"이라는 내용이 공통되고 있다.

김성일의『학봉집鶴峯集』연보에는 김성일의 경상우병사 임명이 4월 11일로 기록되어 있다. 감영으로 향하던 도중 충주忠州 단월역丹月 驛에 이르렀을 때 일본군이 상륙하여 부산과 동래를 잇따라 함락시켰 다는 말을 듣고 급히 창원의 본영으로 갔다고 하였다.[14]『학봉집』의 연 보와 행장에는 위의 사료들과 마찬가지로 김성일의 경상우병사 임명 을 전쟁 발발 직전으로 보고 있으며, 김성일이 축성 등 방비 태세에 대 해 신중론을 제기하였다는 사실도 서술하고 있으나, 선조가 이를 두고 불만을 가지고 있었다는 언급은 보이지 않는다.

4월 7일의 비망록은『임진일록』의 다른 기사와 비교할 때 일면 어울 리지 않아 보이는 면이 있으나, 4월 11일 기사 등을 함께 감안할 때 김 종이 관심을 가진 사건이었음은 분명하다. 김성일을 수행한 군관 김옥 金玉이 그의 친척이었기 때문일 것이다.[15] 한편 비망록 자체는 후일 추 록되었거나 윤색이 가해졌을 가능성도 배제할 수 없을 것으로 보인다.

일본군이 부산에 상륙한 것은 4월 14일의 일이었다.『임진일록』에는 4월 14일에 부산이 함락되었고, 15일에 동래가 함락되었다는 기사가 있는데, 이미 아마 후일 추가된 것일 가능성이 높다. 임진왜란을 다루고 있는 기록류에서는 이러한 사례가 자주 목격된다. 실제로 한성에 일본군 침략 소식이 전해진 것은 실록에 따르면 4월 17일 오후였던 것으로 보인다.[16] 『임진일록』에도 17일에 조정에 전해진 침략 소식 및 17일 식후에 마을 사람들이 모여 앉아 왜란에 대해 시끄럽게 전했다는 기록이 보이는 것으로 볼 때, 한성에 전쟁 정보가 전해진 것은 17일로 보아야 할 것으로 생각된다. 19일에는 동래가 함락되고 살아 있는 이가 하나도 없다는 내용의 치계가 한성에 들어왔다. 20일에는 양산이 함락되었으며 경상좌병사 이각이 동래에서 싸우지 않고 돌아갔다는 정보도 전해졌다.

조정에서는 순변사와 조방사(장), 방어사 등을 차출했다. 일기에는 도체찰사 유성룡과 부사 김응남 그리고 신립 등, 군무를 맡은 이들이 임무를 받들고 오가는 모습이 다급하게 그려지고 있다. 조정에서는 사헌부의 계사를 모두 정지했고, 세 도감을 파했다.[17] 20일 문경에 도착한 이일은 남부 주요 지역이 포위된 상황을 전하며, 정예병을 재촉했다.[18] 한성의 사람들에게 초전의 전세는 어둡게 비추어지고 있었을 것이다.

침략 소식이 전해진 후에도 김종은 매일 입직을 하고 있었다. 그리고 지인들과 "물에 만 밥"을 먹으며 이야기를 나누었다는 기록이 자주 보인다. 일본군이 조선군을 격파하며 몰려오는 상황에서도 여유로웠던 것일까. 그렇지는 않았을 것이다. 업무와 대화 내용이 구체적이지 않은 점이 아쉬운데, 김종과 사람들의 대화는 한담이 아닌 전쟁의 정세 그리고 피란에 관한 내용이었을 것으로 보인다. 업무는 조선 조정이 파천을 결정하고 실행하는 시점인 28일에서 29일까지 이어진다. 주어진 임무를 다했다고 볼 수 있을 것이다. 4월 25일에서 27일까지는 기록이 보이지 않는다. 조선군의 연이은 패보가 전해졌을 것이고, 김종은 관료로서의 역할을 담당하는 동시에 가족들과 함께 피란할 준비도 해야만 했을 것이다.

  김종은 피란 수단으로 배를 선택했다. 그와 그의 일행(가족 및 집안의 노비와 지인 등)은 피란 중 배를 타고 한강을 따라 이동했다. 다만 배만 이용한 것은 아니었다. 말에도 짐을 싣고 이동했는데 가능하면 수로를 따라 움직이며 일행과의 거리를 유지하고자 했다. 김종의 피란 방식을 통해 살펴볼 때, 배는 다음과 같은 이점이 있었다. 먼저 한강 수로를 따라 빠르게 움직일 수 있었다. 또한 일본군이 임박하더라도 한강 하류를 통해 섬으로 피란할 수 있을 것으로 예상했을 것이다. 그리고 그의 처조카였던 이수준李壽俊(1559~1607)이 통진 현감으로 재직 중이었던 것 역시 배로 피란하기로 한 주요한 이유 중 하나였을 것이다. 피란을 시작한 4월 29일 배를 사서 타고 가다가 현석이란 곳에 정박한 후, 이수준의 배를 찾아 옮겨타고 이동하는 모습을 보아도 그러하다. 이수준에 배에 옮겨탄 후 고개를 돌려 궁궐을 보며 김종은 몸은 떠났지만 마음은 그곳에 있다면서 "묘당에 좋은 계책이 있는지 모르겠다"는 말을 남겼다. 이렇게 김종의 피란이 시작되었다. 아래에서는 일본군이 몰려오던 급박한 시기를 거쳐 강화로 들어갈 때까지의 피란 모습을 추적하겠다.

  김종의 일행은 아내와 자식 그리고 집안의 노비,[19] 그리고 고용된 일반 양인 혹은 비부婢夫로 추정되는 인물[20]로 구성되어 있었다. 피란 초기, 가족들은 배를 타고 이동했고, 적어도 다섯 마리 정도의 말이 짐을 싣고 있었다. 말은 노奴들이 부렸다. 배를 타고 이동을 하다가 육지에 올라 쉬면서 숙박을 하였으며, 이때 배는 강가의 정자 아래에 정박해 두었다. 다만 배를 움직이는 것은 고용한 사공이었던 것으로 보인다. 그리고 노비들이 정자에 머물며 배를 지키는 모습이 보인다. 말은 육로로 배와 속도를 맞추며 이동하고자 했는데, 경로나 시간이 맞지 않아 흩어졌다가 모이기도 했다.[21]

처음 피란처로 택한 곳은 교하였다. 일행의 배와 말은 교하에서 금릉정金陵亭과 서산西山 등을 오가고 있었다.[22] 김종은 당분간 이곳에 머무르면서 흩어진 일행을 모으기 위해 사람을 보냈다.[23] 한편 지방관들은 이 부근에서 병력을 모아 일본군에 대항하려는 의지도 보였다.[24] 일본군은 5월 2~3일 한성에 진입했다. 이 소식은 한강 하류에 있던 김종에게도 전해졌다. 5월 4일에서 10일까지의 기록은 매우 소략한데, 한성에 들어온 일본군 중 일부가 한강을 따라 양천 부근까지 내려와 공격을 감행하면서 상황이 급박하게 전개된 것으로 보인다.[25] 김종의 일행 중에도 희생된 이들이 있었다. 일본군을 막아 지키려던 지방군들도 패했다.

김종은 5월 14일 아침 피란을 시작했다. 방향은 통진으로 잡았다. 통진의 사초리에 있는 개천이라는 이의 집에 머무르던 그는 양천까지 들어왔던 일본군이 돌아갔다는 소식을 들었다. 개천의 집에서 8일을 머무르던 김종은 22일 낮에 통진의 양릉까지 가서 머물렀다. 그리고 이틀 후 부평으로 향하여 돌곶이(부평 석곶)에 있다가 다음 날 다시 이동을 했다. 6월 1일에는 대교[26]를 건너려 했으나 적의 기세가 있어 황어천黃於川[27] 부근에 머물렀다. 김종은 임진강전투 후 기세가 오른 일본군을 피해 육지 쪽으로 조금 더 들어간 산악 지역으로 이동하려 한 것으로 보인다.[28]

당시 김종과 가족들은 이동 중 민가에서 숙박을 했는데, 간혹 집주인들이 면박을 주는 경우도 있었다.[29] 그러나 대개의 경우에는 큰 갈등이 벌어지지는 않은 것으로 보인다. 집주인들이 대체로 양인이었고 김종이 적절한 대가를 지불했기 때문으로 여겨진다. 김종 집안의 노비들은 강가에 정박한 배나 배를 정박한 곳 근처에 있는 정자에서 숙식하고 있었다.

6월 10일, 일본군이 부평의 돌곶이를 불태웠고 다음 날은 행주, 그다음 날은 고도孤島를 불태우고 사람들을 죽이고 약탈했다는 소식이 전해졌다. 14일에는 서강 아래를 종일 불태웠다고 한다. 김종 일행은 17일, 아침 일찍 밥을 먹은 후 배에 짐을 싣고, 천회정이라는 곳에서 영사정永思亭[30]으로 거처를 옮겼다. 일본군은 한강 하류 지역까지 내려와 주변의 피란민들을 공격하고 있었다. 물론 대항하는 조선군도 공격 대상이었을 것이다. 혼란스러운 상황에서 김종 일행의 배와 말은 다시 흩어지곤 했다. 정자에 있던 이들은 일본군이 보일 때면 주변 지역의 높은 곳으로 도망쳤다가 돌아오는 방식을 반복했다.[31]

김종은 6월 23~24일 무렵 신동薪洞으로 옮겼다. 이곳은 이수준이 현감으로 재직 중인 통진의 관아와 보다 가까웠다. 관사로 돌아온 이수준은 사람을 보내 김종을 문안하고 음식도 보내 줬고,[32] 근처로 오기를 청하였다.[33] 김종은 7월 6일 통진으로 거처를 옮겨 이수준을 만났다.[34] 이수준은 통진으로 온 김종을 친절히 대접해 줬다.[35] 김종의 노들이 배 관리를 비롯하여 이수준 관에 방문하여 물품을 받아오는 일 등 여러 일을 맡고 있었는데, 특히 분산이라는 노가 중요한 일을 많이 맡는 모습이 보인다.

통진에는 나름 이곳에 모인 지방관을 중심으로 만들어진 군진이 있었다. 7월 13일에는 월곶첨사가 왜선 1척을 포획하는 성과도 있었다. 마침 명군의 조선 진입 소식이 전해졌다.[36] 전라도 병마절도사 최원이 남쪽에서 도착하여 통진현에 들어갔고, 군사를 일곱 개로 나눈 뒤 진을 치고 대항하기로 한 것으로 보인다.[37] 7월 중순 이후 일본군이 김포까지 임박해 왔다.[38] 조선군은 일본군에 맞서 싸웠으나 패하고 말았다. 김종은 7월 23일, 이수준을 만나 배를 빌리고 강화로 피란할 준비를 했다. 패주하던 군사들이 김종이 준비한 배를 빼앗으려 했으나 저항하여 뺏기지 않았다. 김종과 일행은 배에 올라 바다를 건너 강화로 향했다.[39] 조선군의 패배와 백성들의 피란이 뒤섞인 혼란한 장면이었다. 25일 일행은 강화도로 건너가는 길목에 있는 섬[缸山][40]에 배를 대고 소를 실을 배도 만든 후에 짐을 실은 말과 소도 찾아왔다.[41] 김종의 강화에서의 피란 생활이 시작되었다.[42]

강화도에서의 활동

김종은 마니산 아래 중포를 거쳐, 서쪽 포구에 이르러 닻을 내렸다. 근처에는 정수사淨水寺[43]가 있었다. 강화에서 피란 중 김종은 지인들과 이곳에서 모여 이야기를 나누거나 연포탕을 만들어 먹기도 했다. 강화로 들어온 직후에는 거처가 분명하지 않았으나 곧 가족들과 마을의 집을 빌려 생활하고 있는 모습이 보인다.[44] 그러나 강화 피란 초기 김종 자신은 때로 배에 묵는 일도 있었다.[45] 또한 통진에는 남겨둔 짐이 많았던 것으로 보이는데, 강화로 들어온 이후에도 분산 등 노奴들을 통진으로 보내서 짐을 가지고 오게 했다.[46] 통진과 교동에는 김종 집안의 납공 노비가 거주하거나 김종 집안 소유의 농지가 있었던 것으로 보이는데, 피란 중에도 김종의 노들은 이곳을 오가며 신공을 걷거나 수확물을 걷어 오는 등의 일을 하였다. 광성과 강화부를 오가며 김종의 심부름을 한 것도 주로 이들이었다.[47]

통진 현감 이수준도 강화로 들어왔다. 경기도 서부 지역에 있던 지방관과 남쪽에서 올라온 의병들 다수가 강화로 모여들었는데, 한성에 가까우면서도 비교적 안전한 지역이었기 때문일 것이다. 이수준은 잉읍성仍邑城에 거처하고 있었다.[48] 이수준은 강화에 들어온 이후에도 김종에게 도움을 주었다. 김종은 노 백설을 시켜 배를 타고 가서 식량을 얻어서 오기도 했다.[49]

강화에서 함께 피란하고 있던 지인들과 모이는 장소는 바위였다. 근처 마을에 집을 빌려 피란 생활을 하면서 함께 모여 이야기를 나눌 때에는 비교적 넓고 트인 장소인 바위 위를 선택했던 것으로 보인다. 서장西場이라는 장소도 자주 등장하는데, 아마 넓은 장소였던 것으로 생각된다. 다만 『임진일록』은 각 기사가 간략한 편이기에, 어떤 이야기를 나누었는지 구체적으로 알기란 어렵다. 언뜻 보면 매일 모여 한가하게 술만 마시는 것처럼 보이기도 한다. 그러나 이들의 모임이 여유로운 잡담 자리가 아니었다는 것을 9월 3일의 기록을 통해 알 수 있다. 김종은 "매번 시대를 상심하고 변란을 걱정하는 이야기를 하지, 한가롭게 잡담을 하는 일은 없었다"고 하였다.

경기 서부의 군사들이 강화로 이동한 초기, 일본군에 반격을 가한 일이 있었다. 충청 수사 변양준이 군선을 거느리고 감암甘岩(김포 지역)에서 일본군 주둔지를 공격해 승리한 일이 있었다. 그는 포로로 잡힌 이들을 데리고 왔으며 읍내를 안정시키고 양천에 진을 치고 흙담을 만들어 방어를 했다.[50] 월곶 첨사도 일본군 선박 2척을 화장포花壯浦(파주 지역)에서 격파했다.[51] 비교적 안정된 방어 거점인 강화도에 많은 이들이 모여들었고, 이 같은 승전보도 전해졌기에, 이곳에서는 곧 반격을 위한 준비가 갖추어졌다.

당시 강화에는 전라도 병마절도사 최원과 후일 의병진을 이끌게 되는 우성전 그리고 명과의 외교에서 활약을 하는 최립 등도 있었다.[52] 8월 18일경, 이들이 잉읍성[53]에 모였는데, 이때 이미 군진이 조직되어 있었던 것으로 보인다.[54] 20일, 우성전을 대장으로 하는 의병진이 구성되었다.[55] 우성전은 휘하의 의병장을 임명했는데, 막좌에는 최립, 김취려 등이, 종사관에는 이수준 등이 봉해졌다.[56] 24일 단을 설치해 장수를 봉하고,[57] 25일에 둑제를 지냈다.

김종은 의병진에 장수로 참여하지는 않았으나 결성과 운영 과정에서 조언을 하는 역할을 했던 것으로 보인다.[58] 9월 초에는 의병진을 자주 오가거나, 의병진의 명령에 자신의 의견이 반영되었다는 기록이 눈에 띈다.[59] 김종 외에도 의병진에는 합류하지 않았지만 진을 오가는 양반 피란민들이 적지 않았다. 이들은 수시로 모여 의견을 나누고 있었으며, 일정한 발언권도 있었을 것으로 생각된다.[60] 김종은 특히 심경유(심일용沈日用)(1554~?), 윤경직(윤호연尹浩然)(1553~?), 신충담愼忠聃, 한계남韓繼男 등과 친하게 지내며 거의 매일 만나는 모습이 보이는데, 이들은 대개 의병진에 합류한 이들의 형제나 부친 내지 인척이었고, 강화에 있던 관원, 의병장들에게 의견을 개진할 수 있었다.

강화가 전쟁 초반 중요한 반격 거점이자 행재소와 남부 지역 사이의 연락 거점이 되면서, 도순찰사 권징權徵, 체찰사 정철鄭澈과 같은 인물도 파견되었다.[61] 양반 피란민들은 이들을 만나 이야기를 나누었다. 이를 통해 행재소의 지시가 강화로 원활히 전달되고 전선의 상황도 파악할 수 있었을 것이다. 대화는 대개 강화부로 직접 들어가 순찰사 등과 대화하는 방식으로 이루어졌으나, 순찰사가 역졸을 보내 의견을 묻기도 했고 김종은 답신을 분산에게 맡겨 강화부로 가게 하기도 했다.[62]

기세가 무르익은 의병진은 대규모 출진을 감행했다. 9월 15일에는 "사군四軍이 남북으로 출발했다[四軍南北發行]"는 기록이 보인다.[63] 그러나 애석하게도 추의군의 이 출진은 패배로 끝나고 말았다. 다음 날 기사에는 기훈奇薰과 이빈李馪이 전사하고 백여 명의 남군南軍[64] 두 진영도 공격을 당해 일이 좌절되었다고 하였다. 기훈은 의병진에서 군기軍器, 이빈은 장서掌書였다. "대군大軍"은 선박과 함께 22일에 강화도로 돌아왔다. 병력의 총 규모가 어느 정도였고, 장수가 모두 참여했는지 일부만 출진했는지 분명하지 않으나, 의병진의 첫 출진이 기대했던 전과를 올리지 못했다는 것은 분명했다.[65]

군진은 전열을 정비할 시간이 필요했다. 강화도에 있던 주요 인사들은 연미에 모여 논의를 한 것으로 보이며,[66] 이 때문에 김종을 찾아오는 사람이 없어 무료했다는 기록[67]이 눈에 띈다. 김종은 밤에 누워 나라를 생각하며 통곡을 했다.[68] 며칠 뒤에는 왜적을 토벌하는 꿈을 꾸어 통쾌하나 꿈에서 일어난 일이라 한스럽다는 일기를 남겼다.[69] 비록 짧은 시간이었지만 나름의 준비를 한 도전이 벽에 부딪혔기 때문일 것이다. 최립은 병으로 누워 지내게 되었고 의병장에서도 사직하겠다는 의사를 밝혔다.[70]

김종은 노奴 명견 등으로 하여금 강화부에 갈 때 순찰사 권징에게 편지를 전하게 했고, 이튿날 답서를 가지고 왔다.[71] 답서와 함께 행장을 받아왔기에 이 연락이 군사에 관한 일인지 개인적인 부탁인지 분명하지는 않다. 분명한 것은 김종이 군사 지휘관과 직접 의견을 교환할 수 있었다는 사실이다.[72] 김종은 당시 의병장으로서 직접 군진에 참여하지는 않았지만 조언자로서의 역할은 할 수 있었다.

한편 체찰사, 도순찰사와 우성전의 군진은 다시 활동을 준비하고 있었던 것으로 보인다.[73] 한 차례 패배하기는 했으나 전력은 유지되고 있었다. 군진은 행군을 시작하여 10월 4일에는 광성에서 묵은 후, 15척 남짓의 배를 호서로 보냈다.[74]

이즈음 김종에게 가슴 아픈 일이 일어났다. 병에 걸려 위독해진 아내가 10월 10일 세상을 떠난 것이다. 아내는 병이 옮을까 김종에게 아랫집에서 묵으라고 하였으나, 김종은 차마 버리고 갈 수 없어 약물 달이는 것을 살피고 먹이기도 했으나, 아내는 그날을 넘기지 못했다. 김종은 "통곡하고 통곡하였다"며 애통해했다. 김종은 노와 집안일을 도와주던 이들을 광성과 강화부에 보내 부고를 전했고, 장례를 준비했다. 장례에 필요한 물품들은 이수준을 비롯하여 강화에 있던 관직자,

양반들이 지원해 줬다. 물품뿐만 아니라 인력도 지원했는데, 강화군사 40명이 하루 일하고 통진의 군사 9명이 이틀 동안 일을 해 주었다고 한다.[75] 의병을 포함한 강화의 군사 일부가 남쪽으로 향했지만, 남아 있는 이들도 있었던 듯하다. 김종은 11월 중순이 되어서야 비로소 고기를 먹었다고 한다.[76]

입관을 마칠 즈음, 급보가 전해졌다. 일본군이 통진을 약탈하고 사람들을 죽였다는 것이다. 경보는 13일 밤에 전해졌고 창의군(의병진)과 승군 등이 거정巨井의 적진賊陣에 들어갔다.[77] 강화에는 관군과 의병진뿐 아니라 승군도 있었음을 알 수 있다. 그리고 이들은 바다 건너 한강 하류 지역도 보호하고 있었다. 10월 26일에는 인천이, 28일에는 김포가 약탈당했다는 소식이 기록되어 있으나, 강화의 군사가 이에 대응했는지는 알 수 없다.

11월부터는 추의군의 움직임이 더욱 적극적으로 바뀌었다.[78] 김종도 이전보다 자주 강화부에 드나들었다. 11월 2일에는 추의군이 전선을 화장포花壯浦에 띄웠다. 훈련의 일환이었을 수도 있다. 이튿날에는 순찰사가 추의진을 방문했는데, 김종 또한 진에 올라갔다가 저녁에 돌아왔다고 한다. 15일에는 강화부에 들어가 순찰사를 만난 후, 며칠 동안 강화부와 광성에 머물렀다. 강화부에 들어갈 때는 부내의 건물(서헌 등)에 묵기도 했고, 근처의 민가에 머물기도 했다. 현직 통진 현감 이수준은 거의 매일 강화부에 들어가 순찰사를 만나고 있었다. 논의 내용이 무엇이었는지 구체적으로 기록되어 있지 않으나, 김종을 비롯한 양반들이 관군 지휘관 및 의병장(우성전)들과 만나 추후 활동에 대해 논의한 것으로 보인다.[79] 의병장이 수원으로 내려가고 부득이 뒤에 남게

된 사람들이 형세를 보아 가며 거취를 정하는 일을 논하고 파했다는 기록을 보면, 우성전 등의 의병진이 바다를 건너 경기에서 활동을 하기로 하고, 남은 이들은 다른 조직을 만들기로 한 것으로 보인다.[80] 이 논의에 보름 정도의 기간이 소요되었던 것이다. 김종은 11월 29일 거처로 돌아왔다.[81]

우성전은 12월 1일, 수원으로 출발했다. 김종은 곧바로 달려가 격려하고 이별했다.[82] 경기도순찰사 권징과 추의장 우성전은 12월 6일, 배에 올라 군사를 이끌고 하류로 내려갔다. 강화도에 주둔 중이던 병력의 수는 전라도 관찰사 최원이 4천 명, 경기도 순찰사 권징이 4백 명, 창의사 김천일이 3천 명, 의병장 우성전이 2천 명이었다고 한다.[83] 행재소에서는 강화의 관군과 의병이 육지의 일본군을 적극적으로 공격하지 않는 데 대해 불만을 가지고 있었던 듯하다. 선조는 임진년 12월 우성전의 군사로 하여금 해서海西로 나와 일본군을 공격하라는 지시를 내렸으나 오지 않았다는 데 대해 불만을 표했다.[84] 우성전은『임진일록』의 기록과 같이 4백의 군사를 거느리고 수원으로 갔던 것이며, 2월에는 고양 심악深嶽에 있었던 것으로 확인된다.[85]

『임진일록』3월 12일에는 추(의)진이 장파산長坡山에서 도망쳐서 이산貳山으로 내려갔다는 정보가 기록되어 있다. 3월 22일에는 추의(군)가 명군의 이동에 맞추어 군대를 끌고 강으로 올라갔다는 기록이 있다. "추진", "추의"는 우성전이 이끌고 육지로 나갔던 추의진을 가리키는 것으로 보인다. 4월 7일에는 "창추의倡秋義"가 사현沙峴에 진을 치고 명군이 다음 날 도성에 들어갈 계획이라는 기록이 보이는데, 이는 김천일의 창의군과 우성전의 추의군이 함께 활동하고 있는 모습일 수 있다.

한편, 이후 강화에는 군사적인 공백 상황이 찾아왔을 것이다. 강화도는 비록 오랜 역사 동안 적의 침략을 받지 않은 곳이었으나, 많은 피란민들이 거주하고 있는 곳이자 행재소와 남부 지역을 잇는 중요한 거점으로서 방어가 필요했다. 또한 나라가 위기에 처한 상황에서 양반 사족들도 마냥 손을 놓고 있을 수만은 없었다. 12월 중, 김종을 비롯하여 남은 양반들은 매일같이 모여 술을 마시며 이야기를 나누는 모습이 자주 보인다. 이 모임에서 한담만을 나누지는 않았을 것이다. 비록 그 내용을 구체적으로는 알 수 없으나, 이듬해 전개되는 상황으로 유추해 볼 때 의병 활동에 대한 것으로 생각된다. 12월 29일, 저녁을 먹고 신강申橿의 집에서 여덟 사람이 모여 함께 섣달그믐 밤을 보냈다. 논의는 협의에 이르렀다.

새로운 의병진의 모색

우성전의 의병진이 강화도를 떠난 후, "남은" 이들이 가만히 앉아 있지는 않았다. 11월에 있었던 논의에서는 그들에게 무기를 들고 일어서라는 의무를 부여하지는 않은 듯하다. 그러나 그들은 피란민으로서만 존재하기를 거부했다. 계사년(1593) 1월 1일, 김종은 지인들과 함께 전날에 이어 신강의 집에서 모여 새해 인사를 나누었다. 모인 이들은 전날 밤 나누었던 의거義擧에 대해 저녁까지 이야기했다.[86] 이틀 후 3일, 한첨지[87]가 초대하여 사람들과 모여 일을 의논했다.[88] 마찬가지로 의거에 관한 일이었을 것이다. 6일에는 강화부 관아에 들어가 권징을 만나 "근래 의논한 일[近日所議事]"에 대해 "아주 좋다[甚好]"는 반응을 얻어냈다. 이튿날 돌아와 한계남의 거처에 모여 다시 일을 의논했다. 그리고 9일, 역시 한계남의 거처에서 사람들과 모여 의진義陣을 만들기로 약속하고 맹약문을 만들어 읽었다. 사람들은 모두 눈물을 흘리고 팔을 걷어붙이며 분격했다고 한다.[89]

10일 모두 모여 술을 마셨다. 물론 그저 마시고 즐긴 것이 아니라 의진 결성을 축하하며 앞날을 구상하는 자리였을 것이다. 이날 김종은 격문 초고를 지었고, 다음 날 한계남 집에 모여 이 격문을 열람한 것으로 보인다. 김종은 자신의 격문에 대해 "말로 사람을 감동시키는 것이건만 감동도 적고 절실하지도 않으니 누가 마음을 움직이겠는가"라며 겸손을 표했다.[90]

요컨대 12월 말부터 1월 초까지 논의된 '일', '의거'란 새로운 의병진을 조직하려는 움직임으로 보인다. 다만 『임진일록』 초두에 전사되어 있는 격문의 내용은 우성전의 의병진이 결성될 때의 격문으로 보인다. 이미 수개월 전에 결성된 의병진의 격문을 이듬해에 다시 작성한 것은 의아하다. 따라서 다른 가능성을 검토해 봐야 한다. 먼저 우성전 의병진 결성 때의 격문을 후일 후손이 계사년(1593) 1월에 김종이 작성한 격문으로 오인하고 실었을 가능성이다. 그렇다면 두 가지 격문이 존재할 수 있다. 두 가지 격문을 모두 김종이 작성했는지, 후자만을 작성하였으나 후자가 남지 않아 전자를 김종의 것으로 오인하고 실은 것인지에 대해서는 의문이 남는다. 물론 우성전 의병진을 창의할 때 격문을 미처 작성하지 못했는데, 이때 다시 작성하여 기세를 올리려 했을 가능성도 있다. 그러나 계사년 1월의 격문 작성에 이르는 과정에서 우성전 의병진에 대한 내용은 보이지 않으며, 우성전 의병진에 직접 참여하지 않았던 이들이 모여 의논하는 모습이 비교적 구체적으로 기록되어 있다는 점에 주목하자면, 별개의 의병진으로 보아야 할 것으로 생각된다.[91]

김종은 1월 13일에 강화부를 방문했다. 전날 한계남의 거처에서 관문 두 통을 작성했고,[92] 다음 날 이를 강화부에 있는 순찰사(권징)를 찾아가 격문 등과 함께 제출한 것으로 보인다. 그리고 순찰사로부터 의병진의 활동에 대해 허가를 받았을 것으로 생각되는데, 이후 의병진이 활동을 시작하는 모습이 관찰되기 때문이다. 한편 이날 이수준으로부터 명군이 이미 평양에 이르렀다는 소식이 전해졌는데, 이 소식은 김종을 비롯한 의병진에 응원이 되었을 것이다. 이날 밤에는 의병진이 일본군과 싸우는 꿈을 꾸었다.[93] 피란민의 처지가 아니라 의병진을 주도하는 입장이 된 김종에게 전쟁은 이제 다른 모습으로 다가오고 있었을 것이다. 잠에서 깬 김종은 강화부에서 거처로 돌아왔다.

거처로 돌아온 15일에는 의병진의 구성 방식을 엿볼 수 있는 내용이 보인다. 안[內]의 여러 사람들과 각자의 가노家奴 가운데 정장丁壯한 자를 내기로 약속했다는 것이다. 그 외에도 사람을 모집했더니 자못 응모한 자가 있었다고 한다. 의병진을 이끄는 이는 양반이고 전투를 담당한 이들은 양반가의 가노와 일반 백성들이었다. 물론 이는 임진왜란 시기 다른 의병진의 결성 과정에도 공통적으로 보이는 부분이다. 전력은 어느 정도 갖춘 듯하나, 군장 등의 물건을 마련하기는 어려웠던 것으로 보인다.[94]

다음 날인 16일, 김종은 진에 들어갔다[入陣]. 진이란 의병들이 모인 곳을 가리키는 것으로 생각되며, 위치는 강화부 혹은 광성이었던 것으로 보인다. 김종과 의병진 구성의 주요 인물들의 거처에는 군사가 모일 넓은 지역이 없었고, 김종의 의병 관련 활동이나 노들의 움직임이 강화부, 혹은 광성을 중심으로 이루어지고 있기 때문이다. 또한 의병 진이라 함은 의병대장을 중심으로 한 지휘부가 있었던 곳이며, 이곳에 의병들이 항상 주둔하지는 않았던 것으로 보인다. 1월 16일 이후 2월 12일까지는 기록된 내용이 없다. 『임진일록』을 전사한 이도 이에 의문을 표하며, 계속 진중에 있었던 것인지 혹 다른 이유가 있었던 것인지 알 수 없다고 하였다. 다만 2월 13일의 기록을 통해 추정할 때, 의병이 일부라도 모여 훈련을 하였을 수도 있다.

2월 13일, 창의(군)가 강을 건너 심악深岳에 갔다는 기록이 보인다.[95] 심악은 교하의 심악산으로 추정된다. 이때 김종이 함께 건너간 것은 아니며, 의병진 전부가 파견된 것도 아닌 것으로 보인다.[96] 일정한 훈련을 마친 이들이 강을 건너 정찰 임무를 수행한 것인지, 명군의 남하에 맞추어 병력을 파견하여 다른 관군 및 의병과 보조를 맞추어 이곳에 주둔시킨 것인지 분명하지는 않다.[97] 이후 의병 행군이 제대로 이루어지지 않고 있다는 데 대해 김종이 아쉬움을 표하고 있기 때문이다.

한편 이즈음 한성 판윤 유근이 안무사로 강화부에 와 있었다.[98] 유근은 계사년(1593) 1월 28일 한성 판윤에 임명되었다. 그는 도성이 수복된 후 그곳을 수선하며 백성들을 안무安撫하는 일을 맡고 있었다.[99] 따라서 한성이 수복되기 이전에 한성에서 가까우며 비교적 안전한 강화에 들어와 있었던 것으로 보인다. 의병진의 지휘부는 그의 부름을 받고 의병진의 명단을 바쳤다.[100] 20일에는 김종이 강화부에 가서 직접 유근을 만났다. 김종이 의병진의 주요한 위치에 있었던 것은 분명해 보인다. 한편 2월부터는 무기를 만들었다는 기록이 자주 보이는데, 의병진이 사용할 무기였을 것이다.

김종은 2월부터 어깨 통증에 시달리고 있었다. 그의 병세는 악화되고 있었다. 그리고 3월부터는 병으로 누워 지내고 제대로 된 식사를 하지 못하는 날이 늘고 있다. 전서한 이도 주기에서, 3월 1일부터는 간지가 뒤섞이는 날이 많은 것은 정신이 혼미하였기 때문으로 추정하고 있다. 그러나 의병진에서 간청을 하자 그는 거절하지 않고 진으로 발걸음을 옮겼다. 3월 1일은 둑제를 하는 날이었다. 『임진일록』에는 음복을 하고 뜰에서 경하를 하는 모습이 그려진다. 그리고 감목청監牧廳에 모인 군사들에게 30일에 대대적으로 모이자는 통유를 내렸다. 그러면서 그는 "비가 오는 중에 군사가 대대적으로 모였으나 소득 없이 파했다"며 아쉬움을 표했다. 자신에게 주어진 시간이 얼마 남지 않았음을 깨달은 김종은 의병진이 되도록 빨리 가시적인 성과를 내기를 원했을 것이다. 의병진을 결성하고 군사를 모았음에도 실질적인 행동이 차일피일 미루어지는 데 대한 아쉬움이 가득했다.

다음 날, 행군行軍에 관해 이야기했으나 훈도가 통유하지 않았다는 기록이 보인다. 이날은 눈이 많이 내렸다고 한다. 눈 때문에 훈련이 취소되었을 수도 있다. 그러나 그의 짧은 글에는 전날과 같이 의병진의 활동이 제대로 이루어지지 않는 데 대한 아쉬움이 느껴진다. 이튿날도 군사가 모였다. 김종은 아픈 몸을 이끌고 아침 일찍 먼저 감목청에 가서 점고點考를 마쳤다.[101] 점고는 그에게 주어진 임무였던 것으로 보

인다.[102]

의병진의 활동에 대해 지휘부 내부에서는 의견이 엇갈리는 상황이었다. 3월 7일 기록에서 그러한 정황을 엿볼 수 있다. 창의(군)가 논변하는 자리에 갈 만한 이들이 오지 않았고, 논의에서는 각자가 주장을 고집하여 해가 질 때까지 결론이 나지 않았다고 한다.[103] 김종은 부득이 병을 이유로 자리를 떴고, 신요와 신강, 심일용 등이 뒤따라 나왔다. 논의의 내용이 무엇이었는지 쓰여 있지 않으나, 합의에 이르기 어려운 상황이었음은 알 수 있다.

논의는 지지부진했으나 김종은 아픈 몸을 이끌고 주어진 임무를 다하고 있었다. 강화부로 가는 길에 가슴에 통증이 와서 말에서 내려 약을 먹다가 막사를 빌려 쉬기도 하고,[104] 비와 눈이 많이 왔음에도 강화부로 향하기도 했다.[105] 그러나 의병진 운영에는 문제가 계속 발생했다. 지휘부와 의병대장, 체찰사(정철) 사이에 문서가 지체되거나,[106] 점고관(신강)이 목관청(감목청)에 도착했는데도 군사들이 모이지 않는 일도 있었다.[107]

3월 13일에서 18일까지는 일기를 기록하지 않았다. 그리고 이후 의병 점고에 대한 기록도 보이지 않는다. 그럼에도 의병에 함께 참여한 지인들과도 만나 이야기를 나누었다는 기록은 거의 매일 보인다. 건강이 나빠지고 있으나 몸을 전혀 움직이지 못하는 상황까지는 아니었다. 그러나 의병에 관한 내용은 부쩍 줄어들고 있다. 의병 훈련 내지 작전 논의가 적극적으로 이루어지지 않았기 때문이거니와 이미 일부 병력이 출진했기에 기록이 줄어들었을 가능성도 있다.

의병이 해체된 것은 아니었다. 3월 25일에는 한계남을 방문하여 사람들과 함께 이야기를 나누었고, 26일에는 왜적을 배반한[叛倭] 다섯 사람이 "창의장"에게 급히 들어갔다는 기록도 있다.[108] 한계남을 대장으로 하는 의병진의 조직은 유지되고 있었다.[109] 그러나 김종에게는 당시의 상황이 만족스럽지 않았던 듯하다. 3월 28일, 신요가 "덧없이 떠도느라 고달프네", "구름처럼 많은 의로운 군사[義士], 바람 따라 돌아가네[雲屯義士下風歸]"라는 시를 읊었고, 이에 김종은 "어찌 이리도 사람을 희롱한단 말인가? 부끄러워 뭐라고 답해야 할지 모르겠다"는 감상을 남겼다.

4월 7일 오랜만에 기쁜 소식이 전해졌다. 명군이 내일 도성에 들어갈 예정이며, 창의군과 추의군倡秋義이 이미 사현沙峴(모화관 방면)에 진을 치고 있다는 것이었다. 추의군은 출진하여 일본군과 싸우기도 했다.[110] 명군과 일본군 사이에 강화교섭이 진전되어, 일본군이 도성을 떠날 시기가 임박해 있었다. 강화교섭에 대한 사정을 자세히 알 수 없었던 김종은 일본군이 도성에서 퇴각한다는 것 자체에 기뻐하고 있었다. 그는 "기쁨은 말로 표현할 수 없을 정도"라고 하였는데, 이는 『임진일록』에서 가장 긍정적인 표현 중 하나다. 명군의 진입 소식이 연이어 전해졌다. 명군은 연이어 남하해 길을 메울 정도였고, 15일에는 일본군이 서울에서 모두 나갔다는 희소식도 전해졌다.[111] 그러나 그와 함께 명이 (일본에) 강화를 청할 예정이며, 명의 사신도 곧 조선에 들어올 것이라는 정보도 전달되었다.[112]

의병진에 대한 직접적인 묘사는 줄어들고 있다. 김종은 쇠약해진 상태였음에도 불구하고 지인들과 매일 모여 이야기를 나누었다. 비록 내용을 자세히 알 수는 없으나, 의병진을 비롯하여 전황을 걱정하는 이야기가 주를 이루었을 것이다.

5월에는 피란처에 병이 돌기 시작했다. 아들과 손자는 물론, 지인들도 병에 걸려 쓰러지거나 사망하였다는 기록들이 자주 보인다. 이수준의 모친은 두통이 심해지더니 15일에 세상을 떠났다. 김종은 이수준에게 조문장을 써 보냈다. 조문의 의미로 고기를 일부러 먹지 않는 모습도 보인다. 병은 가족들에게도 찾아왔다. 그는 집에서 신음하는 아들과 손자를 보며 "인생이 이 지경이 되니 죽은 것만 못하다"고 한탄했다.[113] 그러나 김종 자신의 병세는 자식들보다 심했던 상황이다. 그는 계속해서 죽은 아내의 꿈을 꾸었다. 장인, 장모, 선친도 꿈에 나타났다.[114]

5월 20일, 전해지던 여러 소문 중에서 명군이 이미 한성에 모두 들어왔다는 소식이 있었다. 그는 믿을 수 없다면서도 기쁜 마음을 감추지 않았다. 이튿날, 신강에게 함께 배를 타고 강에 오르자고 청했다. 강화를 떠나 살던 곳으로 향하고 싶었던 것이다. 그러나 신강은 대답하지 않고 돌아가면서 위험하다고 나무랐다고 한다. 일기는 21일을 마지막으로 끝이 난다. 이틀 후 김종은 숨을 거두었다.

계사년 새해부터 김종은 의병진의 활동에 주도적인 역할을 했다. 우성전을 중심으로 결성한 추의진과 계사년의 "창의군"이 하나의 의병진인지, 별개인 것인지, 김천일의 의병진에 참여한 새로운 의병진인지, 새로운 진영은 아니나 김종이 보다 적극적으로 관여하는 의병진이었는지, 아니면 기존의 의병을 다시 추슬러 인원을 확보한 후 훈련하여 출진하려 한 것인지 분명하지는 않다. 그러나 이 의병진의 활동은 김종이 기대했던 만큼 활발하거나 가시적인 성과를 거두지는 못한 듯하다. 병세가 악화된 그는 피란처인 강화에서 회한을 남기고 세상을 떠났다. 그러나 어려운 상황에서도 삶을 영위하기 위해 노력하고, 나아가 전쟁을 극복하기 위해 적극적인 군사 활동을 모색했던 그의 의지는『임진일록』속에 남아 있다.

맺음말

『임진일록』은 김종이 일기 형식으로 작성한 임진왜란에 대한 기록이다.『임진일록』은 전쟁이 일어나기 직전부터 시작하여, 전쟁 발발 후 피란을 하는 과정 그리고 피란처인 강화에서 자신에게 주어진 역할을 다하기 위해 의병을 결성하였다가 전쟁이 끝나는 모습을 보지 못하고 세상을 떠나는 때까지를 기록하고 있다.

『임진일록』은 임진왜란 시기 기록된 일기로서 다음과 같은 특징을 지니고 있다. 우선 수도 한성에서 가까운 군사 요충지 강화의 전쟁 초기 정황을 역동적으로 보여 주고 있다. 특히 한성에서 강화까지 수로와 육로를 이용하여 피란하는 모습과 피란처이자 군사 거점으로서 강화도의 모습이 비교적 구체적으로 기록되어 있다. 그리고 피란민이었던 양반 관료가 의병진에 조언자로서 참여하였다가 마침내 의병진 결성에 주도적으로 참여하는 모습을 보여 주고 있다.

임진왜란 발발 후 강화에는 피란민뿐 아니라 관군과 의병들도 가득 모여 있었다. 이곳은 해로를 통해 비교적 안전하게 오갈 수 있는 지역이었고, 행재소와 다른 지역을 이어 주는 핵심적인 위치였기에 많은 사람들이 모여 있었다. 의병의 창의 과정도 특징적이었다. 다른 지역의 의병장들이 여성과 노약자들을 산속으로 피신시킨 후에 장정 위주로 구성되고, 유격전 위주로 활동했던 데 반해, 강화에서는 의병을 결성하는 장소가 비교적 안전했고 모인 이들이 많았기에 의병의 규모도 비교적 컸다. 그리고 이들 다수의 병력이 선박을 이용해 이동하여 군사 활동을 하는 모습을 보인다. 김종의 기록을 통해 강화에 주둔한 의병진의 특징적인 모습을 구체적으로 확인할 수 있었다.

『임진일록』은 기록에 수식이나 과장이 비교적 적게 가해진 것으로 보인다. 기록을 전사한 이는 자신의 의견을 주석으로 기재하고 있다. 김종은 전쟁 당시 관료군에 속한 인물이었다. 전쟁이 시작된 이후에도 업무를 담당하였으나 조정이 파천을 결정하자 가족들과 함께 피란하였고, 피란처인 강화도에서 의병 활동을 하다가 한성 수복 소식을 들은 직후 세상을 떠났다. 『임진일록』은 비록 짧은 기간 작성되었고 비교적 간략한 내용만 담고 있으나, 전쟁 초기 조선이 일본군에 대항하기 위한 핵심 지점 중 하나였던 경기 서부-강화도 지역에서 이루어진 관료 출신들의 움직임을 재구성하는 데 중요한 정보를 제공해 주고 있다. 이를 통해 그간 개별적으로 탐구되어 왔던 경기 서부, 강화도, 황해도 지역의 활동이 서로 밀접하게 연관되어 있었다는 사실을 알게 되었다. 이러한 점에서 본 자료는 앞으로의 임진왜란 연구에 상당한 역할을 할 수 있을 것으로 보인다. 해당 지역과 관련된 자료의 발굴 및 교차 분석을 통해 임진왜란 연구의 폭을 더욱 넓히는 데 기여하기를 바란다.

참고문헌

『선조실록』

김종, 『임진일록』(김종, 최연숙 역, 『(일기국역총서 3) 임진일록』, 한국국학진흥원, 2012).

오희문, 『쇄미록』(국립진주박물관, 『쇄미록』1~8, 사회평론아카데미, 2018).

李廷龜, 「임진피병록」, 『월사집』 별집 1 잡저.

이정암, 『서정일록』(이정암, 신해진 역주, 『사류재 이정암 서정일록』, 보고사, 2023).

정탁, 『피난행록』(정탁, 신해진 역주, 『약포 정탁 피난행록』, 보고사, 2022).

정경운, 『고대일록』(남명학연구원 옮김, 『고대일록』, 태학사, 2009).

최립, 『간이집』(한국고전번역원 고전종합DB)

김경수, 「박동량의 『기재사초』」, 『한국사학사학보』44, 2021.

김경태, 「『쇄미록』에 나타난 임진왜란 관련 정보의 전달 양상」, 『역사와 담론』99, 2021.

_____, 「임진전쟁과 여성의 삶-『쇄미록』을 중심으로-」, 『한일관계사연구』78, 2022.

김덕진, 「義穀將 奇孝曾의 거의와 활동」, 『남도문화연구』50, 2023.

김소연, 「『쇄미록』에 나타난 오희문의 전란 체험과 가족애」, 『가족과 커뮤니티』4, 2021.

김연수, 「『쇄미록』에 나타난 16세기 혼맥婚脈과 친족관계」, 『한국민속학』75, 2022.

김정운, 「조정趙靖의 일기를 통해 본 전쟁 속 일상과 가족」, 『영남학』76, 2021.

김종구, 「정유재란기 정경운의 호남 체험과 그 의미-『고대일록』을 중심으로-」, 『영남학』80, 2022.

김진수,「『養灑堂日記』의 사료적 가치」,『시민인문학』42, 2022.

노영구,「전쟁과 일상-孤臺日錄을 통한 임진왜란 이해」,『역사와 현실』64, 2007.

민덕기,「임진왜란기 정경운의 『孤臺日錄』에서 보는 아래로부터의 聞見 정보」,『한일관

　　계사연구』45, 2013.

변원섭,『壬辰倭亂 시기 日記 資料에 나타난 士大夫의 戰爭體驗과 平和 認識』, 강원대학교

　　박사학위논문, 2022.

신병주,「16세기 일기 자료 『瑣尾錄』연구-저자 吳希文의 피난기 생활상을 중심으로-」,

　　『조선시대사학보』60, 2012.

신진혜,「임진왜란기 경상도 지역 사족의 상,제례 시행양상과 의미」,『국학연구』27,

　　2022.

원창애,「『고대일록』을 통해 본 함양 사족층의 동향」,『남명학연구』33, 2012.

이선희,「임진왜란 시기 咸陽 守令의 전란대처-『孤臺日錄』을 중심으로-」,『진단학보』

　　110, 2010.

　　　　,「임진왜란기 경상좌도 지역 청도군수의 임용실태와 전쟁대응」,『한국학논총』

　　49, 2018.

이성임,「조선 중기 오희문가의 상행위와 그 성격」,『조선시대사학보』8, 1999.

　　　　,「16~17세기 일기의 傳存 양상」,『조선시대사학보』89, 2019.

　　　　,「임진왜란기 해주 오씨 집안의 官屯田과 차경지 경작-吳希文의 『瑣尾錄』을 중심

　　으로-」,『조선시대사학보』101, 2022.

　　　　,「조선시대 생활사 연구와 일기 자료」,『조선시대사학회』107, 2023.

이왕무,「임진왜란기 안동 지역 지방관과 관군의 전쟁 수행」,『민족문화연구』91, 2021.

장경남,「『고대일록』으로 본 정경운의 전란 극복의 한 양상」,『퇴계학과 유교문화』57,

　　2015.

장준호, 「임진왜란기 경주의 동향과 경주부윤 박의장의 전시행정」, 『국학연구』 36, 2018.

전경목, 「日記에 나타나는 朝鮮時代 士大夫의 일상생활-오희문의 『쇄미록』을 중심으로-」, 『정신문화연구』 19-4(통권65), 1996.

_____, 「임진왜란 초기 장수현에 떠돌던 소문과 전달된 문서」, 『『쇄미록』 번역서 발간 기념 학술심포지엄 자료집』, 국립진주박물관, 2018.

정성미, 「조선시대 사노비의 사역 영역과 사적 영역-『瑣尾錄』에 나타나는 사례를 중심으로」, 『전북사학』 38, 2011.

정수환, 「임진전쟁과 일상, 기록 그리고 텍스트 검토」, 『한국사학사학보』 44, 2021.

정해은, 「임진왜란 초기 경상도 수령의 동향과 의병 지원 활동」, 『조선시대사학보』 70, 2014.

_____, 「임진왜란 초기 경상좌도 안집사 김륵의 역할과 활동」, 『영남학』 28, 2015.

_____, 「임진왜란기 대구 수령의 전쟁 대응과 사족의 전쟁 체험」, 『역사와 경계』 98, 2016.

최은주, 「조선시대 임진왜란 일기 자료의 현황과 傳存 양상」, 『한국민족문화』 77, 2020.

하태규, 「임진왜란 초기 전라도 관군의 동향과 호남방어」, 『한일관계사연구』 26, 2007.

한명기, 「『고대일록』에 나타난 명군의 모습」, 『남명학』 15, 2010.

木村拓, 川西裕也 外編, 「豊臣秀吉の侵攻予告に対する朝鮮の対応-通信使派遣の明への秘匿-」, 『壬辰戰爭と東アジア』, 東京大學出版會, 2023.

주

1 『기재사초(기재잡기)』를 사료적으로 분석한 최근의 연구로는 김경수, 「박동량의 『기재사
초』」, 『한국사학사학보』 44, 2021; 木村拓, 川西裕也 外編, 「豊臣秀吉の侵攻予告に対する朝
鮮の対応-通信使派遣の明への秘匿-」, 『壬辰戰争と東アジア』, 東京大學出版會, 2023이 주
목된다.

2 김진수, 「『養灘堂日記』의 사료적 가치」, 『시민인문학』 42, 2022.

3 정경운, 『孤臺日錄』(남명학연구원 옮김, 『고대일록』, 태학사, 2009); 오희문, 『鎖尾錄』(국립
진주박물관, 『쇄미록』 1~8, 사회평론아카데미, 2018); 한국국학진흥원에서 발간 중인 일기
국역총서 중에도 임진왜란 당시의 일기가 다수 포함되어 있다. 신해진의 일기류 번역 작업
도 주목된다. 임진왜란 당시를 다룬 일기 자료의 현황에 대해서는 다음의 논문이 참고가 된
다. 이성임, 「16~17세기 일기의 傳存 양상」, 『조선시대사학보』 89, 2019; 최은주, 「조선시대
임진왜란 일기 자료의 현황과 傳存 양상」, 『한국민족문화』 77, 2020; 정수환, 「임진전쟁과 일
상, 기록 그리고 텍스트 검토」, 『한국사학사학보』 44, 2021; 이성임, 「조선시대 생활사 연구
와 일기 자료」, 『조선시대사학회』 107, 2023.

4 전경목, 「日記에 나타나는 朝鮮時代 士大夫의 일상생활-오희문의 『쇄미록』을 중심으로-」,
『정신문화연구』 19-4(통권65), 1996; 이성임, 「조선 중기 오희문가의 상행위와 그 성격」,
『조선시대사학보』 8, 1999; 노영구, 「전쟁과 일-孤臺日錄을 통한 임진왜란 이해」, 『역사와
현실』 64, 2007; 한명기, 「『고대일록』에 나타난 명군의 모습」, 『남명학』 15, 2010; 정성미,
「조선시대 사노비의 사역 영역과 사적 영역-『瑣尾錄』에 나타나는 사례를 중심으로」, 『전
북사학』 38, 2011; 신병주, 「16세기 일기 자료 『瑣尾錄』 연구-저자 吳希文의 피난기 생활
상을 중심으로-」, 『조선시대사학보』 60, 2012; 원창애, 「『고대일록』을 통해 본 함양 사족층
의 동향」, 『남명학연구』 33, 2012; 민덕기, 「임진왜란기 정경운의 『孤臺日錄』에서 보는 아
래로부터의 聞見 정보」, 『한일관계사연구』 45, 2013; 장경남, 「『고대일록』으로 본 정경운의
전란 극복의 한 양상」, 『퇴계학과 유교문화』 57, 2015; 전경목, 「임진왜란 초기 장수현에 떠
돌던 소문과 전달된 문서」(『『쇄미록』 번역서 발간 기념 학술심포지엄 자료집』, 국립진주박
물관, 2018); 김경태, 「『쇄미록』에 나타난 임진왜란 관련 정보의 전달 양상」, 『역사와 담론』
99, 2021; 김소연, 「『쇄미록』에 나타난 오희문의 전란 체험과 가족애」, 『가족과 커뮤니티』 4,
2021; 김경태, 「임진전쟁과 여성의 삶-『쇄미록』을 중심으로-」, 『한일관계사연구』 78, 2022;
김정운, 「조정趙靖의 일기를 통해 본 전쟁 속 일상과 가족」, 『영남학』 76, 2021; 김연수, 「『쇄
미록』에 나타난 16세기 혼맥婚脈과 친족관계」, 『한국민속학』 75, 2022; 김종구, 「정유재란기
정경운의 호남 체험과 그 의미-『고대일록』을 중심으로-」, 『영남학』 80, 2022; 변원섭, 『壬辰
倭亂 시기 日記 資料에 나타난 士大夫의 戰爭體驗과 平和 認識』, 강원대학교 박사학위논문,
2022; 신진혜, 「임진왜란기 경상도 지역 사족의 상, 제례 시행양상과 의미」, 『국학연구』 27,
2022; 이성임, 「임진왜란기 해주 오씨 집안의 官屯田과 차경지 경작-吳希文의 『瑣尾錄』을
중심으로-」, 『조선시대사학보』 101, 2022.

5 하태규, 「임진왜란 초기 전라도 관군의 동향과 호남방어」, 『한일관계사연구』 26, 2007; 이

선희, 「임진왜란 시기 咸陽 守令의 전란대처-『孤臺日錄』을 중심으로-」, 『진단학보』 110, 2010; 정해은, 「임진왜란 초기 경상도 수령의 동향과 의병 지원 활동」, 『조선시대사학보』 70, 2014; 정해은, 「임진왜란 초기 경상좌도 안집사 김륵의 역할과 활동」, 『영남학』 28, 2015; 정해은, 「임진왜란기 대구 수령의 전쟁 대응과 사족의 전쟁 체험」, 『역사와 경계』 98, 2016; 이선희 「임진왜란기 경상좌도 지역 청도군수의 임용실태와 전쟁대응」, 『한국학논총』 49, 2018; 장준호, 「임진왜란기 경주의 동향과 경주부윤 박의장의 전시행정」, 『국학연구』 36, 2018; 이왕무, 「임진왜란기 안동 지역 지방관과 관군의 전쟁 수행」, 『민족문화연구』 91, 2021.

6 『임진일록』은 1책 71장으로 이루어진 필사본이다. 김종의 친필은 아니며 그의 8대손 김석효가 아들과 함께 1801년 전서한 것이다. 현재 후손가와 서울대학교 규장각(1804년 필사)에 소장되어 있다[최연숙, 「『임진일록』 해제」, 『(일기국역총서 3) 임진일록』, 한국국학진흥원, 2012]. 위의 해제에서도 지적하고 있듯이 『임진일록』은 일반적인 일기에서 보이는 사적인 생각이나 감정보다는 사실을 기록하고 관계망을 정리하는 데 치중하고 있다. 사건과 사실의 기록 역시 구체적이지 않은 편이다. 그러나 전쟁 초기 저항의 핵심 지역 중 하나였던 경기 서부와 강화도, 황해도의 실상을 재구성하기 위한 핵심적인 퍼즐 조각을 제공하고 있다는 점에서 『임진일록』의 사료적 가치는 높다고 할 수 있다.

7 『임진일록』에 실린 비망기는 『인재집訒齋集』의 「학봉선생언행록鶴峯先生言行錄」에 실린 것과 유사하다. 두 기록의 비교 검토는 최연숙, 위의 책, 2012의 번역 및 주석을 참고했다. 「학봉선생언행록」의 해당부분 원문은 다음과 같다. "上下備忘敎曰 邊事早爲之處可也 今到頭乃議將 恐未爲穩也 其代所擧之人 似乏將帥之才 可合與否 予所未悉 但染齒之爲我生靈之患 人莫不憂之 所以欲粗修戰具 以保吾民 而刑曹參議金誠一 回自日本 大言倭人不足憂 與其徒相與鼓唱 務出異議 詆毀防備之人 由是中外靡然 不以國事爲意 所謂防備云者 皆有名而無實 到今大敵乘之 將材尤乏 人臣之義 豈可使其主獨憂於上 而唯事談論而已哉 以身當之 斯爲忠臣 夫用兵制敵 乃儒者分內事 古人以儒將收效者 多有之 今時之人 待武士如待奴隷 其孰肯感激於平日 臨危而授命哉 今宜參用文臣爲將 俾展其才 文臣之爲將者 莫逾於金誠一 此人有剛氣 足以踊躍折衝 臨敵使之先登突擊可也 況今兵部奉聖旨移咨 使我國勦滅倭賊 如或不爾 將聲罪行罰云 後日之虞 有不可言者 此人盡力之秋 大坤遞差 以誠一除授 政院回啓曰 臣等伏見答備邊司之敎 辭氣之間 多有所未安 誠一之才 未知其果合於閫帥與否 而一朝出自睿揀 其於擧措 亦或乖當 聖敎一下 萬人所仰 臣筆職忝近密 不敢不盡其愚見 上不允."

8 『인재집訒齋集』「학봉선생언행록鶴峯先生言行錄」에 따르면 성응길成應吉과 박종남朴宗男이 거론되고 있었다고 한다.

9 『인재집』에는 "大坤遞差 以誠一除授"라고 하여, "북도어사北道御史"라는 구체적인 직명이 등장하지 않는다. 김성일은 경상우도 병마절도사에 제수되었기에, 직명도 일치하지 않는다.

10 『임진일록』임진년 4월 11일에는 "김옥이 만나지 않고 김성일을 모시고 우병영으로 돌아갔다 김광윤이 술을 가지고 동쪽 교외에서 전공했다"는 기사와 더불어 주석에 "김성일이 8일에 경상우병사가 되어 밤낮을 달려 본영에 이르렀는데, 17일에 또 붙잡아 오라는 명이 있었다"라고 한 부분이 보인다.

11 「학봉선생언행록」에는 "況今兵部奉聖旨移咨 使我國勦滅倭賊"으로 기재되어 있다.

12 『선조실록』 31권, 선조 25년 10월 27일, "未幾又以誠一可合突擊 以爲慶尙右兵使 纔到營 賊犯慶尙"

13 『선조수정실록』 26권, 선조 25년 3월 3일 갑자, "以金誠一爲慶尙右兵使 時曺大坤以老病被遞

特旨以金誠一代之 蓋誠一常言 倭必不來 寇亦不足憂 又箚論嶺南築城練卒之弊 慶尙監司金
晬狀啓云 築城之役 由道內士大夫厭其煩弊 鼓出異議 爲此沮抑 上以此 不直誠一所論 遂有是
除 備邊司啓以誠一 儒臣 不合此時邊帥之任 不允.";『임진일록』과 「학봉선생언행록」의 비망
기에는 반대의견을 낸 곳이 승정원이나 『선조수정실록』에는 비변사인 점이 다르다.

14 『鶴峯先生文集』 부록 권1, 연보
15 『임진일록』 임진년 3월 3일, 주석에는 김옥(1543~1593)은 공의 백형인 승화군공昇化君公
     의 아들 언양공彦陽公이다. 임진년에 여러 차례 뛰어난 공을 세웠는데, 계사년(1593)에 진
     양성晉陽城에서 전사했다"라고 하였다.
16 4월 17일 "포시(오후 3~5시)에 변보가 서울에 도착[晡時邊報至京]"했다고 한다(『선조실
     록』 26권, 선조 25년 4월 17일 병오). 『임진일록』에도 17일에 조정에 전해진 침략 소식 및
     17일 식후에 마을 사람들이 모여 앉아 왜란에 대해 시끄럽게 전했다는 기록이 보인다.
17 『임진일록』 임진년(1592) 4월 23일.
18 『임진일록』 임진년(1592) 4월 24일
19 인복, 백설, 분산, 언복, 덕매, 순화 등이다.
20 전업성, 정성업 등이 그와 같은 인물이다.
21 『임진일록』 임진년(1592) 5월 1일, 2일.
22 『임진일록』 임진년(1592) 5월 2일, 3일; 금릉은 파주, 서산은 고양 지역의 지명으로 보인다.
23 『임진일록』 임진년(1592) 5월 3일.
24 『임진일록』 임진년(1592) 5월 11일, 13일.
25 이정암의 『서정일록』에도 이즈음 일본군이 양화진을 건너 양천을 함락하고 임진강으로 향
     할 예정이라는 기록이 있다(『서정일록』 임진년 5월 15일). 며칠 후 벌어진 임진강전투에서
     조선군이 패배했다. 이정구李廷龜의 「임진피병록」에는 고양 지역에 침입한 일본군과 피란
     민들의 대응이 그려지고 있다. 한성을 점령한 일본군은 임진강을 넘어 평양으로 향하는 한
     편, 근교의 주요 지역도 침입, 약탈하고 있었다.
26 부평으로 들어오는 한강의 지류에 놓인 다리다.
27 부평의 동북쪽 방면에 황어면黃魚面이라는 지명이 있다.
28 이정암의 기록에 따르면 일본군이 선박을 이용해 교하 지역으로 들어왔으며, 개성 근처인
     전포錢浦까지 올라왔다고 한다(『서정일록』 임진년 5월 24일, 25일, 29일). 강을 통한 피란도
     더 이상 안전하지 않았을 수 있다.
29 『임진일록』 임진년(1592) 5월 28일.
30 김포에 영사정詠詞亭이라는 정자가 있었으나 같은 정자로 확신할 수는 없다.
31 『임진일록』 임진년(1592) 6월 19일, 24일.
32 『임진일록』 임진년(1592) 7월 1일, 3일, 4일.
33 『임진일록』 임진년(1592) 7월 4일.
34 신리 지수영의 집에서 머물렀고(7월 6일), 이후 명세휘의 집으로 옮긴 듯하다[『임진일록』
     임진년(1592) 7월 8일].
35 '관'에서 선물을 보냈고, 김종이 요청한 물건도 보내 주고 있었다[『임진일록』 임진년(1592)
     7월 9일, 10일 등]. 이수준이 보낸 식재료 중에는 지역적 특성이 반영된 생홍어, 소라, 생선류
     가 주목된다. 이수준은 전쟁 전에도 김종에게 물품을 지원했다. 강화로 피란한 이후에도 김
     종은 현직에 있던 이수준에게 필요한 물품을 요청했고, 이수준은 이를 지원했다.
36 『임진일록』 임진년(1592) 7월 15일.

37 『임진일록』 임진년(1592) 8월 16일, 17일.

38 『임진일록』 임진년(1592) 7월 18일, 21일.

39 『임진일록』 임진년(1592) 7월 24일

40 강화도 남쪽의 항산도項山島였을 가능성이 있다.

41 『임진일록』 임진년(1592) 7월 25일, 26일.

42 김종의 이동 경로를 정리하면 다음과 같다. 한성을 떠나 과천으로 향한다. 배를 사서 현석玄石에 정박(4. 29) → 서강, 오도점(교하의 물가)(4. 30) → 교하(5. 1) → 금릉정(5. 2) → (이후 양천에 머문 것으로 추정) → 통진으로 향하여 냉정현 김포 장릉 아래 (5. 14) → 통진 사초리 개천의 집(5. 15~21) → 양릉(통진)(5. 22) → 부평 산북(5. 24) → 돌곶이(부평 석곶. 이후 부평 지역을 이동)(5. 27) → (6월 초중순, 일본군이 근방을 약탈) → 영사정(6.18) → 영사정 물가의 신동(6. 25) → 김포를 지나 통진 신리(7. 6) → 신리 명세휘의 집(7. 8) → (왜적 김포 진입) → 배를 타기로 함(7. 23) → 강화로 건너 감(7. 24~26) → 검지포(7. 27) → 마니산 중포(8. 4) → 서쪽 포구로 옮김(8. 5)

43 마니산 동남쪽에 위치한 사찰이다(『대동지지』 권2, 경기도 강화부).

44 정원국이라는 봉수군이자 소작농의 집이었다.

45 『임진일록』 임진년(1592) 8월 17일.

46 『임진일록』 임진년(1592) 8월 10일, 12일.

47 김종 일가가 서울에서 피란을 시작한 이후 일가의 노비들도 피란길을 함께했다. 피란 과정에서 피살되기도 했으나 살아남은 이들은 김종을 따라 피란했고, 김종 일가가 강화에 자리잡은 후에는 주변에 살거나 강화의 다른 지역, 혹은 김종 일가의 토지가 있는 곳(교동, 통진 등)에 살면서 작개지의 생산물을 가지고 오거나 신공을 가지고 왔다. 수확물이나 신공은 비록 부족할 때도 있었지만 꾸준히 전달되고 있었다. 앞서 언급했듯이 이때 분산이라는 이의 역할이 컸던 것으로 보이는데, 그는 심부름을 하거나, 부탁한 물품을 받아오거나, 신공을 거두어 오거나, 작개지의 농사일을 점검하는 일 등을 담당했다. 물론 자신의 신공을 바치기도 했다. 농사의 경우 작개와 가작의 형태가 섞인 것으로 보인다. 덕매가 와서 분산이 교동에서 타작한 것을 보고했다거나, 분산이 교동의 벼를 가지고 왔다는 기록 등이 확인된다.

48 『임진일록』 임진년(1592) 8월 13일. 강화부성으로 추정된다.

49 『임진일록』 임진년(1592) 8월 16일, 17일.

50 8월 12일;『서정일록』에 따르면 7월 초 변양준이 병선을 이끌고 황해도 해안을 경계하고 있었으며, 8월 중순에는 강화도에서 병선 수십 척으로 통진, 교하를 오가며 일본군을 추격하고 있었다는 기록이 보인다(『서정일록』 임진년 7월 4일, 8월 17일).

51 『임진일록』 임진년(1592) 8월 12일;『선조실록』 30권, 선조 25년 9월 15일 임신, "全羅道兵馬節度使崔遠 八月初六日 與義兵將金千鎰 江華府使尹湛 月串鎭僉節制使李蘋等 乘船進擊賊退入土城 諸軍射殺二百餘人 斬獲首級九十二顆."

52 창의사 김천일도 강화도에 있었으나 『임진일록』에는 등장하지 않는다. 이정암의 『서정일록』에 따르면 이정암이 배천에서 가족들을 강화로 보내면서, 최원과 김천일에게 원병과 무기 등을 요청한 것으로 보이는데, 이들은 약간의 활과 화살을 보냈으나 바다를 건널 뜻은 보이지 않았다고 한다. 김천일은 광해군이 강화도로 오는 것을 맞이할 생각이었다고 한다(『서정일록』 임진년 7월 28일). 이정암은 며칠 후에도 원군을 요청했고 이에 김천일은 강음(황해도 금천군)을 공격할 예정이라는 답신을 보냈다(『서정일록』 임진년 8월 7일). 그리고 황해도 연안성에서 전투가 벌어지던 8월 말에서 9월 초, 김천일과 최원은 3백 명가량의 원군

을 교동까지 보냈다가 9월 4일에 연안 해변에 상륙시켰다고 한다(『서정일록』 임진년 9월 4일). 『임진일록』에는 연안이 포위를 당한 지 며칠 만에 삼군三軍에서 군사 6백 명을 보내고 또 3백 명을 뽑아 보냈는데 한형이 거느리고 갔으며, 9월 3일에 승전보를 들었다는 기록이 보인다[『임진일록』 임진년(1592) 9월 3일]. 한형은 이정암의 매부로, 이정암이 김천일에게 원군을 요청할 때 보낸 이다. 시기적으로 볼 때 연안성으로 파견된 병력은 최원과 김천일의 병력이며, 우성전의 의병진은 이때 참여하지 않은 것으로 생각된다.

53 강화부성으로 추정된다.

54 『임진일록』 임진년(1592) 8월 18일, 19일.

55 우성전은 추의장秋義將, 우성전이 이끈 의병진은 추의군이라는 명칭을 붙였다. 『임진일록』에는 11월 2일부터 추의군이라는 명칭이 등장한다.

56 1593년 1월 9일에 작성된 창의격문 초고에는 의병진을 결성한 주요 인물로 우성전, 심수경, 한계남, 윤광원, 최립, 윤정록이 등장한다. 격문 초고는 김종이 지었고, 이수준의 이름으로 발표된 것으로 보인다(최립, 『簡易集』 권1, 檄 通津李縣監(壽俊)義兵檄).

57 의병진 장수들의 명단은 8월 29일 기사 아래에 추록되어 있다.

58 『임진일록』 임진년(1592) 8월 24일; 8월 27일에는 최원과 만나 저녁식사와 술을 함께했다.

59 『임진일록』 임진년(1592) 9월 1일, 2일.

60 『임진일록』 임진년(1592) 9월 3일, 4일, 7일, 8일.

61 『임진일록』 임진년(1592) 8월 5일, 7일.

62 『임진일록』 임진년(1592) 9월 14일.

63 앞서 연안성을 구원할 때는 "삼군三軍"이라 했고, 이때에는 "사군四軍"이라고 하였다. 기존에 결성되어 강화도에 있던 관군과 의병 병력(최원, 권징, 김천일)을 "삼군", 여기에 우성전이 이끄는 추의군을 합하여 "사군"으로 칭한 것으로 보인다.

64 남부 지역에서 올라와 강화도에 머물러 있던 군사(특히 김천일의 의병)를 가리키는 것으로 보인다.

65 이정암은 9월 24일 강화의 의병이 김포에서 패배했다는 소식을 들었다(『서정일록』 임진년 9월 24일).

66 『임진일록』 임진년(1592) 9월 23일.

67 『임진일록』 임진년(1592) 9월 24일.

68 『임진일록』 임진년(1592) 9월 26일.

69 『임진일록』 임진년(1592) 10월 3일.

70 『임진일록』 임진년(1592) 9월 28일; 최립은 9월 13일에 전주 부윤에 임명되었는데(『선조실록』 30권, 선조 25년 9월 13일 경오) 『임진일록』에는 10월 2일에 임명되었다는 기록이 보인다. 최립은 10월 23일 사람들과 전별한 후 29일에 배를 출발하여 부임했고, 이듬해 3월 외교 문서의 능력을 인정받아 조정으로 불려갔다.

71 『임진일록』 임진년(1592) 9월 30일, 10월 1일.

72 10월 5일에는 분산을 강화부에 들여보내 순찰사를 문안했다. 10월 21일에는 도순찰사가 군관 조대림을 보내 안부를 물었고, 10월 26일에는 직접 방문하여 만나기도 했다.

73 『임진일록』 임진년(1592) 10월 2일.

74 『임진일록』 임진년(1592) 10월 5일; 10월 6일 기사에는 삼남으로 가는 배를 인도하여 광성에 묵었다고 한다. 이정암의 『서정일록』에는 10월 4일 강화에서 선박을 모아 호남으로 보낸다는 소식이 전해졌다고 한다(『서정일록』 임진년 10월 4일).

75 『임진일록』 임진년(1592) 10월 11일; 10월 중순 일본군의 통진 침입 소식을 듣고 이수준이
사람을 보내 무덤을 재촉해서 만들었다고 한다[『임진일록』 임진년(1592) 10월 14일]. 무덤
을 만드는 일에도 군사가 동원되었을 수 있다.

76 『임진일록』 임진년(1592) 11월 12일.

77 『임진일록』 임진년(1592) 10월 13일, 14일; 이 정보는 윤호연이 광성에 갔다 와서 전해 주었
다고 한다[『임진일록』 임진년(1592) 10월 15일].

78 11월 3일 비변사는 얼음이 얼면 배를 타고 강화에서 나오지 못하게 되므로 강화도의 최원,
김천일, 우성전 등으로 하여금 의병을 통솔하여 육지로 나와 권율과 합세하게 하자는 의견
을 냈고, 선조는 이에 따랐다(『선조실록』 32권, 선조 25년 11월 3일 기미). 이 명령에 의해 우
성전과 김천일 등이 이끄는 의병의 주력이 강화도에서 나와서 활동하였고, 따라서 강화도에
남아 있던 인사들은 이후 다른 의병진을 결성하였을 가능성이 있다. 이에 대해서는 아래에
서 다시 서술하겠다.

79 이상 『임진일록』 임진년(1592) 11월 15일에서 29일 기사를 참고; 행재소에서 온 선전어사가
강화부에 급히 와 의병장 등을 불러 춘궁의 행차에 관한 밀지를 전하기도 했다(11월 22일).
순찰사와 창의장이 함께 대청에서 의논을 하느라 종일 공무를 보지 못했다는 기사도 눈에
띈다(11월 27일). 여기서 창의장은 김천일이었을 가능성도 있다.

80 "義將將下水原 而不得不落後者 視勢去就事 議罷"(『임진일록』 임진년 11월 28일).

81 강화도는 행재소 및 광해군의 분조와 남쪽의 관군, 의병진 사이의 연락을 잇는 중요한 지점
이었다. 호남의 의곡義穀을 행재소로 운반하던 기효증이 11월 중순 강화도에 도달하자, 행
재소에서는 이를 강화도에 남겨두고 남하하는 명군에게 지원하라는 제안을 했고 기효증은
이를 받아들였다(김덕진, 「義穀將 奇孝曾의 거의와 활동」, 『남도문화연구』 50, 2023).

82 『임진일록』 임진년(1592) 12월 1일.

83 강화도에 주둔 중이던 병력의 수는 전라도 관찰사 최원이 4천 명, 경기도 순찰사 권징이 4백
명, 창의사 김천일이 3천 명, 의병장 우성전이 2천 명이었다고 한다(『선조실록』 34권, 선조
26년 1월 11일 병인). 다만 이 기사는 명군의 질의에 대한 회신이므로 실제 병력과는 상당한
차이가 있을 것으로 보인다. 또한 계사년(1593) 1월 시점에는 강화에서 육지로 나와 있는 병
력도 많았을 것이다.

84 『선조실록』 33권, 선조 25년 12월 9일 을미; 『선조실록』 34권, 선조 26년 1월 29일 갑신.

85 『선조실록』 34권, 선조 26년 1월 5일 경신; 『선조실록』 35권, 선조 26년 2월 17일 임인; 한
편 김천일은 조정으로부터 임진년 7월에 창의사倡義使라는 호칭을 받았고(『선조실록』
28권, 선조 25년 7월 20일 정축) 그리고 7월 중에 강화도로 들어갔다[『선조실록』 29권, 선조
25년 8월 7일 갑오; 정탁, 『피난행록』 임진년 7월 27일(신해진 역주, 『약포 정탁 피난행록』,
보고사, 2022]. 이후 강화에 머물면서 관군 및 다른 의병과 함께 군사 활동을 한 것으로 보인
다. 그럼에도 김종의 『일진일록』에 김천일의 이름이 등장하지 않는 것은 의아하다. 계사년
(1593) 2월 시점에는 다시 강화도로 들어갔다고 하는데(『선조실록』 35권, 선조 26년 2월
17일 임인), 이정암의 『서정일록』과 오희문의 『쇄미록』 등을 참고하면, 강화도에 주둔하고
있었던 것은 사실이나, 수시로 병력을 육지로 보내 일본군을 공격하였던 것으로 보인다. 『실
록』에 보이는 강화도에 주둔하던 병력에 대한 비판적인 서술은 행재소의 입장이 반영된 경
우가 많으므로 다소 걸러서 해석할 필요가 있을 것이다.

86 『임진일록』 계사년(1593) 1월 1일.

87 『임진일록』에 등장하는 한첨지는 한계남으로 추정된다[『임진일록』 계사년(1593) 3월 11일

의 주기와 번역본 각주 11번을 참조]. 한계남은 새로운 의병진의 대장 역할을 맡게 되었다.

88 모인 이들은 신강과 신요 형제, 송춘남, 유응서였다. 윤호연과 심일용은 광성에 가서 참석하지 못했다.

89 이때 모인 이들은 신강 형제, 윤호연, 심일용, 송비연, 유응서, 신덕천이었다. 모두 우성전의 의병진 명단에는 의장으로 오르지 않았던 이들이다.

90 『임진일록』 계사년(1593) 1월 11일.

91 다만 이 "새로운" 의병진에 대한 묘사에서 "창의"라는 명칭이 등장하는 것으로 볼 때, 창의사 김천일의 의병진에 새로운 조직으로 들어가는 형태였을 가능성도 배제할 수 없다.

92 『임진일록』 계사년(1593) 1월 10일에는 "보장報狀"을 작성했다가 일단 보류했다는 기록이 보이는데, 주기에서는 의병진에 관한 내용일 것으로 추정했다.

93 『임진일록』 계사년(1593) 1월 15일.

94 "다만 군장 등의 물건은[但軍裝等物]" 이하는 결락되었으나, 문맥으로 볼 때 부족했다는 내용으로 생각된다.

95 『임진일록』 계사년(1593) 2월 13일.

96 "창의"라는 명칭으로 볼 때 김천일의 의병이었을 가능성도 있다. 실록에 따르면 우성전의 의병진이 이즈음 심악에 있었다고 한다. 그러나 같은 기사에서 김천일은 도로 강화에 들어간 것으로 기록되어 있다(『선조실록』 35권, 선조 26년 2월 17일 임인).

97 명군은 평양성 수복 이후 남하하고 있었으며 강화에도 이 소식이 전해지고 있었다. 심일용 등 의병진의 인물들이 이들의 위문을 위해 명군 진영을 방문하기도 했다[『임진일록』 계사년(1593) 2월 16일, 17일]. 월병을 실어 개성에 있는 명군에 제공했다는 기사도 보인다[『임진일록』 계사년(1593) 2월 21일]. 당시 강화에 와 있던 유근이 강화에 있던 양반들에게 이러한 역할을 요청했을 수도 있다.

98 『임진일록』 계사년(1593) 2월 15일.

99 『선조실록』 34권, 선조 26년 1월 28일 계미, 29일 갑신.

100 『임진일록』 계사년(1593) 2월 16일, 17일; 이때 왕래하며 문서를 전달한 이는 유영柳瑛인데, 전쟁 전 김종이 관서에서 근무할 때에도 이름이 등장하는 이다. 그도 처자와 함께 강화에 피란하고 있었다[『임진일록』 계사년(1593) 2월 27일].

101 그러나 의병 지휘부 중에는 병을 이유로 나오지 않는 이들도 있었다[『임진일록』 계사년(1593) 3월 5일]. 김종이 억지로 일어나 첨지(의병대장 한계남으로 보임)에게 가서 인사했으나 병으로 나오지 않은 일도 있었다[『임진일록』 계사년(1593) 3월 6일].

102 3월 6일, 9일 등에도 신강과 감목소에 가서 군사를 점고했다.

103 "就倡義論卞之問(間?) 可往者則皆托不庭 論議各執日傾不決 余不得已帶病先發."

104 『임진일록』 계사년(1593) 3월 8일.

105 『임진일록』 계사년(1593) 3월 9일.

106 『임진일록』 계사년(1593) 3월 10일.

107 『임진일록』 계사년(1593) 3월 12일.

108 "叛倭五人走入倡義將云云." 여기서 "반왜叛倭"가 조선에 투항한 일본군인 "항왜降倭"를 가리키는지, 일본군에게 잡혔거나 협조하다가 탈출한 조선인을 의미하는지 분명하지 않다.

109 『임진일록』 계사년 4월 12일과 18일에는 정수사에 올라가 한첨지를 만나고 있다(12일에는 부도浮屠로 기재). 한계남이 거처를 정수사로 옮겼다면 의병진 운영이 어떤 이를 중심으로 이루어지고 있었는지 의문을 가지게 된다.

110 『임진일록』 계사년(1593) 5월 1일, "全來言秋義出陣戰事."

111 『임진일록』 계사년(1593) 4월 11일, 15일, 19일. 일본군이 한성에서 철수한 날은 4월 18~19일이다.

112 『임진일록』 계사년(1593) 4월 16일. 일본군의 한성에서의 철수가 강화교섭에 의한 것이라는 정보는 사실에 가깝다. 명의 사신이 파견될 것이라는 부분은 일본 책봉사가 아닌 명군 차원에서 파견된 사용재와 서일관을 가리키는 것으로 생각된다. 『쇄미록』의 사례와 마찬가지로 강화교섭 방식에 반대 의사를 표하던 조선 조정이 의도적으로 이러한 위僞 정보를 조선 내에 퍼지게 하였을 가능성이 있다.

113 『임진일록』 계사년(1593) 5월 16일.

114 『임진일록』 계사년(1593) 5월 13일, 14일, 21일.

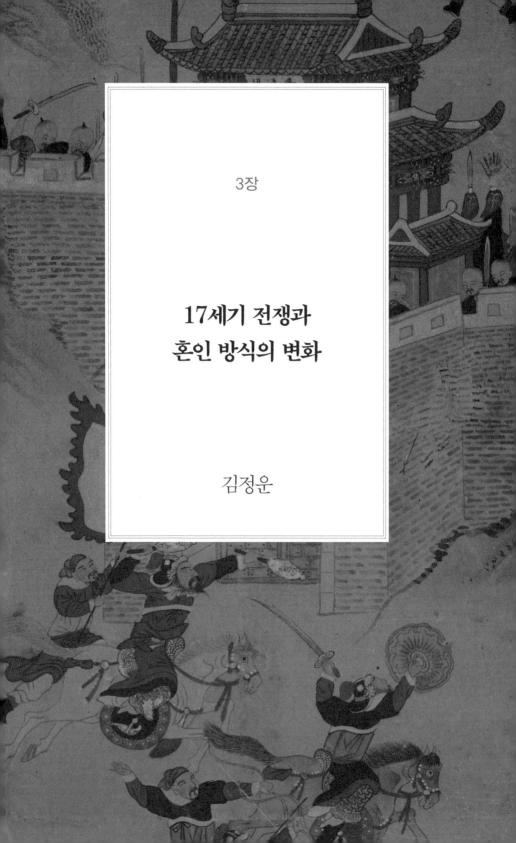

3장

17세기 전쟁과
혼인 방식의 변화

김정운

전쟁과 일상의 변화

　전쟁은 삶의 기반을 파괴한다. 경상도 사대부들은 임진왜란에서 일상 영역이 전쟁터가 되었던 경험이 있었다. 1592년 임진년 늦은 봄에 시작된 전쟁은 1597년 정유년까지 이어졌다. 이때 경상도 사람들 가운데 가족이나 가까운 친족을 잃은 경우가 많았다. 경상도 사대부들은 전쟁을 직접 경험하였다. 그리고 그들은 다양한 방식으로 전쟁에 대응하였다. 경상도 사람들에게 전쟁의 경험은 지독하였고, 그 경험은 이후 그들의 삶에 강하게 작동할 수밖에 없었다.

　여기서 경상도 북부 지역에서 태어나서 자라났고, 어린 시절에 전쟁을 경험한 사람들의 기록을 읽어 보려고 한다. 전쟁으로 개인의 생명은 위협을 받았고, 삶의 기반은 파괴되는 경험을 하였던 사람들의 이야기이다. 이 전쟁이 마무리되던 1598년부터 파괴된 것들이 회복되는 듯하였다. 그것도 잠시 1627년 정묘년 겨울에 또 다른 전쟁이 일어났다는 소식을 들었다. 이번에는 적이 북쪽에서 침략해 왔다. 덕분에 경상도 사람들은 왜란 때와는 달리 직접 전쟁의 피해를 겪지는 않을 수 있었다. 그 적은 1636년 병자년 겨울에 또 다시 침략하였다.

불과 40년 동안 세 번의 전쟁이 연이어 발생하였다. 그들에게 전쟁의 공포는 현실의 삶에 늘 드리워져 있는 어두움이었다. 1570년 전후로 태어나서 1640년 즈음까지 살았던 사람들에게 전쟁은 일상에 늘 작동하는 일이었을 것이다. 그리고 이 경험은 이후 그들의 삶과 관념에 크게 작동하였을 것이다. 특히 가족의 일상에 전쟁의 공포는 크게 작동하였을 것이다.

조선은 성리학性理學을 이념으로 국가 운영 체제를 조직하고, 새로운 문물제도를 만들었다. 이 과정에서 사회의 기본 단위인 가족 역시 성리학적 관념을 토대로 재조직하였다. 가족에서 이루어지는 관혼상제의 의례는 『가례家禮』를 근거로 정비하였다. 이제 유교는 정치 이념뿐만 아니라 사회·경제·문화의 여러 방면에서 사회의 주도 원리로 작용하게 되었다.

『가례』를 기준으로 의례를 정비하였으나 이것이 본격적으로 활용된 것은 16세기 이후에 성장한 사대부들에 의해서였다.[1] 사대부는 성리학을 관념의 토대로 하는 학자로 과거科擧를 통해 관직에 나아가면 관료가 되었고, 경제적으로는 일정한 토지를 보유한 지주였다.[2] 사대부들은 주자성리학을 본격적으로 탐색하였고, 그것은 16세기 이후 정치사상에 반영되었으며, 나아가 사회 운영 전반으로 확대되었다.[3] 사대부가 지향하는 관념은 일상생활에서 가족에 반영되었다.

선행연구에서 조선시대 가족 및 친족질서는 17세기 전반부터 변화하기 시작해서 18세기 중반 이후에 일정한 양상이 드러나는 것으로 보았다.[4] 그 변화의 방향은 양측적兩側的 가족 질서에서 부계적 가족 질서로 이행한 것이라고 설명하였다. 즉, 부계와 모계를 동일하게 인식하였던 전통적인 가족 관념이 중국식 종법제도의 영향으로 변화하였다고 보았다. 더불어 이러한 과정은 한국 사회가 성리학에 기초한 유교 사회로 변화한 것을 보여 주는 것이라고 하였다.[5]

다만 가족 질서가 변화하게 되었던 원인이 성리학에 근거한 종법 질서가 정착하였기 때문이라는 설명은 충분한 해명이 되지 못한다. 조선 전기에 성리학적 예제 질서가 보급되는 과정을 거쳐서 17세기 후반을 기점으로 현실에서 드러났다는 설명은 그 과정의 다양성을 담아내지 못하였다. 그리고 연구자에 따라 변화의 기점은 15세기 후반이라고 보기도 하고, 18세기 중반까지 기존의 방식이 지속된다고도 하였다.[6] 이런 논리라면 조선 초부터 16세기까지 혹은 17세기까지의 기간은 이른바 『가례』가 정착되어 가는 과도기가 된다. 과도기가 지나치게 길다.

조선시대 가족 운영 원리는 변화하는 현실과 관념이 반영되면서 매 시기마다 자기 완결성을 가진다. 그러므로 각 시기의 사회상을 토대로 실상을 검토하고, 드러나는 모습은 그 자체로 완성된 형태라고 보아야 한다. 어느 시대도 다음 시대를 위한 과도기라고 이해해서는 곤란하다. 그렇다면 조선 초기에 성리학의 질서가 도입된 이후 어떤 변화가 있었을까. 선행연구에서 조선 전기에 『가례家禮』의 혼례 절차를 시행하기 위한 국가의 노력을 검토한 바 있다.[7] 당시 조정의 논의에 참여한 관료들은 개인의 생활방식은 국가에서 강제할 수 없다고 주장하였다. 『가례』의 절차를 시행해야 한다는 당위의 논리로 개인의 거주 방식을 바꾸기 어렵다는 주장이었다. 그렇다면, 사대부의 혼례와 거주 방식에서 변화를 야기한 계기는 무엇이었을까.

17세기 전반의 전쟁을 생각해 볼 수 있다. 조선은 1592년부터 약 40년 동안 전쟁을 겪었다. 왜란은 1592년 여름에 시작해서 1597년까지 이어졌다. 잠시 안정을 찾는 듯하였는데, 이번에는 북쪽에서 침략을 받았다. 경상도 사람들은 임진왜란에서 일상의 기반이 전쟁터가 되면서 가족이나 가까운 친족을 잃은 경우가 많았다. 경상도 사람들에게 전쟁의 경험은 지독하였고, 이후 그들의 삶에 그 기억은 강하게 작동할 수밖에 없었다.

경상도에 주목한 또 다른 이유는 이황과 제자들이 생활하였던 지역이기 때문이다. 16세기 경상도 북부 지역의 사대부들은 스승 이황과 함께 성리학을 일상생활에서 활용할 수 있는 다양한 방법을 모색하였다. 학문에 정진하고 관직에 나아가며 의례를 실천하는 것은 그들의 일상이면서 지향이기도 하였다. 이렇게 사대부들이 지향하였던 관념은 연이은 전쟁의 현실에서 어떻게 변화하였을까. 이런 사정을 염두에 두고, 경상도 사대부들이 기록한 일상의 모습에서 혼례 절차와 가족의 구성을 살펴보려고 한다. 전쟁으로 개인의 삶과 가족의 일상생활이 어떻게 변화하였는지 정리해 보고자 한다.

성행하는 혼인

경상도는 1592년 전쟁의 무대였다. 많은 사람이 다치고 죽었으며,

삶의 기반이 파괴되었다. 대략 1570년 즈음에 태어나서 1640년 즈음에 세상을 떠났던 조선 사람들은 전쟁의 참상을 그대로 겪으며 살았다. 전쟁이 마무리되었던 1598년을 지나고, 1600년에 들어와서는 전쟁의 상처에서 회복되는 듯하였다. 그러나 1627년 겨울에 다시 전쟁이 일어났다. 이번에는 적이 북쪽에서 침략해 왔다. 덕분에 경상도 사람들은 왜란 때와는 달리 직접 전쟁의 피해를 겪지 않을 수 있었다. 그 적은 1636년 겨울에 또 다시 침략하였다.

이 시대를 살았던 사람들 가운데 김광계金光繼(1580~1646)가 있다. 김광계는 경상도 북부의 예안에서 태어나서 자랐다. 아버지 김해金垓 (1555~1593)는 1589년에 문과에 급제하고 승문원 정자를 거쳐 예문관 검열에 있을 때 기축옥사에 연루되어 낙향하였고, 예안의 집에서 지내고 있었다. 김해는 임진왜란이 일어나자 영남 좌도의 의병장으로 추대되어 활약하였고, 전쟁이 치열하던 1593년에 전쟁을 지휘하다가 세상을 떠났다. 아버지가 세상을 떠날 때 김광계는 14세였다. 김광계의 어머니는 이재李宰의 딸이다. 본관은 진성이고, 이황의 질녀이다. 이씨는 전쟁 중에 의병을 지휘하기 위해서 집을 떠나있던 남편보다 한 달 먼저 세상을 떠났다.[8] 김광계는 전쟁을 겪으면서 부모를 모두 잃었다. 그는 장남이었고, 그에게는 세 명의 남동생과 세 명의 누이가 있었다.

김광계는 전쟁을 거치면서 부모를 잃었지만, 차츰 일상을 회복하였다. 그의 집에는 할머니가 계셨다. 그렇지만 자신이 직접 주관해야 할 집안 의례가 있었다. 김광계는 일상적으로 제사를 모시고, 절기에 맞는 의례를 거행하였다. 그리고 동생들을 혼인시켜서 살 수 있도록 하는 일은 무엇보다 중요하였다. 17세기 초, 김광계의 남매가 혼인하는 데서 당시의 사정을 볼 수 있다. 1607년 김광계는 두 동생의 혼례를 치렀다. 먼저 11월 19일 여동생이 혼인을 하였다.

예를 행하였다. 동네 친족들이 모두 보러 왔다. 요객은 이횡성李橫城(이정회李庭檜, 1542~1612) 및 성주城主(예안현령), 이화숙李時淸(1580~1616)이고, 요객을 맞이하는 사람은 제천 할아버지, 청송 아재, 생원 재종숙이다. 성주는 바로 가고, 이 횡성은 밤중에 바삐 갔다.[9]

이날 김광계의 막내 여동생과 영해에 사는 이시명李時明(1590~1674)이 혼례를 하였다. 당시 이시명은 17세였고, 아내 김씨도 같은 나이였다. 이 경우는 사대부 집안에서 혼례를 하는 나이로 조금 이른 편이었다. 17세기 후반 단성현의 호적으로 혼인 연령을 정리한 연구가 있다.[10] 이에 따르면 상층 여성의 초혼 연령은 평균 17.8세였다. 그리고 부부의 연령 차이는 평균 1세였다. 이점을 고려하면 왜란 직후에 이루어진 이시명 부부의 혼례는 17세기 후반 이후와 비교해 보면 상당히 이른 시점에 이루어졌다.

김광계는 여동생의 혼례를 치르고, 다음 달에 막냇동생 김광악金光岳(1591~1648)의 혼례를 치렀다. 11월에 누이가 혼례를 하고, 12월에 남동생이 혼례를 치른 것이다.[11] 당시 김광악은 16세였다. 한 달 전에 혼인한 이시명 부부보다 한 살이 어렸다. 조선시대 혼인 연령에 대해 『경국대전』「예전」은 남자 15세, 여자 14세에 혼인할 수 있으며, 13세가 되면 혼인을 의논할 수 있다고 하였다. 그런데 만약 양가 부모가 지병이 있고, 나이가 50세를 넘긴 경우는 12세부터 관에 고하고 혼인할 수 있다는 예외규정을 두었다.[12] 이와 함께 조선시대 사대부들이 의례에서 기준으로 삼았던『가례』는 남자 16세, 여자 14세부터 혼인을 허락하였다.[13] 이 규정을 고려할 때, 김광악은 매우 이른 나이에 혼인한 것이다. 게다가 한 달을 두고 남매가 혼인을 하는 것은 이른 나이의 혼인만큼 특별한 경우였다.

게다가 1607년 겨울은 특별히 추웠다. 10월 초까지 포근하던 날씨는 매서운 바람과 함께 추워지기 시작하였다. 매서운 추위가 이어지는 가운데, 11월 8일은 밤새 눈이 몇 치나 내렸다.[14] 두 달째 이어지는 폭설에 맹추위가 이어져서 방 안에 있는 국물과 술 등의 음식이 모두 얼어 버릴 정도였다.[15] 추위가 이어지는 가운데 김광계의 친족들이 살고 있는 동네에서는 혼인이 이어졌다.

김령金坽(1577~1641)의 종형은 딸의 혼사를 준비하였다. 1607년 12월 12일 안동에서 점쟁이를 불러 혼례 날을 잡도록 하였다. 날짜는 한 달가량 후로 정하였다.[16] 그러는 가운데 또 다른 종형의 집 혼례에 부조를 보내 주었다.[17] 동네 친족들 여기저기에 혼인이 이어졌다. 해가 바뀌고 1월이 되자 김령은 딸의 초례를 치르는 종형에게 혼인을 치르는데 보태도록 부조를 보냈다. 그리고 다음 날 아침에 종형의 집으로 가서 혼례를 지켜보았다.[18] 다음은 이날의 풍경이다.

새벽에 비가 내렸다. 덕우德優가 길을 나선다고 알리러 왔다. (덕우는 봉화奉化의 류씨 댁으로 장가든다.) 밥을 먹은 뒤 송석대松石臺로 가서 그를 전송하였다. 말과 종 둘이 따라갔다. 또 판사 형 집으로 가서 오시쯤 홀기笏記를 베꼈다. 사첨이 찬자贊者가 되었다. 저녁에 신랑이 이르렀다. 신랑은 권익창

權益昌 무경茂卿의 아들로 이름은 권규權圭다. 횡성橫城 이정회李庭檜, 권인
보權仁甫가 요객繞客으로 왔다. 이날 혼례에 판사 형이 음식물을 꽤 많이
준비하였는데, 외자外姊 김창령金昌寧 댁, 임 참봉任參奉 댁 등이 모두 왔
다.[19]

이날은 비가 오는 가운데 특별한 풍경이 벌어졌다. 한 동네에 살고
있는 친족들 두 집에서 혼례가 있었다. 한 집은 아들을 장가보냈고, 다
른 집에서는 사위를 맞이하였다. 김령은 아침 일찍 종형의 집으로 가
서 장가가는 조카를 배웅하였다. 장가가는 조카는 혼서를 챙겨서 보내
면 그만이었다. 바쁘게 돌아서 사위를 맞이하는 다른 종형의 집으로
갔다. 사위를 맞이하는 데는 준비할 것이 많았다. 우선 동네 친족들이
모여 홀기를 베껴 두고 찬자를 정하였다. 교배례에 필요한 물품도 준
비하였다. 저녁이 다 되어서 신랑이 여러 요객들과 함께 도착하였다.
이날 혼인에 종형은 많은 준비를 하였다. 다음 날도 동네 친족들과 딸
이 혼례한 집에서 준비한 음식을 나누어 먹었다.[20]
지난해 연말부터 이어지던 맹추위가 잠시 풀리면서 새벽부터 비가
내렸다. 겨울 내내 폭설과 추위가 이어졌다. 이런 가운데 김광계의 일
족이 살고 있던 마을에서는 두 달 사이에 4건의 혼례가 이루어졌던 것
이다. 이것은 이 집안만의 사정은 아닌 듯하였다. 당시 혼인은 유난히
성행하였다. 이에 대해 김령은 노인들의 말을 인용해서 다음과 같이
기록하였다.

추위가 다소 누그러졌다. 평보 형이 지나는 길에 들렀다. □ 혼인이 성행

하기로는 "천순天順 경진년(1460)과 신사년(1461)의 무과 시험에 빗대어 말한다"고 고로故老들이 전하였다. 올해의 혼인도 신사년보다 적지 않으니, 또한 세상의 변고다.[21]

김령의 말을 보면, 당시 혼인이 유독 성행하였던 것 같다. 1600년에 접어들면서 사람들은 전쟁이 이제 완전히 끝이 났다는 것을 느낄 수 있었던 것 같다. 1592년에 시작되었으니 10년에 가까운 세월이었다. 게다가 경상도는 혹독하게 전쟁을 겪었다. 사람들은 전쟁을 겪으면서 가족과 단란하게 생활하는 삶을 꿈꾸었을 것이다. 전쟁은 사람들에게 가족의 가치를 더욱 절실하게 인식시키는 계기가 된다. 전쟁을 겪으면서 평안한 가족의 모습을 담은 그림이 유독 많이 등장하는 것은 이런 바람을 반영하는 것이라고 한다.[22] 유난히 혼인이 성행하는 현상은 편안한 사회에서 있을 일은 아니었다. 그래서 김령은 이런 현상은 세상의 변고라고 하였다.

혼인이 성행하면서, 혼인하는 연령이 낮아지게 마련이었다. 이시명 부부는 17세에 혼인하였고, 김광악은 16세에 혼인하였다. 18세기 평균 초혼 연령을 고려할 때 매우 이른 혼인이었다. 이런 경향은 한동안 지속되었던 것 같다. 그런 모습은 김령의 아들들이 혼인하는 과정에서 볼 수 있다. 김령은 전쟁이 잠시 소강 상태에 들어갔던 1594년 18세에 남양 홍씨 홍사제洪思濟의 딸과 혼인하였다. 김령 부부는 딸과 아들 넷을 두었는데, 딸은 어려서 잃었고, 네 아들은 성장해서 혼인을 하였다.

김령의 처가는 봉화 내성이었다. 장인 홍사제의 선대는 고려 때부터 벼슬살이를 한 가계로 서울에서 세거하였다. 그러다가 아내의 부친 홍인수洪仁壽가 봉화 유곡에 살았던 권벌權橃의 사위가 되었다. 홍사제는 1577년 문과에 급제하였고 승문원 권지정자를 지냈는데, 요절하였다. 이후 아내 윤전尹詮의 딸은 자녀들을 거느리고 남편의 외가인 내성에서 지내게 되었다. 그래서 홍사제의 묘소는 경기도 구리 아차산에 있었고, 김령은 서울에 갈 때 장인의 묘소에 다녀오곤 하였다.

김령은 1621년 윤2월 장남 김요형金燿亨(1604~1644)의 혼인을 결정하였다. 김요형은 이제 막 17세가 되었다. 아내는 이웃에 살고 있는 권태일權泰一(1569~1631)의 셋째 딸이었다. 다음은 김령이 아들의 혼인을 결정하면서 기록한 것이다.

노천 사람이 옷의 치수를 받아 갔다. 아들 혼사를 권수지權守之의 집으로 정했다. 나는 천천히 하려고 하는데, 저쪽에서 서두르니 또한 하늘이 시킨 것을 알겠다.[23]

김령은 아들의 혼인을 서둘러 치를 생각이 없었던 것 같다. 그런데 신부의 집에서 서두르기 때문에 어쩔 수 없었다. 김령은 선대부터 권태일의 집안과 친밀한 관계를 유지해 왔다. 권태일의 부친 권춘란權春蘭(1539~1617)은 김령의 부친 김부륜金富倫(1531~1598)과 함께 이황의 문인이었다. 권춘란은 1573년에 대과에 급제하고 사간원 사간을 지냈으며, 그의 양자 권태일 역시 1599년에 대과에 급제해서 이조 정랑과 영덕 현감 등을 지내고 있었다. 그리고 권태일의 아내는 김성일金誠一(1538~1593)의 딸이었다. 앞서 두 집안은 혼인을 하기로 이미 논의를 하였다. 김령은 신부의 집에서 혼례를 서두르니 하늘이 정한 이치라고 말하였는데, 이런 말에서 그가 이 혼사에 충분히 만족하는 것을 읽을 수 있다. 다만 서둘러 할 생각이 없었다는 것은 아들이 이제 겨우 17세가 되었고, 바로 혼인하는 것이 이르다는 말이었다. 혼인하는 나이에 대한 김령의 생각을 볼 수 있는 대목이다. 이후 김령 아들들이 혼례하는 나이를 보면 잘 알 수 있다.

둘째 아들은 오랜 논의 끝에 혼인을 하게 되었다. 왜란으로 파괴된 삶의 기반이 회복되고 안정적인 생활 기반이 마련되면서 사정이 변화하였다. 서둘러 혼인하던 전쟁 직후의 사정과는 다른 양상을 보이게 되었다. 김령은 1633년 둘째 아들 김요립金耀立(1611~1643)의 혼인을 논의하였다. 윤조원尹調元(1572~1637)이 보낸 편지를 보았더니 제천에 살고 있는 도사 한부윤韓復胤(1574~1660)이 혼인을 하자고 요청하였다.[24] 김령은 한씨는 서울 사람인데 집안이 좋고, 사람이 선량하다는 평가가 있다고 말하였다.

김령이 혼인을 승낙하는 의사를 분명하게 말하지 않았기 때문에 한부윤은 두 달이 지났을 즈음에 다시 연락을 해서 혼인을 분명하게 정하자고 하였다.[25] 이어서 신부 집에서 택일을 하겠다고 연락을 하였다.[26] 그러자 김령은 며칠 후에 한씨 집으로 사람을 보내서 혼인을 할 의사가 있다는 것을 확인하였다.[27] 그런데 다음 날 편지를 받았더니 그 편지는 한부윤이 며칠 전에 보낸 것이었다.

윤 감사尹監司와 한제천韓堤川, 韓必久 등 여러 사람의 편지와 한韓 도사都事가 윤 감사에게 준 편지를 받았다. 혼사는 이미 확고하게 정해졌고, 단지 설을 쇠기 전에 먼저 그의 아들을 장가들이고, 설을 쇤 후에 딸을 시집보

내려고 하였다. 나는 꼭 설을 쇠기 전에 하려고 했다. 설을 쇤 뒤에는 셋째 아이가 또 그다음 차례가 되어 설을 쇤 뒤에 하는 것을 늦다고 여겼기 때문이다.[28]

　한씨 집안에서 온 편지를 보았더니 신부의 오라비가 설을 쇠기 전에 아내를 맞이해야 하기 때문에 딸의 혼사는 설을 쇤 후에 하자는 말이었다. 김령은 이것을 핑계라고 생각하였다.[29] 그리고 이 혼인은 성사되지 못하였다.

　이런 과정을 보면, 김령은 혼인을 하는 데에 지키려는 원칙이 있는 것 같다. 한 해에 자식 둘을 혼인하지 않겠다는 것이다. 이것은 서울 사람인 한씨도 마찬가지였다. 게다가 김요립은 나이가 22세나 되었고, 앞서 혼인하였던 그의 형과 비교하면 많이 늦었지만, 서둘러 혼인을 하려는 생각은 없었다. 왜란 직후에 같은 동네에 살고 있는 김광계와 비교해 보더라도 차이가 크다. 당시 김광계는 두 동생의 혼인을 한 달을 사이에 두고 한 해에 모두 치렀다. 그러나 전쟁은 끝났고 다시 사회가 안정을 찾으면서 한 해에 둘이 혼인하는 것은 피하는 분위기가 되었다.

　이런 일을 거치고 김령의 둘째 아들이 아내를 맞은 것은 1636년이었다. 김요립은 25세가 되었다. 신부는 허엽許曄의 손자이자 허봉許篈의 아들로 성주에 거주하던 허친의 딸이었다. 허엽은 경상도 관찰사를 지냈고, 허봉은 홍문관 전한을 지낸 바 있었다. 이들은 전란 때 경상도 성주로 옮겨와서 살고 있었다. 이 혼인을 준비하면서 김령은 아들의 혼인이 이루어지기까지 과정을 다음과 같이 회상하며 말하였다.

둘째 아이는 17~18세부터 혼사를 논의한 집이 한두 곳이 아니었다. 모두 장가들만 했는데도 곧바로 정하지 못하고 고른 것이 너무 심했다. 지금 와서 생각해 보니, 역시 나의 잘못이다. 살림이 넉넉한 집이 즐비하게 있었지만, 또한 마음에 들지 않았다. 시간이 흘러 여기까지 이르렀으니, 혼인의 큰일을 어찌 인위적으로 할 수 있겠는가? 지금 이 허씨 집안이 타향살이에 춥고 가난하다는 것을 알고 있으나, 가문을 취한 것이다. 그 나머지는 헤아릴 것이 없다.[30]

김령은 둘째 아들이 17세가 되면서 혼인을 논의하기 시작하였다. 여러 집안에 혼인할 의사를 타진하였고, 한씨 집안의 경우 혼사가 성사될 듯하다가 어그러졌다. 그리고 1636년 11월 30일 둘째 아들은 초례를 치르고 성주에 있는 신부의 집으로 혼례를 하기 위해서 출발하였다. 다음 날은 큰 지진이 일어나서 집들이 모두 무너질 듯이 흔들리는 변고가 있었다.[31] 그리고 때마침 서울에서 들려온 소식은 장차 오랑캐가 근심이 될 것이라고 하였다.[32] 다음날 둘째 아들이 무사히 혼례를 치렀다는 소식을 들을 수 있었다.

혼례를 치르고 돌아온 아들을 맞이하여 동네 친족들과 음식을 나눠 먹는 날에 오랑캐가 다시 침략하였다는 소식을 들었다. 한밤중에 군사를 소집하는 명령이 온 마을에 내려졌다.[33] 두렵고 걱정스러웠다. 다시 그들의 일상생활은 한치 앞을 내다볼 수 없는 어두운 상황이 되었다.

어렵게 전쟁은 끝이 났지만, 세상은 더욱 불안해졌다. 그런 가운데 김령은 셋째 아들 김휘두金輝斗(1614~1674)의 혼인을 결정하였다. 1637년 11월이었고, 아들은 23세였고, 이미 한 해가 저물어 가고 있었다. 당시 주변에서 들리는 이야기가 분분하였다.

> 맑고 추웠다. 아침에 용궁 사람이 와서 이형의 편지를 보았다. 용궁·함창
> 등지에서는 처녀를 뽑아 심양으로 보낸다는 말 때문에 혼인하는 집이 매
> 우 많은데, 오직 뒤늦을까 염려한다고 한다. 이형 집의 둥근 잠簪을 초봄
> 에 우리 집에 두었는데, 용궁 현감이 찾는다고 하여 심부름꾼이 가져갔
> 다. 용궁 현감이 사위를 맞이하기 때문이다.[34]

전쟁이 끝났지만 사람들의 삶은 더욱 불안해졌다. 들으니 근래에 혼
인을 하는 집이 매우 많아졌다고 하였다. 이것은 처녀들을 잡아서 심
양으로 보낸다는 소문이 파다하였기 때문이다. 1637년 당시 조정에는
청나라 사신이 와서 머물고 있었다. 그들이 요구한 것은 향화인을 쇄
환하는 일과 한인(명나라 사람)을 잡아 보내는 일 등이 있었다. 무엇보다
이들이 요구한 것 가운데 재상의 딸을 청나라로 데려가서 혼인을 하겠
다는 것과 처녀를 뽑아 가서 시녀로 삼겠다는 것은 심각한 문제였다.[35]
이것은 조선 사회에 충격적인 일이었다. 서울은 물론이고 각 지역에서
사대부부터 서민들까지 청나라에 딸을 빼앗기지 않으려고 서둘러 혼
인하는 분위기가 팽배해졌다.

이런 상황에서 김령이 들은 소문은 당시의 사정을 잘 담아내고 있었
다. 안동과 예안을 비롯한 주변 고을 사대부들은 한시라도 서둘러 자
식들을 혼인시켰다. 병자호란에서 전쟁은 짧은 기간에 끝이 났지만,
조선 사회에 내려진 충격은 지속적으로 일상을 위협하였다. 소란한 사
정에서 김휘두는 봉화 법전에 살고 있는 강윤조姜胤祖(1568~1643)의 딸

과 혼인하기로 하였다. 강윤조의 집안 역시 서울에서 살다가 전쟁을 피해서 봉화로 옮겨 왔다. 전쟁이 끝났지만, 처녀를 뽑아서 심양으로 보낸다는 소문이 파다한 때였다. 동네에는 서둘러 혼인하려는 사람들을 흔히 볼 수 있었다. 당시 김령이 들은 소문은 다음과 같다.

"최근에 서울의 혼인은 남녀 나이가 12~13세가 되면 모두 한다"고 하니, 참으로 또한 세상의 변괴다.[36]

이런 분위기에서 김령은 서둘러 셋째 아들의 혼처를 정하였다. 들려오는 소문은 최근 서울에서는 나이가 열 두 세살만 되어도 혼인을 한다고 하였다. 놀랍도록 괴이한 일이었다. 이것은 전쟁 이후에 불안한 사회 분위기가 반영된 것이 틀림없었다. 김령은 이런 사정을 비판하는 입장에서 기록하였지만, 거듭되는 전쟁을 겪으면서 조선 사회 전체에 불안감이 팽배하였던 것은 분명한 것 같다.

이 시기의 혼례에서 주목한 지점은 다음과 같다. 유난히 혼인이 성행하였다. 임진왜란이 끝난 직후와 병자호란이 끝난 직후에 유난히 그러하였다. 게다가 병자호란 이후에는 처녀를 뽑아 심양으로 데려가서 오랑캐에게 바친다고 하니 더욱 혼인을 앞당기게 되었다. 그러다 보니 혼인하는 연령이 매우 낮아졌다. 대체로 혼인이 성행하는 것으로 혼인 연령은 낮아지게 마련이었다. 불안한 사회에서 안정적인 가정을 이루려는 의식이 작용하였을 것이다. 이런 상황은 왜란이 끝난 직후에 두드러지게 나타났고, 이어서 두 차례의 호란을 겪으면서 더 분명해진 것으로 보인다.

간략해진 절차

김광계의 가계는 고조 김효로金孝盧(1455~1534)가 예안에 거주한 이후에 증조 김연金緣 (1487~1544), 양조부 김부필金富弼(1516~1577)과 김부의金富儀(1525~1582)를 지나면서 예안을 중심으로 자신들의 학문과 생활 문화를 만들어 갔다. 대략 이황李滉(1501~1570)을 중심으로 형성된 학문 집단의 영향을 받으면서 이루어진 문화였다. 이황은 일상생활에서 학문하고 의례를 실천하는 데에 많은 고민을 하였다. 이와 같은 이 지역의 문화는 김광계 집안에서 혼인하고 제사를 지내면서 가족과 친족들 사이에 관계를 형성하는 데에 중요한 기반이 되었다.

김광계의 아버지 김해金垓는 1589년 34세에 문과에 급제하고 승문원 정자를 거쳐 예문관 검열을 지낸 관료였다. 그러나 잠시 관직 생활을 하는 가운데 기축옥사에 연루되었고, 이후 낙향해서 예안에서 지냈다. 그런 가운데 왜란이 일어나자 영남좌도의 의병장으로 추대되었다. 김해가 이 지역에서 영향력 있는 사람이라는 것을 알 수 있는 대목이다. 그리고 김광계의 어머니는 이재李宰의 딸이었다. 본관은 진성이고, 이황의 질녀였다. 이런 사정을 고려할 때, 가족과 친족들 사이에서 이루어지는 각종의 절차 대한 김해의 방식은 시대와 지역을 반영한 것으로 볼 수 있다. 그리고 김해의 방식에 대한 후대의 기록은 다음과 같다.

공은 특히 고례古禮를 좋아해서 『의례儀禮』, 『예기禮記』 등의 책을 반복해서 살펴보고, 요점을 궁구하였다. 당시 사대부 집안에서는 의심스러운 문구나 각종 변례變禮에 관한 사항이 있으면 한결같이 공을 찾아가 물었다. 혼례에서 시속의 폐단은 친영親迎의 절차를 행하지 않는 것이라서 선생이 이를 개탄하며, 친영을 행하였다. 사당에 고하고 사위를 맞이하는 의식과 딸을 보내면서 경계하는 말을 하는 것은 한결같이 『가례家禮』를 시행하였다.[37]

이상정李象靖(1711~1781)이 지은 행장에 김해가 말한 '사당에 고하고 사위를 맞이하고, 딸을 보내면서 경계하는 말을 하는 절차'는 『가례』 「혼례」에 수록된 혼례 절차이다. 그리고 이런 절차에 따라서 신부의 집에서 혼례를 치렀다. 이와 같은 방식으로 혼례를 하였던 김해의 방식에 대해서 그 시대의 사람들은 그가 『가례』를 잘 수행하였던 사람이라고 평가하였다. 이를 볼 때, 16세기 후반 경상도 사대부들은 전통적인 가족 관계를 바탕으로 혼례는 신부의 집에서 하였고, 혼례를 하는 과정에서 사당에 고하는 것과 초례를 시행하는 것을 가장 중요하게 여겼다는 것을 알 수 있다.

경상도 북부지역 안동과 예안을 중심으로 생활하였던 김해와 주변 사대부들의 혼례 방식은 그들의 스승 이황의 연구와 실천에서 비롯된 것이었다. 이황이 손자 이안도李安道(1541~1584)가 혼례를 할 때 말한 것에서도 볼 수 있다.

어제 모든 예禮는 어떻게 하였느냐? '공경히 너의 상相을 맞이하여 우리 집 종사宗事를 잇되 힘써 공경으로 거느리어 선비先妣를 이을지니, 너는 떳떳함을 지니라' 하면, 대답하기를, '오직 그 일을 감당하지 못할까 두려울 뿐, 감히 그 명을 잊지 않겠습니다'라는 말은 초례사醮禮辭다. 너도 들

어서 아는 바이니, 천 번 만 번 경계하거라.[38]

이황은 혼례를 하는 손자에게『가례』에 수록된 초례사를 인용해서 혼례의 의미를 강조하였다. 이안도의 아내는 상주에 사는 안동 권씨 권소權紹의 딸이었다. 권소는 1556년 안동부사가 되었고, 딸이 혼례를 할 당시 안동 관아에 살고 있었다.[39] 이안도는 처가에 가서 혼례를 하였기 때문에 이황은 손자의 혼례를 볼 수 없었다. 손자가 예를 잘 치렀는지 걱정되는 마음에 편지를 보냈던 것이다. 이것을 보면, 이황은 혼례에서 가장 중요한 의미를 담은 절차를 초례라고 여겼다. 우리나라는 혼례하고 거주하는 방식이 중국의 것과 다르기 때문에『가례』의 절차에 있는 친영례를 시행할 수 없었다. 그래서 사대부들은『가례』에 담긴 혼례의 의미와 절차를 확인하는 초례를 거행하는 것으로『가례』에 의거한 혼례를 시행하였다고 여겼다.

김해 역시 같은 맥락이었다. 신부의 집에서 혼례하면서 그 절차를 '친영'이라고 말하였다. 그들은『가례』에 근거한 혼례 절차의 핵심을 사당에 고하는 의례와 초례로 보았고, 이것을 '친영'이라는 용어를 사용해서『가례』의 혼례를 시행하였다는 의미를 담았다. 이황과 그의 제자들은 신부의 집에서 혼례를 하고, 거주하던 전통적인 생활방식에『가례』의 의절을 첨가하여 활용하였다. 그들은 이렇게 자신들에게 맞는 방식을 만들어 갔다.

김광계는 이런 문화에서 성장하였다. 김광계는 자신을 포함하여 네 명의 형제들과 세 명의 누이가 있었다. 김광계는 왜란이 한창이던 1593년 5월 모친상을 당하였고, 이어서 6월에는 부친상을 당하였다.

전쟁이 끝난 후에 김광계는 아직 혼인하지 않은 두 동생의 혼인을 자신이 직접 주관해서 치러야 했다. 먼저 1607년 11월 12일 여동생의 혼례는 이웃에 살고 있는 김광계의 재종숙 김령의 기록에서 볼 수 있다.

아침에 덕여와 김참이 누이를 보기 위해 왔다. 백승伯承[김광계]의 집 혼사 때문에 동네에서 하던 관례로 계주鷄酒와 농어[旦口魚]를 보냈다. 밥을 먹은 뒤에 종 석부石夫가 돌아갔다. 정오에 백승의 집으로 갔다. 의논하여 홀기笏記를 쓰고 사첨[李崒](1583~1615)을 찬자贊者로 삼았다. 교배례交拜禮의 자리 배치는 당연히 동서로 해야 하는데, 편의상 남북으로 향하게 놓았으므로 고쳐 놓으려다가 고치지 못하였다. 한스럽다. 저녁에 신랑이 왔다. 그는 의령수령 이함李涵 씨의 아들 이시명李時明이다. 요객은 예안 수령 안담수安聃壽와 이정회李庭檜, 신랑의 형 이시청李時淸이었다. 제천 표숙, 좌수 형, 평보 형, 백승이 손님을 대접하였다.[40]

김령은 김광계 집에서 혼례하는 날 아침에 동네에서 해오던 대로 부조 물품을 보냈다. 그리고 정오에 김광계의 집으로 가서 홀기를 쓰고, 찬자를 지정하고, 교배례를 하기 위해 자리를 마련하였다. 교배례의 자리 배치는 『가례』를 그대로 시행하고 싶었지만 공간이 여의치 않았다. 어쩔 수 없이 방향을 바꾸어 남북으로 자리를 두었더니 아쉬움이 남았다. 신랑 이시명은 그의 형 이시청과 예안 수령 안담수, 이정회 등 요객들과 함께 오후 늦게 신부의 집에 도착하였다. 신랑이 도착하기 전후에 있었던 사정에 대해서는 자세한 이야기를 기록하지 않았다. 사당에 고하는 절차는 기록하지 않았고, 준비해 둔 자리에서 교배례

를 하였다고 기록하였다. 다음 날 신랑의 형은 집으로 돌아갔고, 김광
계는 동네 남녀 친족들을 모아서 술자리를 마련하였다.[41] 이런 절차로
김광계의 여동생은 혼례를 하였다.

혼례를 준비하는 김광계와 집안사람들의 관심은『가례』를 잘 이해
하고 실천하려는 데에 있었다. 김령이 주목한 부분은 신랑과 신부의
자리 배치였다. 그들은『가례』의 방식을 그대로 할 수 없었던 것이 아
쉬웠다.『가례』와 같이 친영을 하지 않고, 신부의 집에서 혼례를 하였
지만 이에 대한 문제의식은 없었다. 그들에게『가례』를 준행한 혼례
방식은 혼서를 작성해서 사당에 고하고 교배례를 진행하는 것이었다.
다음 날 요객들은 집으로 돌아갔지만 신랑은 그대로 처가에서 지내다
가 12월 27일 영해에 있는 부모님의 집으로 돌아갔다.[42]

여동생이 혼례를 하고, 한 달 후 12월 19일에 김광계의 막냇동생 김
광악金光岳(1591~1648)이 혼례를 하였다. 동네의 친족들은 김광악의 혼
례를 이틀 앞두고 김광계의 집에 모였다. 신부의 집으로 가져갈 물품
을 정리하고, 납폐장[혼서]을 마련하기 위해서였다. 납폐장은 첫 째
누이의 남편 박회무朴檜茂(1575~1666)가 썼다. 그리고 모인 사람들이 모
두 함께 밥을 먹고 김광악의 관례를 올렸다.[43] 납폐장을 쓰고, 관례를
올리는 것으로 신랑 김광악은 혼례할 준비를 모두 하였다.

관례는 혼례를 앞두고 하였다.『가례』에 관례와 혼례는 별도의 의례
이지만, 조선시대 사대부들은 혼례를 할 때에 맞추어 관례를 시행하
였다. 납폐장은『가례』의 납폐納幣 혹은 납징納徵이라고 하는 절차에
서 보내는 문서다. 폐백과 함께 보내는 문서인데 이것을 주고 받는 것
으로 혼인이 성립된 것으로 보았다.『가례』에는 친영을 하기 전에 납

폐를 하는 절차가 있다. 그러나 조선시대 사대부들은 신랑이 교배례를 하러 신부의 집으로 가는 날에 맞추어 납폐장을 작성해서 전달하였다. 납폐장을 전달하고 신랑과 신부가 서로 인사하는 교배례를 시행하는 것으로 축약한 혼례 절차는 같은 날에 진행하였다. 『가례』와 비교해서 절차를 수행하는 기간이 짧아졌다. 『가례』의 방식대로 한다면, 먼저 문서를 받고 예식을 치르지 않은 상태에서 양측에 문제가 발생할 수 있었다. 특히 전쟁과 같은 위기 상황이라면 위험 부담이 더욱 커지게 마련이었다. 이것은 신랑과 신부 양측에 모두 부담이 클 수밖에 없었다. 이런 현실적인 이유에서 혼례의 절차는 줄였고, 『가례』에서 핵심적인 절차를 뽑아내어서 한 번에 진행하였다.

다음 날 김광악은 납폐장을 들고 혼례를 하러 신부의 집으로 출발하였다.[44] 예안에서 의성에 있는 신부의 집까지는 당일에 갈 수 없는 거리였기 때문에 신랑과 요객들은 하루 앞서 출발하였다. 가는 길에 안동을 지나면서 누이의 집에서 묵었고, 다음 날 신부의 집에 도착하였다.[45] 김광악은 오후 늦게 신부의 집에 도착하였고, 교배례를 하였다. 신랑은 혼서(납폐장)를 써서 가지고 갔고, 교배례는 신부의 집에서 준비하였다. 이날 요객의 자격으로 함께 갔던 김광계는 하루 묵고 다음 날 집으로 돌아왔다. 그리고 신랑 김광악은 혼례를 하고 일주일이 지난 12월 25일 예안의 집으로 돌아왔다.

> 추위가 어제와 같았다. 오후에 판사·생원 두 형과 함께 백승의 집에 갔다. 이직이 어제 처가에서 돌아왔는데, 처가에서 기져온 술과 안수로 여러 친척들과 함께 먹기 위해서였다. 찬중 부자, 광운·광하 모두 모였다.

안으로 들어와서 술을 마시며 이야기를 나누었다.[46]

　김광악이 혼례를 하고 집으로 돌아오자 동네 친족들이 그를 맞았다. 처가에서 가져온 술과 안주로 동네에서 잔치가 벌어졌다. 집에는 지난 달에 혼례를 치르고 한 달째 처가에 머물고 있는 이시명도 있었다. 이시명은 혼례를 한 후에 오래도록 처가에 머물고 있었는데, 김광악의 혼례도 영향을 주었던 것 같다. 김광악이 돌아온 다음 날 이시명은 영해의 집으로 돌아갔다.[47] 그리고 이시명은 다시 1월 7일에 처가로 돌아왔고,[48] 김광악은 2월 7일에 의성의 처가로 갔다.[49] 사람에 따라 처가에 머무는 기간은 차이가 있는 것 같은데, 이시명이 유독 처가에서 생활하는 편이었다.

　이런 혼례 절차에서 주목할 부분은 혼례 절차가 당일에 모두 이루어졌다는 것이다. 이것은 김광계가 살았던 예안과 의성, 안동, 영해 일대의 사대부들 사이에서 보편적인 방식이었다. 문하생들과『가례』를 강독하고, 예설을 공부하던 장흥효張興孝(1564~1633) 역시 이들과 같은 절차로 딸의 혼례를 치렀다.

　　납폐례納幣禮를 행하고 사당祠堂에 고하였다. 사위가 차소次所에서 기다렸다가 사당에 고하였다.[50]

　장흥효의 딸이 혼례를 하던 날이었다. 기록을 보면, 신랑은 납폐장을 작성해서 교배례를 하러 신부의 집으로 왔다. 신부의 아버지는 납폐장을 받아서 사당에 고하는 납폐례를 한 후에 이어서 교배례를 진행하였다. 장흥효 역시 신부의 집에서 혼례를 하였고, 납폐와 교배례는 같은 날에 하였다. 장흥효는 딸의 혼례에서 납폐례와 사당에 고하는 절차를 가장 중요한 대목으로 기록하였다. 그리고 이들의 혼례가 이루어지는 장소는 신부의 집이었다. 다만 경상도 사대부들은 전쟁을 겪으면서 일상의 의례를 그대로 시행하기 어려웠던 경험을 하였다. 특히 『가례』 절차를 그대로 진행하면 여러 날이 소요되었고, 그러는 동안 낭패를 볼 수 있게 마련이었다. 그래서 의례 절차의 핵심은 시행하되 여러 절차를 한 번에 시행하여 기간과 부담을 줄이는 방향으로 나아갔다.

이렇게 혼례를 하던 방식은 시간이 지나면서 이전의 방식을 회복하는 경향을 보이기도 하였다. 1621년 김령은 첫째 아들의 혼인을 결정하였다. 아들 김요형은 1604년에 태어났고, 이제 막 17세가 되었다. 신부는 이웃에 살고 있는 권태일의 딸이었다. 윤2월 혼인할 날짜를 확정하였고, 본격적으로 준비에 들어갔다. 먼저 관례를 할 날짜를 3월 19일로 정하였다.[51] 관례를 하기 하루 전날 손님들을 집으로 초청하였다. 관례를 하는 날 아침에 관례의 절차를 담은 홀기를 베끼고, 이어서 동네 친족들이 모여서 관례를 치렀다.[52] 그리고 며칠이 지난 4월 3일 혼례를 하였다.

오시에 가묘에 고하고 초례醮禮를 치렀다. 여러 사람들이 모였는데 열예닐곱 명쯤 되었다. 배원선도 왔는데, 일찍이 간절하게 초청했기 때문이다. 수포水餔를 차리고 행장 꾸리기를 마치고 마침내 보냈다. 행차를 이끌고 가는 사람들은 자개 · 이지 · 이실 · 원선 · 김참 등이었다.[53]

김령은 초례를 하기 전날 혼서를 쓰고 폐백을 준비하였다. 그리고
혼례하는 날 가묘에 고하고 초례를 치렀다. 인근에 있는 친족들이 모
두 모여서 혼례를 하기 위해서 신부의 집으로 가는 신랑의 행렬을 전
송하였다. 그리고 이틀 후 4월 5일에 아들은 집으로 돌아왔다. 다음 날
김령은 신부의 집에서 보낸 음식을 여러 곳으로 나누어 보내고, 친족
들을 초청해서 음식을 대접하였다. 전쟁을 거치면서 간소해진 혼례 절
차는 점차 그들에게 익숙해져 갔다. 이제 관례는 혼례를 준비하는 과
정의 하나가 되었다.

관례를 혼례에 맞추어 하는 것은 다른 이유도 작용하였다. 당시 혼
례는 신부의 집에서 하기 때문에 신랑의 집에서는 아들이 혼례하는 사
실을 알리고, 친족이나 주변 사람들이 함께 모여 앉아 혼인을 축하하
거나 공유할 수 있는 기회가 없었다. 사당에 고하고 초례를 하는 절차
는 엄숙하며, 집안에서 이루어지는 집안사람들의 일이었다. 이런 이유
에서라도 관례는 혼례를 할 때에 맞추어 하면서 친족과 주변 사람들에
게 혼인을 하는 사실을 알리는 계기가 되었다. 게다가 이시명이나 김
광악과 같이 16~17세에 혼인을 하게 되면서 관례는 혼례와 함께하는
것이 익숙해졌다. 이렇게 혼례할 때 신랑의 집에서는 관례를 하고, 신
랑이 돌아오는 날에 신부의 집에서 보내온 음식으로 친족들과 함께 나
누어 먹는 것으로 혼례가 이루어졌다.

이제 신랑의 집에서 신부를 맞이하는 절차가 남아 있었다. 김광계의
여동생이 이시명과 혼인한 것은 1607년 11월이었고, 신부가 신행을
간 것은 1610년 11월 3일이었다. 3년이 지난 후에 신행을 하였다. 김
요형의 경우는 혼례하고 10개월이 지난 1622년 1월 11일 신행을 하였

다. 1월 10일 김령은 며느리를 처음으로 맞이 하는 의례를 치르기 위해서 홀기를 준비하고 손님을 초청하였다. 신부의 아버지와 편지를 주고받으면서 홀기와 폐백을 논의하였다.[54] 다음 날 며칠째 병으로 앓고 있던 아들이 아직 회복되지 못하였지만 날짜를 미룰 수 없었다. 여러 사정으로 아들과 며느리는 깜깜한 밤에야 김령의 집에 도착하였다. 김령은 사리에 맞지 않다며 몹시 언짢았다.[55] 그리고 다음 날 예를 거행하였다.

> 밥을 먹은 뒤에 여자 손님들이 왔다. 오시에 신부가 현례見禮를 행하였다. 다음에 여러 친척들을 뵙고 궤례饋禮와 향례餉禮를 차례대로 다 행하였는데, 나아가고 물러나는 사이에 허물이나 실수가 없었을 뿐더러 또한 완순婉順하니 아주 위안이 되었다.[56]

김령에게 며느리를 처음으로 맞이 하는 행사는 매우 중요한 일이었다. 열흘 전부터 앓고 있는 아들을 생각하면서 의례를 제대로 치르지 못할까 전전긍긍하였다. 김령은 며느리가 신행한 다음 날 며느리와 처음으로 대면하는 의례를 거행하였고, 그다음 날 자신의 집안 사당에 며느리가 참배하게 하였다. 『가례』의 '부현구고婦見舅姑'와 '묘현廟見' 차례로 진행하였다는 말이다. 『가례』에 근거하면 친영한 다음 날 신부가 시부모를 뵙는 의례를 시행하고, 그로부터 사흘 뒤에 사당에 고하는 의례를 한다. 사당에 참배하는 절차를 거쳐야 비로소 신부는 그 집의 며느리가 되는 것이었다. 17세기 전반 조선의 사대부들은 혼례를 신부의 집에서 하였기 때문에 『가례』의 절차와 차이가 있었다. 그래서 김령의 경우 며느리가 신행한 다음 날 현구고례를 하였고, 그 다음날 묘현을 하였다.

다만 이 두 절차는 혼례에서 필수 절차가 아닌 선택 사항이었다.[57] 김령을 제외하고 신부가 신행하던 날에 시행한 절차를 주의해서 기록한 경우는 거의 없었기 때문이다. 이미 부부는 혼례를 하였고, 혼례를 한 후에 신부가 신행할 때까지 기간이 짧게는 1년에서 길게는 3년이 넘기 때문에 그 사이에 부부가 출산을 하는 경우도 흔하였다. 장흥효의 딸이 그러하였고, 김광계의 누이도 그런 경우였다. 이렇게 신부가 신행한 날에 시행하는 절차는 부차적인 의례에 해당하였다. 혼례하는 장소가 『가례』와 다르고, 신부가 시집으로 가는 시기가 다른 것은 전통적인 가족 관계에서 비롯된 것이었다.

김령의 첫째 아들이 혼례할 때 절차는 경상도 사대부들이 『가례』를 해석하고, 활용하는 과정을 모두 담고 있었다. 김령은 관례와 초례, 납폐장 작성과 교배례, 현구례와 묘현까지 모든 절차를 자신들의 생활방식에 맞추어 시행하였다. 이런 방식으로 혼례를 치르기 위해서는 시간과 경제적 여건이 갖추어져야 가능한 일이었다. 그러나 전쟁이나 기근으로 사회가 혼란해진다면 지키기 어려운 절차이기도 하였다.

김령의 둘째 아들은 전쟁 중에 혼인을 하게 되었다. 여기서 차이를 볼 수 있다. 김령의 둘째 아들 김요립金耀立(1611~1643)은 성주星州에 사는 양천 허씨 허친의 딸과 혼인하였다. 둘째 아들의 혼인은 혼사를 논의하는 도중에 중단된 경우도 있었고, 성사되는 과정도 길었다. 그래서 김요립은 1635년 24세가 되어서야 혼인을 하게 되었다.[58] 신랑과 신부의 집안은 서로 몇 차례 의논하고, 혼인을 확정한 후에 신부의 집에서 택일을 하였다. 택일을 한 후에 신부의 집에서 신랑에게 옷의 치수를 물어 왔다.[59] 그런데 이 혼사에 또 문제가 생겼다. 인조의 왕비[仁烈王后](1594~1635)가 승하한 것이었다.[60] 국장을 치르기 전에는 길사吉事에 관계된 모든 것을 국법으로 금지시켰기 때문에 김령은 아들의 혼사를 물리지 않을 수 없었다.[61] 그래서 다음 해인 1636년 11월에 혼인을 하게 되었다.[62]

김령의 둘째 아들은 1629년 18세에서 이미 관례를 하였다.[63] 17세에 혼인한 장남은 혼례에 맞추어 관례를 하였지만, 나머지 아들들은 혼례가 늦어지면서 혼례와 무관하게 관례를 치렀다. 1637년 11월에 혼인하였던 셋째 아들은 1634년 20세에 관례를 하였고[64], 넷째 아들의 경우는 1637년 19세에 관례를 하였다.[65] 혼례가 늦어지면서 관례를 별도로 진행할 수밖에 없는 사정이기도 하였고, 김령은 관례를 시행하는 데에 특별히 의미를 두는 편이었다.

둘째 아들의 혼례에 맞추어서 김령은 며칠 전부터 혼장婚狀을 마름질하였다. 그리고 집에 있는 노복에게 현풍에 살고 있는 노복에게 가서 혼례를 하러 가는 일행이 먹을 양식을 미리 준비하게 하였다.[66] 김령은 혼장을 준비하는 데에 공을 많이 들였다. 그리고 신부의 집이 멀기 때문에 신부의 집과 가까운 곳에 사는 노복에게 혼례하러 가는 일행이 먹을 양식까지 세심하게 준비하였다.

김령의 아들은 11월 30일 혼례하러 가는 날 아침에 초례를 하였고, 혼장을 가지고 신부의 집으로 갔다.[67] 혼례를 준비하면서 사전에 하였던 것을 의양단자를 주고받았을 뿐이었다. 의양단자는 신랑의 옷을 준비하기 위해서 신부의 집에서 신랑의 신체 치수를 묻는 것이라서 혼례를 하기 전에 반드시 확인해야할 사항이었기 때문이었다. 그리고 납채는 당일에 하였다. 혼례를 신부의 집에서 한 것은 이미 정해진 것이며 문제될 것이 없었다. 김령은 12월 7일에 여러 노복들이 성주에서 돌아오는 길에 아들이 보낸 편지를 보고 혼례를 무사히 치렀음을 알았다.[68]

혼례를 한 둘째 아들은 12월 16일에 집으로 돌아왔다. 대략 보름을 처가에서 지내다가 집으로 돌아온 것이다. 문제는 아들이 돌아오고 사흘 후에 김령은 적이 서울까지 들어왔다는 소식을 들었다.[69] 그런 가운데 새해가 되었다. 서울에서 매일 들려오는 소식은 전쟁으로 가족을 잃어버린 사람들의 이야기였다.[70] 이제 성주에 있던 며느리가 걱정이었다. 김령은 대책을 세워야 했다. 예에 맞지 않은 것을 알고 있지만, 부득이 며느리를 집으로 데려오기로 결정하였다.[71] 김령에게 파격적인 일이었다. 혼례를 하고 한 달이 조금 더 지난 시점이었고, 아들이 돌아오고 보름이 지난 때였다. 유난히 추운 아침에 아들은 노복 몇 명과 말 두필을 이끌고 처가로 갔다.[72] 그리고 며칠 후에 며느리가 왔다. 이렇게 급하게 이루어진 신행은 처음이었다.

> 깜깜해져서 둘째 아이가 며느리를 데리고 왔다. 지금 난리를 당했으니, 어느 겨를에 예절을 차리겠는가? 다만 아들 며느리를 본 것만으로 충분하다.[73]

김령은 의례를 수행하는 것을 매우 중요하게 생각하였던 사람이다. 주변 사람들과 비교하더라도 엄격하게 의례를 시행하였다. 그렇지만 그런 절차를 신경쓸 여유가 없었다. 전쟁이 일어났다는 소식을 듣고 초하루에 사당에 참배하는 것도 멈추었던 터였다. 며느리를 처음 맞이하는 날 갖추어야 할 절차를 잘 알고 있었지만, 시행할 수 있는 사정이 아니었다. 단지 며느리를 만난 것으로 충분하다고 하였다. 김령의 기록에서 절박한 심정을 읽을 수 있었다. 전쟁은 의례의 절차를 모두 갖추어서 시행하기 어려운 위태로운 상황을 야기하였다.

이윽고 전쟁이 끝이 났지만, 혼란한 사회는 좀처럼 진정되기 어려웠다. 1637년은 여러 문제로 조정이 혼란한 시절이었다. 침략한 오랑캐는 물러갔지만 처녀를 뽑아서 심양으로 보낸다거나 세금이 더욱 혹독해지는 등 혼란이 이어졌다. 조정에서는 옷을 입는 방식과 혼인할 때 그릇의 수량까지 정하는 우스운 일이 일어나고 있었다.[74] 그런 가운데 김령은 11월에 아들의 혼사를 결정하였다.[75] 그리고 다음해 1638년 10월 1일 김령은 참례를 겸하여 사당에 아들이 혼례하는 것을 고하였고, 초례를 하였다. 그리고 신부의 집으로 혼례를 하러 보냈다.[76] 김령은 강씨 집안은 흘러들어 와 사는 집이라 모든 일에 있어서 각박할 것이지만, 단지 사족이라는 것만 보고 그 집과 혼인을 하였으니 사람들이 자신을 어리석게 여길지도 모르겠다고 하였다. 김령은 당시 혼례하는 풍속에 문제가 많다는 것을 이렇게 말하였다. 그렇지만 사정이 그럴 수밖에 없었다.

이로부터 조정에서는 민간의 의례가 폐단으로 흐르고 있다는 논의가 제기되었다. 대사헌 이경여李敬輿(1585~1657)는 큰 변란을 겪은 후에 상례와 혼례 풍속의 문제를 말하였다. 그가 지적한 현상은 "최마衰麻 복을 미처 벗기도 전에 사위를 맞이하고 장가를 들여도 이상하게 여길 줄 모르고 유식한 가정에서도 간혹 그런 일이 있으니, 습속이 사람을 변화시키는 것이 안타깝기 그지없습니다. 심지어는 부모의 상을 당한 딸자식이 최복을 벗어던지고 길복을 입고서 슬픔을 머금고 혼인을 하는 일까지 있으니, 이는 천리가 사라지고 인도가 끊어진 것입니다"는 것이었다. 이에 대한 처분으로 이경여가 제안한 것은 관원이면 사판에서 삭제하고, 사대부이면 영원히 과거에 응시하지 못하게 하자고 하였다.[77] 매우 강경한 처벌 대책을 제시하였다. 전쟁을 겪었고, 청나라가 공녀를 요구하는 일이 이어지면서 상중이라도 혼례를 할 수밖에 없는 상황이 빈번하였을 것이다. 국가에서는 이런 사회적인 문제를 지적하였지만, 이 논의는 당시의 혼인 풍경을 그대로 담고 있음을 알 수 있다.

친족 조직의 등장

전쟁을 겪은 이들에게 가족과 친족은 어떤 의미로 남게 되었을까. 힘든 시간을 함께 겪어내면서 전쟁 이전과 비교해서 가족의 의미는 더욱 각별하게 다가왔을 것이다. 친족이 전란을 겪으면서 세상을 떠난 경우도 있고, 흩어져 생사를 알지 못하는 경우도 있었다. 전쟁의 악몽에서 벗어나면서 이들에게 친족은 어느 때보다 소중하게 여겨졌을 것이다. 남은 이들은 서로의 안부를 확인하고, 결속하기 위해 조직을 만들었다. 이 시기에 성회姓會나 문회門會, 화수회花樹會와 같은 조직이 나타난다.

아침에 술병과 술통을 챙겨 판사判事와 상사上舍 두 형 및 여희汝熙, 대이 大而 · 이건以健 · 서숙庶叔 부자와 함께 봉정사鳳停寺로 갔다. 대개 임인년

(1602) 봄에 의정義精 등과 같이 문장門長께 일족 모임을 열어보자고 말씀드렸는데, 계묘년(1603) 정월달에 처음으로 이 절에서 모였고, 이번에 다시 모이게 되었다. 이때 지나는 길에 해미 현감海美縣監 권위權暐를 만났다. 저녁에 절에 당도하니, 김득연金得研 어른 및 몇 사람이 먼저 이르렀고 경망景望(김백웅金伯熊) 어른도 당도하여 함께 승당僧堂에서 잤다.[78]

김령의 기록을 보면, 예안의 광산 김씨들은 1602년 봄에 성회를 조직하고자 발의하였다. 이들은 이때 처음으로 성회를 조직하자는 논의를 시작하였다. 그로부터 1년이 지난 1603년 정월에 처음으로 성회의 구성원들이 모였다. 아침에 김중웅金仲熊·김득륜金得碖 두 분도 당도하였다. 오시에 날이 맑아지자, 법당法堂에 서열대로 자리하고 번갈아 술을 돌렸다. 모인 사람이 18명인데, 오천烏川 쪽의 일족은 판사 형·평보 형 및 광적光績·광하光夏·광실光實·광보光輔·서숙庶叔 및 구坵 등이었고, 구담九潭 쪽의 일족은 김득륜金得碖·득립得砬·득의得礒·김백웅金伯熊·중웅仲熊·김인金訒·김광주金光澍·김만金晩 등이었다.

성회의 장소는 봉정사였다. 장소를 절에 마련한 것은 여러 사람들이 모여서 이야기할 수 있는 공간으로 넓은 절집이 적절하였기 때문이었다. 이날 모인 사람이 모두 20명 남짓이었고, 노복들까지 왔을 것이므로 대단한 규모였다. 이들이 모두 모여 앉아서 이야기를 나누기 위해서는 절 만한 곳이 없었다. 성회를 조직한 이유는 친조들 사이에 친목을 도모하기 위해서였다.

우리 김씨는 광산光山에서 시작하여 가지가 무성하게 뻗었다. 광산 및 서울에 사는 사람들이 얼마나 되는지 알 수 없다. 안동과 예안의 가까운 곳에 사는 사람들은 또 아득히 멀지 않아 세계世系와 지파枝派를 알지만, 그저 몇몇 사람들끼리 서로 아는 것일 뿐 그 외에는 한 번도 만난 적이 없는 사람들도 많은데, 서로 보기를 마치 길 가는 사람처럼 한다면 어찌 큰 흠이 되지 않겠는가? 이러한 이유로 이런 모임을 열어 천륜天倫을 펴고 친족을 가까이하는 돈독한 우의가 오늘에야 시작했으니 정말로 아름다운 일이다. 이날 봄빛이 좋고 날도 따스하여 온갖 꽃이 다 피었는데, 중을 시켜 병에다 꽃과 대를 꽂아 놓게 했더니, 붉고 푸른색이 서로 빛나 하늘거리는 모습이 사랑스러웠다. 각자 고풍古風으로 시를 지어 그 정경을 기록했다. 저녁에는 중들을 시켜 징과 북을 치게 하고 구경하였다. 밤에는 꽃과 달이 정말 좋았다.[79]

김령은 성회를 조직하자고 발의한 사람 가운데 하나였다. 전쟁이 끝이 나자 살아남은 사람들은 서로의 소중함을 절실하게 깨닫게 되었다. 가만히 생각해 보았더니, 천륜을 펴고 친족을 가까이 두는 의리만큼 소중한 것이 없었다. 성회의 풍경은 참석한 김광계의 기록에서도 볼 수 있다.

일족 모임에 관한 일로 동네 여러 아재들과 여러 형제들이 함께 봉정사鳳停寺에 갔다. 일족들이 대부분 오지 않았고 오직 김의정金義精이 독서 때문에 와서 기거하고 있었다. 김득연金得硏 어른과 김광주金光澍, 김양수金暘秀가 와서 모였다. 종일 술을 마시면서 이야기를 나누며 천륜의 회포를 풀었다.[80]

김광계는 1603년 정월 동네의 여러 아재들과 성회를 위해서 봉정사로 갔다. 지난해에 성회를 하자고 발의하였고, 이번이 첫 번째 모임이었다. 동쪽에 있는 예안 오천에서 출발해서 서쪽에 있는 봉정사까지 갔더니 아직 아무도 없었다. 지난해에 김령과 함께 성회를 하자고 발의한 김득의가 봉정사에 공부하러 와 있을 뿐이었다. 다음 날 와룡에 사는 김득연 부자가 와서 함께하였다. 김광계는 며칠 봉정사에 있으면서 성회의 일을 논의하였다.

이들은 성회가 익숙하지 않았다. 사실 그럴 수밖에 없었다. 김령과 김광계가 살았던 예안의 오천 마을을 중심으로 주변 지역에 광산 김씨가 흩어져 살고 있었다. 평소에 이들은 서원에 가서 공부를 하거나, 향교에 가서도 만났던 사람들이었다. 게다가 같은 마을에 살고 있는 사람들도 많았다. 그러니 구태여 성회를 조직하고, 정기적으로 모임을 하자는 제안은 일견 타당한 것으로 보이기도 하였지만 현실에서는 절실하지 않은 모임이었던 것이다. 그래서 다음해 모임이 되자 적극적으로 날짜에 맞추어 참석하러 오는 사람이 없었다.

다음해 김령은 아침부터 가묘에 삭례朔禮를 올렸다. 이날은 날이 맑아서 밥을 먹은 뒤 뒷산에 올라가서 경치를 바라보았다. 낮에 이계伊溪 종장宗丈이 사람을 보냈다. 일족이 모이는 일[姓會] 때문이었다. 그리고 며칠 후에 이계 어른이 오천 마을에 있는 판사 형의 집으로 오셨다. 그는 김령과 함께 성회의 유사有司를 맡고 있었기 때문이었다. 일족이 모이기로 하였고, 올해의 유사는 자신이었기 때문에 성회에 관한 일을 상의하기 위해서 왔던 것이다.

그리고 며칠 후 김령은 도사都事가 현縣에 들어왔다는 소식을 들었

다. 저녁때 종형과 같이 현내縣內로 가니 유생 품관儒生品官들이 고강考
講하는 일 때문에 모두 모여들었다. 캄캄해지자 도사 김질간金質幹이
서원에서 왔다. 나와 평보 형 및 여희汝熙가 서로 만났다. 그런데 마침
그는 광산김씨였던 것이다. 서로 이야기를 나누면서 족파族派의 서차
를 따져보았더니 곧 김약시金若時의 먼 후손들이었다. 이렇게 반가울
수 없었다.

마침 김령과 친족들은 성회를 하기로 하였다. 김령은 고강을 주관하
기 위해서 고을에 들어온 도사 김질간에게 광산 김씨 일족이 봄가을로
모임을 개최하는 이유를 말하였다. 게다가 가까운 시일에 다시 모임을
열기로 하였다는 사실도 말해주었다. 그러자 도사도 일족 모임에 동참
하기로 하였다. 마침내 이야기가 고강에 관한 일에 미치자, 도사가 "예
천·봉화 출신자들의 고강이 아주 서툴렀다"라고 말하였다. 예안의 출
신자들이라고 예천이나 봉화 사람들에 비해서 월등하게 사정이 좋을
수는 없었을 것이다. 그렇지만 이들은 서로의 관계를 확인하였고, 밤
이 깊어 현 안의 촌가에 나가서 잤다. 친족들을 위한 모임은 이와 같은
방식으로 사회적인 기능을 함께 하였다.

이런 사정은 성회가 더욱 활성화 되는 데에 기여하였다. 참석이 미
진하였던 친족들이 일제히 성회에 참석하기 위해서 왔다. 김령과 친
족들은 밥을 먹은 뒤 하인을 인솔하여 물건과 집기를 가지고 개목다리
[犬項]의 참의參議 이지李遲의 집에 가서 일을 주관하기로 하였다. 지난
번에 그의 집 대청을 빌려 회의 장소로 사용했기 때문이다. 강을 접하
고 들을 굽어보는 경관이 아주 상쾌하였다.

여러 일족들이 다 당도하고 탁자를 배열하기도 전에 도사가 벌써 왔

다. 오후에 탁자를 들이고 도사와 상주 형이 서로 마주하여 앉고 여러 친족들이 늘어앉았다. 우리 유사 네 사람은 따로 앉았다가 먼저 나가서 술잔을 돌리니 일족들도 차례로 잔을 돌렸다. 한 성씨가 한 대청에서 모인 것이 스물일곱 사람이나 되니 정말 보기 드문 성대한 거사였다. 책에다 이름을 기록하니 도사도 명록名錄을 베꼈다. 밤이 되어 도사가 관반官盤을 올리라고 명하고 술을 돌려 답례했다. 밤이 깊도록 즐겁게 놀고 자리가 끝났다. 지난번의 일족 모임을 생각하면 서로 비교할 수 없을 만큼 성대한 규모로 성회가 이루어졌다.

친족과 관계가 현실 사회에서 작용하게 되었던 경험은 특히 전쟁과 같은 위기 상황에서 더욱 절실하게 다가왔다. 이런 경험 경상도 사대부들 사이에서 잊을 수 없는 일이었다. 전쟁을 겪던 시기에 경상도 상주에 살았던 사대부 조정趙靖(1555~1636)의 경우에서도 볼 수 있다.

조정은 본관이 풍양이고 자는 안중, 호는 검간黔澗이다. 경상도 상주 장천에 살았다. 1599년 천거로 참봉이 되었고, 1605년 문과에 급제하였다. 그의 선대는 상주에 살았다고 하지만 명확하게 알 수 없고, 할아버지가 상주로 내려왔다고 하였다. 조정은 18세가 되던 1572년 혼인하였는데, 아내는 경상도 안동에 거주하는 의성김씨 김극일 金克一(1522~1585)의 딸이었다. 이런 관계에서 조정은 김성일金誠一(1538~1593)의 문하에서 공부하였다.

조정의 처가는 안동 내앞이었다. 처부 김극일은 선조 조에 문과에 급제하였고, 집안에서도 맏이로 중심에 있었다. 김극일의 사위가 되면서 조정은 처가의 경제적 기반과 사회적 관계를 그대로 가지게 되었다. 그런 조정이 전란에서 경험한 현실은 참담하기 이를 데 없었다. 조정은 의병을 모아 왜적에게 빼앗긴 자신의 기반을 회복하고, 훼손된 국가 가치를 재건하는 데에 나섰다. 상주에서 사대부들이 모여 의병을 조직하였다. 의병이 처음인 사람들이었고, 조직이 원활하기 운영되기 어려운 사정이었다.

조정은 전쟁이 발생하고 며칠 후에 처숙부 김성일이 초유사가 되어 경상도에 내려온다는 소식을 들었다. 이제 조정은 본격적으로 활동을 하기 위해서 나섰다. 조정이 의병 활동을 하는 데에 처가의 관계는 중요하게 작동하였다. 의병활동을 본격적으로 하려는 때에 함창현감이 제동을 걸어왔다. 조정을 비롯한 사대부들의 역할을 폄훼하고, 모함하는 일이 벌어졌다. 조정과 상주의 사대부들은 이 일을 초유사 김성일에게 가서 의논하고 해결하기로 하였다. 그 역할은 조정이 담당하였다.

이른 아침에 들어가 방백方伯을 뵙고 이어서 시무時務를 의논하였다. 방백도 의병이 왜적을 토벌하는데 공이 있다는 것을 알고 의병 모집을 힘써 권하였다. 마침내 정경세鄭經世, 권경호權景虎, 신담申譚을 각각 상주尙州, 함창咸昌, 문경聞慶 세 고을의 소모관召募官으로 삼아서 관병官兵에 구애받지 말고 아울러 모집하도록 하였다. 또 전령傳令을 보내어 상주는 군량미 50섬石, 활 10장丈, 장전長箭과 편전片箭 각각 20부部를, 함창은 군량미 20섬을, 문경은 군량미 20섬과 활·화살은 모두 상주와 동일하게 하여 의병소義兵所에 제급題給하게 하고, 본영本營에 소장된 활 3장, 장전과 편전 총 10부, 총통銃筒 7부, 능철菱鐵 500개介, 철환鐵丸 500개를 보내 주었다. 아침 식사를 한 뒤에 작별 인사를 하고 나왔으나 개인사정으로 인하여 출발하지 못하였다. 거창 현감居昌縣監 정삼변鄭三變과 도사都事 김영남金穎男이 모두 진영陣營으로부터 들어왔다는 소식을 들었다. 정군鄭君과 김군金君은 모두 전부터 알던 사람들이라서 즉시 가서 만나보았다. 김공金公은 담력과 지략을 지녀 전란이 일어난 뒤에 특별히 관찰사의 막하幕下에 선발되었는데 이곳에 와서 여러 차례 왜적의 칼날을 맞닥뜨렸지만 다행히 해를 면하였다고 한다. 저녁에 조공曹公 조윤지曹胤祉와 침류정枕流亭에 함께 묵었다. 조공은 상주 목사尚州牧使와 오촌五寸 간이라고 한다. 며칠 동안 이야기를 나눌 적에 상주 목사의 잘못을 솔직하게 말하였으니, "도와주는 이가 적어 친척까지 배신한다."라는 말이 어찌 사실이 아니겠는가. 방백도 조공曹公을 통하여 상주 목사의 일을 상세히 들었기 때문에 매우 분개하고 미워하였다.[81]

조정은 아내의 숙부인 김성일과 논의하였다. 그동안 의병을 조직해서 활동하는 가운데 있었던 일들을 이야기 하였다. 그리고 함창 수령으로 인해 발생한 문제들도 소상하게 말하였다. 김성일은 무기와 군량을 의병소에 지급해 주었다. 그리고 조정은 돌아오는 상주로 돌아오는 길에 나섰다. 전쟁을 겪으면서 이들의 경험은 혼인과 가족의 역할, 친족의 관계가 보다 현실적으로 작동하는 것을 절감하는 기회가 되었다.

손처눌孫處訥(1553~1634)은 대구에 살았다. 임진왜란이 일어났을 때 손처눌은 40세를 넘긴 나이였고, 아내와 자식들과 함께 힘들게 전쟁을 겪어 내었다. 손처눌의 친족들은 대구와 경상도 영천에 살고 있었다. 손처눌의 고모는 손처눌의 조부 손치운의 3남 3녀 중 맏딸로 영천에 사는 정세아鄭世雅와 혼인하였다. 손처눌은 정세아와 일상적으로 학문을 논의하고, 부모의 제사를 함께 모셨다. 부모가 모두 부재한 사정에서 손처눌에게 그 역할을 대신 한 것이 바로 고모 내외였다.

전란으로 집이 위태로워지자 정세아는 처부모의 신주를 자신의 집으로 옮겨갔고, 안정을 찾은 후에 황청동黃靑洞으로 다시 옮겨왔다.[82] 정세아는 처부모의 제사에 성실하게 참석하였고, 시사와 묘사에도 자신이 직접 참여하거나 그렇지 못하면 아들을 대신 보냈다.[83] 자신은 물론 아들까지 사정이 허락하지 않은 경우에는 심부름꾼을 보내서 제사를 돕도록 하였다.[84] 정세아는 처부모의 제사를 비롯하여 처가의 시사와 묘사에도 참여하는 것으로 자신의 역할을 성실하게 수행하였다.

이런 관계는 손처눌 세대에도 이어졌다. 손처눌의 동생 손처약孫處約(1556~1618)은 조부모와 선친의 산소에 성묘하는 데 사위를 참여하도록 하였다.

> 한낮에 할아버지와 선친의 산소에 성묘를 하였다. 희로가 두 사위를 데리고 와서 참석하였다.[85]

손처약은 두 사위를 데리고 선조의 성묘에 참여하는 것은 물론이고, 일상적으로 외손 자녀를 양육하고 보살폈다. 손처약의 사위 이사수李士綏는 처가의 기반에서 생활하고 있었다. 그러던 가운데 아이가 아팠고, 위독한 지경에 이르렀다. 손처약은 외손자를 살리기 위해 손처눌에게 도움을 요청하였지만 결국 구해 내지 못하였다. 손처약은 외손자를 선친의 묘소 곁에 묻었다.[86] 자식을 사랑하는 마음에 내외손이 차이가 없었다. 자손들 역시 이런 마음으로 선조를 대하였다. 정세아가 처부모의 신주를 모셔 피란하고, 제사에 성실하게 참여하는 것이 이런 마음이었다. 또 손처눌이 처부모의 제사에 앞서 재계하고 제사를 모시는 것 역시 같은 마음이었다. 지금 우리가 17세기의 가족 질서에 대하여 내외 친족으로 구분하고 차별하는 것으로 인식하는 것은 어쩌면 당시의 실상과 거리가 있는 듯하다.

이런 일상적인 관계는 손처눌의 증조부의 자손들 사이에서 확인할 수 있었다. 손처눌이 기제사를 언급한 선조 역시 증조까지였고, 참여하는 사람들은 증조부의 자손들이었다. 물론 조부모의 제사는 조부모의 자녀들이 참석하였고, 이를 넘어서는 범위에서는 참여하는 경우가 없었다. 그렇다면 증조부의 자손, 즉 6촌의 범위를 넘어서는 친족들은 어떤 방식으로 관계를 맺었을까? 여기서 친족 조직이 확인된다. 그들은 친족 조직을 통해서 관계를 도모하였다. 손처눌의 친족 모임은 1600년부터 시작되는 일기의 앞부분부터 확인할 수 있다.

> 현내縣內 종숙 집에서 일족 모임을 열었다. 민충국閔忠國, 서사선徐思選, 민겸閔謙, 이원생李元生 등 여러 친구들이 마침 와서 참석하였다.[87]

이날 손처눌은 현내에 있는 종숙의 집에서 일족이 모임[族會]을 하였다. 족회의 구성원을 모두 밝히지는 않았으나, 이때 모인 일족은 내외 친족을 모두 포함하는 것이었다. 일족 모임에는 친구들도 와서 함께하였다. 내외 친족이 함께 하는 족회는 당연한 것이었다. 손처눌과 친족들은 가끔 일족의 모임을 진행하였다.[88] 그러나 정기적으로 모임을 이어가지는 못하였다. 시간이 흘러 오랜만에 용천사에서 일족이 모였다.

> 사당에 참배하였다. 용천사湧泉寺로 갔다. (친족모임에 관한 일 때문이다.) 희로

希魯와 사수士緩가 동행하였다. 수암燧巖에서 잠깐 쉬었는데, 계곡 연못의 승경이 옛날의 모습과 다르지 않았다. 절구 두 수를 읊었다. 이목점梨木店을 지나며 마음이 몹시 좋지 않아서 절구시 「설루雪淚」 한 수를 지었다. (난리 때 이곳에 우거하며 자녀를 여럿 잃었다.) 정대촌亭臺村에 들어가 말먹이를 먹였다. 얼마 있다가 저물녘에 절에 투숙하였는데 찰방 고모부께서 나보다 먼저 와 계셨다. 손흠중孫欽仲·손이민孫而敏·손회지孫會之와 박경화朴景華(외족外族이다)가 가장 뒤에 왔다.[89]

손처눌은 1612년에 용천사에서 친족들과 두루 모였다. 그는 아침에 사당에 참배하고 용천사로 향하여 저물녘에 도착하였다. 용천사에 갔더니 고모부가 먼저 도착해 있었다. 손흠중과 손이민, 손회지 등의 동성 친족들이 와 있었고, 외족 박경화도 함께하였다. 오랜만에 일족이 두루 모였고, 이날 손처눌은 예전의 정취를 생각하면서 시를 남겼다. 손처눌은 오래전 모임을 기억하면서 감회에 젖었다. 같은 공간이지만 많은 것이 변해 있었다. 전쟁이라는 극한의 경험을 하면서 이들에게 가족과 친족은 더욱 절실한 대상이 되었다. 이것은 비단 손처눌의 감정은 아니었다. 전란을 경험한 이들에게 가족과 친족은 무엇보다 소중한 존재였다.

장현광의 생각에서 이후의 사정을 짐작할 수 있는 부분이 있다. 다음은 장현광이 1600년경 족계를 중수하고 만든 규약이다.

1. 우리 계는 처음에 다만 동성 사람들만을 가지고 만들었으나 지금은 비록 소원한 타성他姓이라도 만약 우리 장씨 족보와 연관이 있으면 모두 들

어오게 하였다. 이는 또한 선대의 은혜를 미루어 화목하는 도를 넓힌 것이니, 선대의 입장에서 본다면 사랑하는 정이 내외손內外孫의 간격이 있겠는가. 사람들은 아들과 딸을 두지 않은 이가 없으니, 그 심정을 가지고 우리 선대의 마음을 체득한다면 이를 상상하여 알 수 있을 것이다. 그렇다면 계중에서는 마땅히 동성同姓과 이성異姓을 구별하지 말고 서로 후하게 대하는 의는 간격이 없어야 할 것이다. 다만 선조를 추모하는 등의 일은 동성의 입장에 있는 자가 반드시 스스로 그 정성을 다하여야 할 것이다.[90]

장현광張顯光1(554~1637)은 손처눌의 외가 일족이었고, 나이는 한 해 차이였다. 손처눌의 스승인 정구의 조카사위였다. 여러 지점에서 손처눌과 긴밀한 관계에 있던 사람이었다. 이런 장현광은 전란을 겪은 후에 부친이 조직한 족계를 새롭게 정리하였다. 이전과 비교해서 가장 큰 변화는 선대에 만든 계는 동성同姓을 대상으로 하였지만, 이때 장현광은 "사랑하는 정이 내외손에 차이가 있겠는가"고 하고서 동성과 이성을 함께 구성한 점이었다. 장현광의 이야기는 어쩌면 현실적이고, 무엇보다 근원적인 문제 제기였다.

피란 생활을 생각해 보면, 생존을 위해 결속하는 데에는 내외손의 구분은 의미가 없었다. 내외손을 넘어서 혈족의 본질을 강조하는 것은 당연해 보인다. 대체로 17세기 후반 이후 부계 친족 질서가 강화되는 것으로 설명하고 있다. 이런 변화의 주요 동인을 '성리학의 자기화' 혹은 '유교적 변환'으로 설명한다.[91] 16세기 중반 이후에 지식인들 사이에서 부각되었던 '성리학의 자기화'의 움직임은 전란을 겪고, 생존을 위한 새로운 방안을 모색하였다. 그것은 안정적인 생존을 위해 내외손을 포괄하는 친족 관계를 지향한 것으로 보인다.

이것은 손처눌의 일상에서부터 볼 수 있다. 손처눌과 그 일족 역시 친족의 모임에 내외 친족이 함께하였고, 족보를 수정하는 일 또한 이들과 함께 논의하였다. 손처눌이 영천에 살고 있는 고모 내외와 매우 긴밀한 관계에 있던 것은 단지 정서적인 차원을 넘어서 그들이 인식하는 가족 질서의 중요한 구성원으로 인식하고 있다는 것을 보여 준다. 이런 일상적인 관계는 친족의 모임이나 족보에 반영되게 마련이었다. 손처눌과 그 친족들이 용천사에서 모인 이유는 족보를 논의하기 위한 것이었다.

낮부터 비가 내려서 밤새도록 내렸다. 아침에 족보를 수정하였는데 마치지는 못하였다. 낮에 비로소 술을 마시면서 이야기를 나누었다. 각각 술잔을 주고받으며 오언율시 한 수와 절구 두 수를 읊었다.[92]

그러나 여러 감회에 젖어 있다가 족보를 수정하는 일은 마무리하지 못하였다. 다시 모이면 될 일이었다. 다음 날 종일 비가 내렸다. 산사의 술로 추로주秋露酒를 마련하였다. 봄비가 내리는 오래된 사찰은 아름다운 흥취를 자아내고, 친한 이를 친히 대하며 정답게 회포를 푸니 즐거운 마음이 어떠하겠는가라고 하면서 절구 한 수를 읊었다.[93] 이것으로 용천사의 모임을 마무리하였다. 일상에서 마주하던 고모부였고, 외족이었다. 그러나 이런 모임을 통해서 다시 한 번 서로의 관계를 인식하는 계기가 되었다. 이들이 인식하는 친족의 관계는 친한 이를 친하게 대하는 것이었다.

변화의 의미

조선시대 가족 질서의 변화에 전쟁의 영향은 크게 작동하였다. 조선은 1592년 왜란이 발생할 때부터 약 8년 동안 전쟁의 상황에 놓여 있었다. 특히 경상도는 전쟁의 참상을 고스란히 겪었고, 지속적으로 영향을 받았던 지역이다. 왜란에서 주요한 전투는 모두 경상도에서 있었으며, 전쟁이 소강상태에 있을 때에도 왜적은 경상도 일대에 머물러 있었다. 전쟁이 완전히 끝이 난 후, 조선 사람들이 간신히 일상을 회복할 즈음에 다시 호란이 연이어 일어났다. 호란은 짧은 기간에 끝났지만, 그로 인해 북방의 불안과 위협은 일상생활에 지속적으로 깊은 영향을 미쳤다. 세금의 양은 많아졌고, 군역의 부담은 더욱 커졌으며, 무엇보다 가족의 일상을 위협하였다. 재상의 딸들과 혼인하겠다는 청나라의 요청이나, 처녀를 데려가서 시녀로 삼겠다는 등의 요구는 혼인과 가족의 생활방식을 바꾸는 데에 크게 작용하였다.

이 글에서는 17세기 전반 전쟁을 겪으면서 혼인 방식이 변화하는 양상을 검토해 보았다. 주목할 만한 지점은 다음과 같다. 첫째, 혼인이 크게 증가하였다. 김광계 집안의 경우를 보면, 1607년 연말에 한 달을 사이에 두고 남매가 혼인하는 경우도 있었다. 친족들이 집단적으로 거주하는 마을에서 두 달 사이에 네 건의 혼인이 있었다. 당시 사대부는 지금과 같이 혼인이 성행한 경우는 과거에 없었다며, 세상의 변고라고 기록하였다. 분명 김광계 집안의 경우는 그들만의 특별한 사례가 아니라고 할 수 있다.

둘째, 성행하는 혼인으로 혼인 연령이 낮아졌다. 18세기 혼인 연령을 정리한 연구에 따르면 상층 여성의 평균 초혼 연령은 17.8세이고, 부부의 연령차는 평균 1세라고 하였다. 이를 고려해서 17세기 전반을 보면, 이 시기 혼인 연령이 매우 낮아진 경향을 볼 수 있다. 김광계 집안의 경우 16~17세에 혼인하는 경우가 많았다. 특히, 호란이 끝나고 청나라에서 조선의 조정에 혼인과 시녀를 요구하던 1637년 겨울, 당시 사대부들은 서울에서는 12~13세가 되면 모두 혼인을 한다고 하니, 세상의 변괴라고 기록하였다. 이것은 서울 사람들만의 문제는 아니었다. 각 지역에서 혼인이 성행하였고, 혼인 연령은 더욱 낮아졌다.

셋째, 혼례 절차가 간소해졌다. 일찍 혼례를 하다 보니, 남성의 경우 관례는 혼례를 할 때 함께하는 경향이 있었다. 혼례를 신부의 집에서 하던 기존의 풍속은 유지되면서, 납폐례와 교배례를 하루에 진행하는 방식이 자리를 잡았다. 혼례를 논의하는 기간이 길어지고, 납폐와 교배례를 각기 진행하면 그사이에 변고가 발생할 수 있다고 여겼다. 잦은 전쟁으로 인해 나타나는 불안이 의례에 반영된 것으로 볼 수 있다.

넷째, 신부의 집에서 혼례를 한 후에 신부가 신행을 오기까지의 기간이 단축되고, 신부를 맞이하는 절차가 간소해졌다. 대략 혼례를 한 후에 신부가 신행을 오기까지 기간은 약 2년이었다. 그러나 전쟁을 겪으면서 신행을 빨리 가는 경향을 보였다. 결국 혼례를 한 후에 부부의 분리 거주 기간이 이전 시기보다 단축되었고, 남편의 기반을 중심으로 생활하는 경향을 보이게 되었다. 이런 변화는 이후 경상도 사대부의 거주지가 점차 동성 친족이 중심이 되는 구성으로 변화해 가는 단서가 되었다.

이 글은 조선시대 가족의 구성과 친족 구조의 변화 경향을 정리해 보고자 하였다. 조선 국가는 처음부터 성리학에 기반해서 국가의 운영 방식을 설계하고, 『가례』에 의거해서 일상생활의 규범을 마련하였다. 그러나 『가례』를 실천해야 한다는 관념만으로 일상의 변화를 이끌어 내기는 어려운 일이었다. 이에 대해 성리학의 이해가 깊어지면서 실천으로 이어졌다는 기존의 설명은 한계가 있다고 생각하였다. 이에 16세기 후반에서 17세기 전반에 걸친 전쟁이 가족의 일상을 변화시키는 데에 보다 직접적으로 영향을 주었을 것으로 상정하고 논의를 전개하였다. 이후 관념과 물질적 토대가 상호 작용을 하면서 18세기 이후 조선의 가족 및 친족 질서를 만들어갔던 것이 아닌가 한다.

참고문헌

『인조실록』

이황, 『퇴계집』

김해, 『향병일기』

김령, 『계암일록』

김광계, 『매원일기』

장흥효, 『경당일기』

손처눌, 『모당일기』

이상정, 『대산집』

이수건, 『영남사림파의 형성』, 영남대출판부, 1979.

이태진, 『조선유교사회사론』, 지식산업사, 1989.

_____, 『한국사회사연구』, 일조각, 1989.

이수건, 『영남사림파의 형성과 전개』, 일조각, 1995.

장병인, 『조선 전기 혼인제와 성차별』, 일지사, 1997.

김성우, 『조선 중기 국가와 사족』, 역사비평사, 2001.

정재훈, 『조선 전기 유교정치사상 연구』, 태학사, 2005.

박영택, 『가족을 그리다』, 바다출판사, 2009.

마크 피터슨, 『유교사회의 창출』, 일조각, 2000.

정준모, 『한국미술, 전쟁을 그리다』, 마로니에북스, 2014.

권헌익, 『전쟁과 가족』, 창비, 2020.

마르티나 도이힐러,『한국사회의 유교적 변환』, 아카넷, 2003.

최재석,「17세기 친족구조의 변화」,『한국고대사연구』, 일지사, 1984.

고영진,「15·16세기 주자가례의 시행과 그 의의」,『한국사론』21, 1989.

이수건,「조선 전기의 사회변동과 상속제도」,『한국친족제도연구』, 일조각1992.

이승연,「조선조에 있어서『주자가례』의 '절대성'과 그 '변용'의 논리」,『한국의 철학』20,
    1992.

최재석,「조선 중기 가족·친족제의 재구조화」,『한국의 사회와 문화』21, 1993.

정긍식,「『묵재일기』에 나타난 기제사의 실태」,『법제연구』16, 1999.

김경숙,「16세기 사대부 집안의 제사설행과 그 성격-이문건의 '묵재일기'를 중심으
    로-」,『한국학보』98, 2000.

임민혁,「주자가례를 통해 본 조선의 예치」,『정신문화연구』80, 2000.

김건태,「18세기 초혼과 재혼의 사회사」,『역사와 현실』51, 2004.

김명자,「『溪巖日錄』을 통해 본 17세기 전반 祭祀의 실태와 그 특징」,『안동사학』9·10,
    2005.

박현순,「16~17세기 예안현 사족사회 연구」, 서울대 박사학위논문, 2006.

장동우,「조선 후기 가례담론의 등장배경과 지역적 특색」,『국학연구』13, 2008.

최진덕,「주자학과『주자가례』」,『국학연구』16, 2010.

이승연,「조선에 있어서 주자 종법 사상의 계승과 변용-'시제時祭'와 '묘제墓祭'를 중심으
    로-」,『국학연구』19, 2011.

우인수,「17세기 초 경당 장흥효 가문의 제사 관행」,『국학연구』21, 2012.

김정운,「17세기 경상도 사족의 혼례 방식」,『한국사상사학』56, 2017.

_____,「조정趙靖(1555~1636)의 일기를 통해 본 전쟁 속 일상과 가족」,『영남학』76, 2021.

1 『주자가례朱子家禮』의 보급과 시행에 대해서는 다음 논문을 참고하였다. 고영진, 「15·16세기 주자가례의 시행과 그 의의」, 『한국사론』 21, 1989; 이승연, 「조선조에 있어서 『주자가례』의 '절대성'과 그 '변용'의 논리」, 『한국의 철학』 20, 1992; 임민혁, 「주자가례를 통해 본 조선의 예치」, 『정신문화연구』 80, 2000; 최진덕, 「주자학과 『주자가례』」, 『국학연구』 16, 2010; 이승연, 「조선에 있어서 주자 종법 사상의 계승과 변용-'시제時祭'와 '묘제墓祭'를 중심으로-」, 『국학연구』 19, 2011.

2 사족층의 성장은 16세기 조선 사회의 변화를 가져온 주요 배경으로 인식하였다(이수건, 『영남사림파의 형성』, 영남대출판부, 1979; 이태진, 『조선유교사회사론』, 지식산업사, 1989; 이태진, 『한국사회사연구』, 일조각, 1989; 이수건, 『영남사림파의 형성과 전개』, 일조각, 1995), 나아가 16~17세기는 사족 주도의 향촌질서가 성립한 것으로 본다(김인걸, 『조선 후기 향촌사회 변동에 관한 연구』, 서울대박사학위논문, 1991). 사족에 대한 개념은 다음 논문을 참고하였다(박현순, 「16~17세기 예안현 사족사회 연구」, 서울대박사학위논문, 2006; 김성우, 『조선 중기 국가와 사족』, 역사비평사, 2001).

3 정재훈, 『조선전기 유교정치사상 연구』, 태학사, 2005.

4 최재석, 「17세기 친족구조의 변화」, 『한국고대사연구』, 일지사, 1984; 최재석, 「조선 중기 가족·친족제의 재구조화」, 『한국의 사회와 문화』 21, 1993; 이수건, 「조선 전기의 사회변동과 상속제도」, 『한국친족제도연구』, 일조각, 1992.

5 마크 피터슨, 『유교사회의 창출』, 일조각, 2000; 마르티나 도이힐러, 『한국사회의 유교적 변환』, 아카넷, 2003.

6 장동우, 「조선 후기 가례담론의 등장배경과 지역적 특색」, 『국학연구』 13, 2008.

7 김정운, 「17세기 경상도 사족의 혼례 방식」, 『한국사상사학』 56, 2017.

8 이상정, 『대산집』 권42, "藝文館檢閱贈弘文館修撰近始齋金先生行狀."

9 金光繼, 『梅園日記』 1607년 11월 12일 行禮, "洞親皆來見, 繞客則李橫城及城主李和叔, 主繞則堤川大父靑松叔侍生員叔侍也. 城主卽去, 橫城夜半馳去"(국사편찬위원회 한국사료총서 43, 『鄕兵日記·梅園日記』, 2000; 한국국학진흥원, 『국역 매원일기』, 2018).

10 김건태, 「18세기 초혼과 재혼의 사회사」, 『역사와 현실』 51, 2004, 204쪽.

11 金光繼, 『梅園日記』 1607년 12월 10일, "以岳弟定婚于李民弘家, 而以十九日爲期, 卽來于家, 堤川大父則已往伊溪矣, 朴上舍敦復, 以捉婢事來家, 多有不協意事, 怒形於色, 可笑, 朴也夜宿堤川宅."

12 『經國大典』 「禮典」 "婚嫁, 男年十五, 女年十四, 方許婚嫁子女年滿十三歲, 許議婚, 若兩家父母中一人有宿疾或年滿五十而子女年十二以上者, 告官婚嫁."

13 『家禮』 「昏禮」 "男子年十六至三十, 女子年十四至二十."

14 金坽, 『溪巖日錄』 1607년 11월 8일, "朝起視之. 雪下數寸許矣. 冬來常早. 至是始雪."

15 金坽, 『溪巖日錄』 1607년 11월 21일, "雪上寒甚. 房內爨酒等物. 亦氷矣. 食後往平甫兄家. 擇之已歸無有. 遂卽還. 膈鬱痰動. 冒寒之故歟."

16 金光繼, 『梅園日記』 1608년 1월 24일, "判事叔侍醮女, 洞親來會, 光業兄亦娶室, 食後卽往判事宅, 繞客則李義興柳德驪權仁甫也, 郞則權茂卿之子圭也."

17 金坽, 『溪巖日錄』 1607년 12월 16일, "日候如昨, 汝熙過. 是日助小許物于金一之家. 以昏近也. 夕庶叔及塘來. 平甫兄又至. 話于姊氏中房. 夜膈痰動."

18 金坽, 『溪巖日錄』 1608년 1월 23일, "雨. 河陽叔母小祥, 病未徃見. 明日判事兄迎壻, 略送助物."

19 金坽, 『溪巖日錄』 1608년 1월 24일, "曉雨下. 德優來告行-娶奉化柳-, 食後徃松石臺, 送其行. 以馬及二奴隨去. 又徃判事宅, 午寫笏記, 以士瞻爲贊者. 夕郞至. 乃權益昌茂卿之子, 名圭也. 李橫城庭檜, 權仁甫繞來. 是禮判事兄頗備物, 外姊金昌寧宅, 任參奉宅皆來."

20 金光繼, 『梅園日記』 1608년 1월 25일, "判事叔侍行退宴, 洞親皆來會, 蔡公父子亦參焉, 權仁甫亦參."

21 金坽, 『溪巖日錄』 1607년 12월 24일, "寒候稍減. 平甫兄過見. 昏娶之盛, 故老皆傳, 天順辛巳年與庚辰, 武擧對談. 今年昏嫁, 亦不下於辛巳, 亦世變也."

22 권헌익, 『전쟁과 가족』, 창비, 2020; 정준모, 『한국미술, 전쟁을 그리다』, 마로니에북스, 2014; 박영택, 『가족을 그리다』, 바다출판사, 2009.

23 金坽, 『溪巖日錄』 1621년 윤2월 22일, "陰而風. 蘆川人取衣樣而去. 兒子婚事定權守之家. 吾欲徐徐. 而彼甚汲汲. 亦知其天使之也."

24 金坽, 『溪巖日錄』 1633년 7월 15일, "晴. 朝尹監司正平書, 來自琴攬, 以韓都事家議婚事也. 韓京人, 近日避地提川. 其門闌內外赫然, 人物良善, 且有家法云."

25 金坽, 『溪巖日錄』 1633년 9월 16일, "晴. 尹方伯付書於李復善之來川城. 知韓都事欲牢定親事. 且欲兩家遣伻申約也."

26 金坽, 『溪巖日錄』 1633년 9월 28일, "晴. 以志以直來. 光述礎亦至. 而實暫來卽歸, 明將向醴泉也. 見堤守伯兒處書. 韓都事已牢定親事, 必欲此邊. 先遣人, 然後擇吉回報. 盖京俗舊例也."

27 金坽, 『溪巖日錄』 1633년 10월 6일, "晴. 遣申彦夫堤川, 以婚事申前約也."

28 金坽, 『溪巖日錄』 1633년 10월 15일, "晴. 朝兒輩行祭禮. 向晩許蓉柳時元二君至, 以議糾檢事也. 而實亦至. 因暮旋罷. 飮客數四盃. 入夜申彦夫始回. 盖仲二發堤. 比至豊. 留其姪家也. 見尹監司韓堤川諸公書, 及韓都事與尹監司書. 婚事已堅定. 但歲前欲先娶其子. 歲後欲嫁女, 吾則必欲於歲前, 歲後則第三兒又其次矣, 故以歲後爲遲也."

29 金坽, 『溪巖日錄』 1633년 10월 7일, "晴而寒. 食後見韓堤川必久與伯兒書. 初五日出也. 婚事韓都事復亂. 以處子之兄, 歲前娶婦, 過後可爲之. 疑其托辭也. 早知如此. 豈遣申彦夫也. 悔恨不淺."

30 金坽, 『溪巖日錄』 1636년 11월 25일, "次兒自十七八歲. 議親某家. 非一二處. 俱在可取. 而不卽定焉, 選擇頗甚. 到今思之. 亦吾之過也. 饒厚家比比有之. 而亦不入意. 推遷時月. 以至於此. 昏姻大事. 豈容人爲. 今此許家. 知其流寓寒寒. 而所取家世也. 其他不足計也."

31 金坽, 『溪巖日錄』 1636년 12월 1일, "昧爽. 地大震. 屋舍掀動如頹. 人皆驚懼. 俄再震. 變怪甚矣. 是日晴. 兒輩行祭禮祠堂. 龍人歸. 力疾作書."

32 金坽, 『溪巖日錄』 1636년 12월 5일, "京中擾擾. 以虜寇將有可憂也. 別擧殿試. 行于前月十九日. 用十三人. 俱是西人及小北. 而嶺南惟一人. 玄風金善英姓名也."

33 金坽, 『溪巖日錄』 1636년 12월 18일, "晴甚寒. 食後. 星人歸. 諸諸君會, 餉昏家酒饌. 汝熙德興德優而實光鐵光述皆已至. 以直至晏始來. 進卓行酒, 從容酬酢. 酒半金時翼, 又自金溪過. 連用巨盃. 比夜余起入內. 兒輩復飮諸客. 至于夜深. 是日. 以志以道及礎. 以會讀在易院. 餘人亦皆

有故. 夕猝聞女眞已到安州. 驚駭殊極. 前此寂然無聞. 胡其如是. 時事可知. 夜半始有軍兵招集
之令. 呼叫村閭. 蓋監司文帖, 戌時始到也."

34 金㙉, 『溪巖日錄』1637년 11월 12일, "晴而寒. 朝龍人來. 見李兄書. 龍咸等地. 以處子抄送瀋
    陽之說. 婚嫁紛紜. 唯恐不及. 李兄家圓簪. 春初置于此. 以龍宰求索, 仟人收去, 龍宰迎婿."

35 『인조실록』 1637년 11월 22일, 丙戌/上幸南別宮, "行翌日宴. 淸使等仍陳五件事. 其一, 向化
    刷還事也; 其二, 漢人執送事也; 其三, 被擄逃還者執送事也; 其四, 偸馬人推問事也; 其五, 戊
    午, 丁卯被擄人中, 以通事使喚, 而逃還者執送事也. 上以隨事曲副之意, 措辭以答之. 上還宮
    後, 淸使招館伴語之曰: '宰相子女婚媾事及侍女抄送事, 須速定奪以報'"云.

36 金㙉, 『溪巖日錄』 1637년 12월 19일, "近日京中婚嫁, 男女年十二三歲皆爲之, 誠亦世變也."

37 이상정, 『대산집』 권42, "藝文館檢閱贈弘文館修撰近始齋金先生行狀: (…) 尤好古禮, 儀禮禮
    記等書,反復參觀, 究極其要. 當時士大夫家有疑文變節, 咸就而質焉. 昏禮俗弊, 不行親迎之節,
    先生慨然行之. 告廟命壻之儀, 送女命戒之辭, 一用家禮, 鄕里歎服, 有慕而效之者. (…)"

38 『퇴계집』 권40, "書, 與安道孫 庚申: 昨日凡禮, 何以爲之? 敬迎爾相, 承我宗事, 勖率以敬, 先
    妣之嗣, 若則有常.' 對曰, '唯恐不堪, 不敢忘命.' 右醮禮之辭. 汝所聞知, 千萬戒之."

39 『명종실록』 권21, 1556년(명종 11) 10월 12일, 丁酉/以朴應男爲兵曹佐郞, "權紹爲安東大都
    護府使."

40 金㙉, 『溪巖日錄』 1607년 11월 12일, "朝德輿及㙉來, 爲見姊氏也. 以伯承家昏事, 依洞例送鷄
    酒, 又送巨口魚. 食後石夫奴還歸, 午往伯承家, 議寫笏記. 以士瞻定爲贊者, 交拜禮設位置以東
    西, 而取其便以南北爲向, 欲改造而未果, 可嘆. 夕新郎至. 卽宜寧宰李涵氏之子名時明也. 繞客
    則禮安宰安聃壽李樞檜新郞之兄李時淸也. 堤以氏座首兄平甫兄伯承接客"(국사편찬위원회
    한국사료총서 40, 『溪巖日錄』, 1997; 한국국학진흥원, 『국역 계암일록』, 2013).

41 金光繼, 『梅園日記』 1607년 11월 13일, "邀和叔入來, 與近夫兄行酒, 食後和叔去, 是日暫設
    酌, 洞親內外皆來會."

42 金光繼, 『梅園日記』 1607년 12월 27일, "晦叔向寧海, 今年多事不褁諸梅, 今日點檢, 則太半枯
    死, 亦可見吾性之迂踈也, 與以健往宿陵寺, 堤川大父已先至矣, 見尹生員義贊及尹東老."

43 金光繼, 『梅園日記』 1607년 12월 17일, "朴兄書納幣狀, 食後行冠禮, 洞親皆來會."

44 金光繼, 『梅園日記』 1607년 12월 18일, "曉發行, 與生員叔侍及權鶴瑞繞去, 秣馬于安東邑內,
    宿于柳兄家, 歷見全性之, 又往見南顯卿, 懇請繞去, 則南公暫諾."

45 金光繼, 『梅園日記』 1607년 12월 19일, "日晡到李家行禮, 李民宏三兄弟出待之, 夜久出下
    處."

46 金㙉, 『溪巖日錄』 1607년 12월 26일, "寒候如昨. 午後與判事生員二兄, 徃伯承家. 盖以直昨自
    贄家還, 贄家酒饌邀諸戚共之也. 續仲父子光運光夏皆會. 入內酌話. 來時, 暫見金以道, 夜臥氣
    似鬱."

47 金光繼, 『梅園日記』 1607년 12월 27일, "晦叔向寧海, 今年多事不褁諸梅, 今日點檢, 則太半枯
    死, 亦可見吾性之迂踈也, 與以健往宿陵寺, 堤川大父已先至矣, 見尹生員義贊及尹東老."

48 金光繼, 『梅園日記』 1608년 1월 7일, "食後往拜堤川大父, 晦叔自寧海來."

49 金光繼, 『梅園日記』 1608년 2월 7일, "柳兄去, 光岳亦往義城, 孝思暫過, 午後拜生員叔侍, 將
    入齋于黌舍, 歷見達吉, 暫問國恤, 而未知的傳與否, 乃入校, 執事皆來會."

50 張興孝, 『敬堂日記』 1616년 2월 24일, "行納幣禮. 告于祠堂. 壻俟于次, 告于祠堂."

51 金㙉, 『溪巖日錄』 1621년 3월 2일, "雨止而風. 兒子冠禮定于今月十九日."

52 金㙉, 『溪巖日錄』 1621년 3월 19일, "雨, 食後而實及㙉寫笏記, 子開 以志 汝熙 德輿三昆弟元

善 德遠 金時亮及碏老叔皆會, 洪啓亨亦在座, 午行冠禮, 以志爲賓, 元善爲贊, 三加禮畢告廟薦獻, 遂仍以禮實進盤行酒, 從容酬酢, 至夕皆醉, 是日以直自盈德至, 亦與會, 德遠乘晚歸, 以志 而實猶少住, 談話而散."

53　金坽,『溪巖日錄』1621년 4월 3일, "午告廟. 仍行醮禮. 諸公會者十六七人. 裴元善亦至. 曾以懇招也. 設水餔. 治行畢. 遂遣之. 護徃. 子開以志而實元善埊也."

54　金坽,『溪巖日錄』1622년 1월 10일, "寒甚, 食後諸親來焉, 與而實議定笏記, 遣邀仁甫, 元善 德遠于明明皆見許, 柯谷人來見, 守之令公書, 議贄幣及笏記也, 兒病猶未平, 大禮已迫, 不容進退, 而悶慮不須言, 洪啓亨兄弟至自川城, 榮川姊及泰之兄至, 第七甥伫侍行欣叙甚幸."

55　金坽,『溪巖日錄』1622년 1월 11일, "寒, 午後耀亨來自柯谷, 病後若不完復, 憂慮何能蹔弛, 日向暮, 新行猶未來望望, 而令其迎候昏黑乃至, 暗暗之中, 不辨如何, 于歸之行, 儘係重大, 胡如是其矢措也, 揆以事理, 甚爲未宜, 護行權擇之及安君景淹又有一人, 金時翼也, 余與全兄及汝熙 以志接客, 燭以後進卓, 迭相行酒夜深罷, 余入內以酒盤, 進仲姊行數盃."

56　金坽,『溪巖日錄』1622년 1월 12일, "晴, 食後女賓至焉, 午行新婦現禮, 次見諸親饋禮餉禮, 次第皆行, 進退之間, 致無愆失, 亦爲婉順, 殊可慰也."

57　김정운,「17세기 경상도 사족의 혼례 방식」,『韓國思想史學』56, 2017; 김정운,「18세기 경상도 사족의 혼례 방식」,『지역과 역사』44, 2019.

58　金坽,『溪巖日錄』1635년 9월 24일, "磏兄弟過, 星山李君與磏書, 言及許家婚事. 11월 15일 午後星山許家奴至, 盖許武及李君道章, 爲書于磏, 昏事已定, 娛得新郎四柱, 擇日定期, 第二兄婚事也, 令奴輩接其人."

59　金坽,『溪巖日錄』1635년 12월 12일, "午星山許家奴來報, 以昏期卜開月二十一日, 且要衣樣."

60　『仁祖實錄』권31, 인조13년 12월 9일, "中殿以大君之喪, 疾遂劇, 申時薨于産室廳."

61　金坽,『溪巖日錄』1635년 12월 16일, "卒聞國恤, 中殿初九日升遐也, 驚駭莫甚, 國葬前, 凡關吉事皆禁焉, 昏事未免差退, 又爲關念, 然早晩皆數也, 不須爲恨."

62　金坽,『溪巖日錄』1636년 11월 15일, "上京兒輩時未回, 念一昏期, 未免退行, 爲是靑山令, 明日徃星山. 16일 靑山徃星山. 盖婚期最近, 大事不可稽違也."

63　金坽,『溪巖日錄』1629년 3월 3일, "晴, 朝次先行禮于岑廟, 咸廟亦如之, 食後光鐵先至, 汝熙 而實及塘 塗繼至, 琴好謙 琴攬最後至, 余力疾詣西廂, 以而實爲賓, 午行冠禮告廟, 禮畢設饌行酒頗從容, 日候晴暖無風, 是亦一幸."

64　金坽,『溪巖日錄』1634년 5월 10일, "微雨旋止, 明日欲行時祀, 仍行第三兒耀章冠禮, 食後以志來, 午後而實承以志招至."

65　金坽,『溪巖日錄』1637년 11월 3일, "質明, 兒輩行家廟時祀, 柳奴歸, 昨三郎之請客也, 以志往雲岩未遇, 今復爲書以請, 午後雨, 以明日行禮爲具, 邇來牛肉絶無, 唯以鷄雉海魚而已."; 11월 4일, "晴復寒, 食後而實及光鐵述來, 汝熙及德興 以志 德優 琴好謙相次至, 其餘或有故或出外也, 午行三加, 以志爲賓, 琴君爲贊, 禮畢告廟, 仍行酌禮, 最後金時翼亦令來, 酒半余先出, 諸公從容, 年少輩則夜深始散云."

66　金坽,『溪巖日錄』1636년 11월 26일, "裁貼婚狀, 令龍金伊明早走玄風應男處, 措備糧糧, 盖一行人馬甚衆, 回粮可念, 豈可一一責出昏家哉."; 29일, "龍宮人來, 仲明兄內外, 爲次兒新行, 專人致訊, 食後汝熙德興德優以志以道以直及光鐵光述磏來, 而實又至, 光鐵書婚狀, 酒六行而罷, 向夕諸公歸."

67　金坽,『溪巖日錄』1636년 11월 30일, "早朝告廟後行熙禮, 次兒發行, 其兄護徃, 德興及而實兄

弟光鐵光述皆來見, 爲其冒寒飮之盃, 秋露和蜜浹治, 旣過爛熳, 仍成濫觴之愆, 多有可悔, 豈非後日之所當惕念者乎, 諸君並皆如泥, 而實光鐵最不省, 散後日已晡矣. 余素不能飮, 近來又只濡唇, 常所持警, 非不固矣, 一霈之間, 不知弛解, 人心操捨之機, 可不惧哉."

68 金坽, 『溪巖日錄』 1636년 12월 7일, "入夜國龍等諸奴, 回自星山, 見兒輩書, 知行禮無事, 且審新婦爲人, 甚爲慰喜, 下人供饋甚盛, 此則下道之風也, 婚日李道昌父子亦來見, 伯兒回時, 當歷義興矣."

69 金坽, 『溪巖日錄』 1636년 12월 19일, "晴甚寒. 編伍軍皆令西上. 一生奴母死. 數日時未埋. 而亦且行. 甚爲矜惻. 出身輩皆往. 向晩. 聞虜兵十四日入京城. 大駕急由水口門. 入南漢山城. 東宮往江華. 自義州至安州. 而全未知. 自安州至京. 尤出不意. 何其疾速如是. 中間必有撥卒傳通. 而亦至斷絶. 尤可恠. 午伯兒以其妻病之柯谷. 次兒之下里. ㅁ胡兵五百餘騎. 十四日結陣慕華館. 翌日入京城. 士民走避. 號哭塡塞街路. ㅁ諸邑守令. 領軍赴醴泉."

70 金坽, 『溪巖日錄』 1637년 1월 6일, "ㅁ江原軍又敗. 聞來駭甚. 西來避亂人. 在在充滿. 隣近諸處. 連絡不絶. 洪勗哉一家. 來于酉谷. 其仲女及末婿見失. 而金仁長妻亦不知存沒云 ㅁ軍粮四運. 頃往豊山. 而都事及巡察從事傳令. 復令. 由竹嶺. 各戶. 皆推還前去人等. ㅁ安東判官洪有炯. 大醉馬上欹傾. 身爲官守. 恬若平日. 其往溪上時. 此邑守亦爲盃盤. 不亦可駭. ㅁ江右之人. 皆已避出. 而近地隣境. 亦爲荷擔. 此間獨晏然不爲之計. 未知何如. 次兒明明間. 亦欲往星山. 歸其婦來."

71 金坽, 『溪巖日錄』 1637년 1월 9일, "明欲往星山挐家【時勢使然所不得已】來也."

72 金坽, 『溪巖日錄』 1637년 1월 10일, "晴而寒. 次兒往星山. 數奴二馬從."

73 金坽, 『溪巖日錄』 1637년 1월 17일, "昏黑. 次兒挐婦來. 時方亂離. 奚暇治禮節. 只見當身足矣."

74 金坽, 『溪巖日錄』 1637년 6월 13일, "朝家法令. 定服色及婚姻會器數. 可笑可笑."

75 金坽, 『溪巖日錄』 1637년 11월 6일, "琴攬來言. 姜家婚事. 飮之數盃."

76 金坽, 『溪巖日錄』 1638년 10월 1일, "大霧而晴, 兒輩先行外祖忌祭, 次行家廟參禮, 兼告昏事, 着盛服仍行醮禮, 食後命三郞新行, 耀亨及光述復往, 洪用甫向川城, 會于奉化, 亦護往焉, 是日德輿兄弟, 琴好謙及光鐵 光逸俱來見其行, 余暫見諸君, 令兒輩又出酒以謝焉. 流寓之家, 凡事知其凉薄, 而只現士族與爲婚, 人或以爲迂也."

77 『인조실록』 권44, 인조 21년(1643) 11월 16일, "(…) 喪紀, 人子之大倫 婚禮, 風化之攸基. 我國千載箕封, 百年聖作, 勑典敷敎, 化行俗美, 婚喪之禮, 視古無慙. 喪亂以後, 民風大壞, 禮俗都喪, 衰麻未變, 迎壻娶婦, 恬不知怪, 有識之家, 或未免焉, 習俗之移人, 可勝惜哉? 至有女子遭父母喪者, 脫衰變吉, 含哀合巹, 此則天理滅矣, 人道絶矣. 『禮』曰: '父母無期以上喪, 方可婚娶.' 請令禮官, 考禮定式, 其自今三年之內, 嫁女娶婦者, 論以不謹其喪之律, 處子冒喪成婚者, 主婚人削去仕版, 士人則永爲停擧, 其娶喪女者, 亦爲一體施行. (…)"

78 『계암일록』 1604년 3월 10일, "朝. 監辦壺榼. 與判事上舍二兄及汝熙大而以健庶叔父子. 同往鳳停寺. 盖壬寅春. 與義精輩. 共稟門長. 謀設姓會. 癸卯正月. 始會是寺. 至是又會于是. 歷路見權海美暐. 夕到寺. 金丈得硏及数三人先至. 景望丈又到. 同宿僧堂."

79 『계암일록』 1604년 3월 11일, "陰. 朝金仲熊金得碖二公亦到. 午晴. 序座佛堂. 遞以酒爲巡. 會者十八人. 烏川則判事兄平甫兄及光續光夏光實光輔庶叔及坵. 九潭則金得碖得砬得礒金伯熊仲熊金訒金光澍金晩吾. 金氏出自光山. 枝條甚蕃. 在光山及京城者. 不知幾何也. 在安禮近隣者. 又非曠邈. 各知世系枝泒. 而数三相知之外. 曾不一面者亦多. 相視如塗人. 豈非大欠. 爲此設玆會. 序天倫. 親親敦厚之誼. 自今日始. 眞美事也. 是日春晴日暖. 百花遍發. 命僧人揷花竹

于瓶. 紅綠相輝. 婆娑可爱. 各賦古風詩. 以記其事. 夕令衆僧. 擊鉦鼓而觀之. 夜花月正好."

80 "金得研丈及金光澍金暘秀來會. 終日醉話. 以叙天倫. 吳景虚亦來. 聞柳吉甫兄弟在浮屠殿. 豊山叔主及原城叔主偕往見之."

81 조정, 『임진일기』, 1592년 9월 1일 一日 陰 早朝 入拜方伯 仍論時務 方伯亦知義兵之有 於討賊 力勸召募 乃以鄭經世權景虎申譚 各爲 其本邑召募官 勿拘官兵 並許招募 且傳令尙州軍糧 米五十石 弓子十丈 長片箭各二十部 咸昌米二十石 聞慶米二十石 弓矢並如尙州 題給義兵所 本營所藏弓子三丈 長片箭並十部 銃筒七部 菱鐵 五百介 鐵丸五百介見遺矣 朝飯後拜辭而出 因私故 不得發行 聞主倅鄭三變 都事金穎男. 俱自陣所入來 兩君皆曾所知之人也 卽往相見 金公有膽略 亂後特選使幕 來此屢當賊鋒免害云 夕與曺公同宿枕流亭 曺於尙牧爲五寸之親云 而數日接話 深言尙牧之失 寡助親叛 豈不信然 方伯亦曺公 備聞尙牧事 故深有愼疾之意矣.

82 『모당일기』 1601년 1월 13일, "風寒. 陪 王考妣神主將行. 姑母夫以文祭餞告別. 姑母感口(淚)沾巾. 從弟鄭守藩偕奉行. 將夕入黄青洞. 暫行慰安祭."

83 『모당일기』 1601년 8월 24일, "淸. 行忌祀如儀. 鄭守藩歸答察訪叔氏及寧甫書. 昌山妹來."; 11월 28일 "致齋. 楊嘉甫從叔昆季及希魯同宿. 弟鄭守藩適來."; 29일, "行時享如儀. 朝後. 與徐行仲李可和. 共破饒餘. 夕朴敬甫全士希亦來."

84 『모당일기』 1601년 12월 13일, "寒. 致齋. 希魯楊(嘉)嘉甫來宿. 永陽使來."; 14일, "晴. 行忌祀如儀. 愼國弼來見."

85 『모당일기』 1601년 8월 15일, "淸. 午掃王父及先考墓. 希魯率二婿來參."

86 『모당일기』 1604년 9월 26일, "謁 先祠. 晴. 摘柿. 希魯來. 聞宇柱病革之奇."; 28일 "謁 先祠. 宇柱化去. 玉貌殊可惜可憐. 板未負送. 朝後出見. 夕還."; 29일, "謁 先祠. 宇柱埋于先考之側."

87 『모당일기』 1600년 3월 27일, "行族會于縣內從叔家. 閔忠國徐思選閔謙李元生諸友適來參."

88 『모당일기』 1606년 9월 14일, "參縣內族會. 讀朱書."

89 『모당일기』 1612년 1월 20일, "謁先祠. 向涌泉寺【族會事也】希魯士綏同行. 少憩燧巖. 石潤淵之勝. 不改舊面目也. 吟得二絶句. 過梨木店. 意思甚惡. 雪淚一絶【亂寓于此. 多喪子女.】入亭臺村. 秣馬少頃. 將夕投寺. 察訪叔先我矣. 孫狄仲而敏孫會之朴景華【外派】最後至."

90 장현광, 「족계중수서」(『여헌집』 권8, 序) "一. 吾契之初. 只就姓中爲之. 及今雖異姓疎遠. 若與張譜相連. 則皆入焉. 此亦推先世之恩. 廣睦婣之道也. 以先世視之. 慈情豈間於內外哉. 人莫不有子與女. 以其情而體吾先世之心. 則可以想矣. 然則契中當不分同異姓. 其相厚之義. 則宜無間然. 而但其追遠等事. 則在同姓者. 必須自盡其誠."

91 마르티나 도이힐러 저, 이훈상 역, 『한국 사회의 유교적 변환』, 아카넷, 2003; 권내현, 「조선 후기 부계 가족 · 친족의 확산과 몇 가지 문제」, 『韓國史學報』 62, 2016.

92 『모당일기』 1612년 1월 21일, "午雨終夜. 朝修族譜未畢. 午始酒話. 各酬淸杯. 吟得五言律一韻二絶句."

93 『모당일기』 1612년 1월 22일, "終雨. 以其山酒辦作秋露. 春雨古寺做得佳味. 穩序親親. 樂事如何. 吟得一絶."

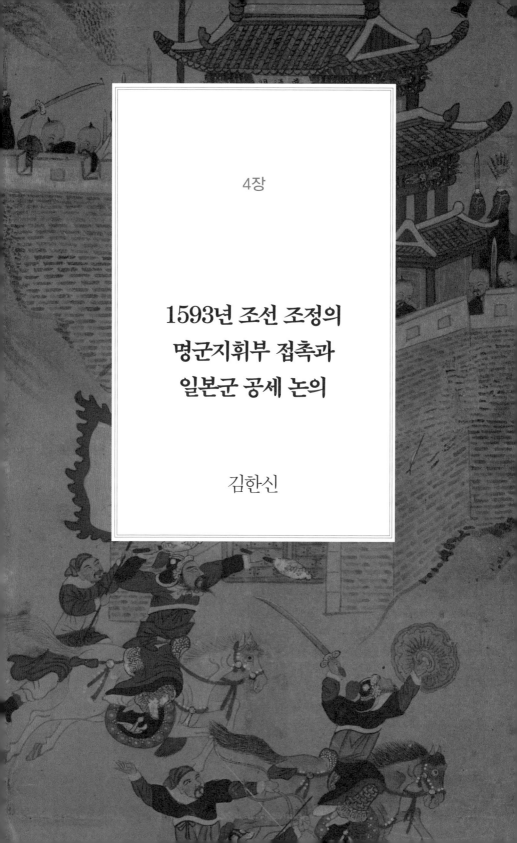

4장

1593년 조선 조정의
명군지휘부 접촉과
일본군 공세 논의

김한신

머리말

　임진전쟁 발발 직후 조선은 연전연패 속에서 조선 조정이 의주까지 파천播遷해야 했다. 일본군이 평양성까지 추격해 온 국면에서, 조선 조정에서는 국가의 운명이 존폐存廢의 기로에 서게 되었다. 1592년 5월이 되면서 조선의 남부 지역에서는 육상·연해에서 일본군의 후방을 교란하는 군사 활동이 전개되었다. 조선 조정은 이를 통해 반격 기회를 노리려 했으나 역부족이라는 한계가 있었다.

　수세에서 공세로 돌아서는 전쟁의 전환점은 명의 군사 지원에서부터 시작될 수 있었다. 당초 조선 조정에서는 요동 군사가 조선에 투입될 경우 조선의 민民에 끼칠 피해를 염려하여 명군 요청을 결단하지 못했다. 그러나 이덕형李德馨, 이항복李恒福 등의 계청啓請으로 명에 원군援軍을 요청하고 명에서 이를 전격 수용하여 조선에 군사를 투입했다. 1592년 7월 부총병 조승훈祖承訓의 평양성 공격은 실패했으나,

1593년 1월 제독 이여송은 평양성전투에서 승전하여 성을 수복할 수 있었다.

이후 조선 조정의 관심사는 명군과 함께 한성을 협공하여 수복하고 일본군을 조선에서 격퇴하는 것이었다. 1593년 1월 말 명군이 벽제관 전투에서 패전했으나, 조선 조정에서는 명군에 진격을 촉구했다. 그에 따라 조선 조정과 명군지휘부 사이의 견해 차가 확연히 드러날 수밖에 없었다. 경략經略 송응창宋應昌으로 대표되는 명군지휘부에서는 명군의 희생을 줄이면서 전쟁을 마무리지으려는 움직임을 보였다. 송응창은 일본군과의 교섭을 진지하게 고려하고 있었다. 송응창은 자신의 계획을 관철하기 위해 조선 조정과의 갈등도 마다하지 않았다.

이 시점의 전쟁 국면을 조선 조정의 입장에서 살펴본다면, 전쟁을 일으킨 일본을 징치하고 일본으로부터 분명한 항복을 받으려면 무력에 의한 제압이 선결되어야 했고, 이를 위해 명군과의 합세가 중요한 조건이었다. 조선 조정으로서는 명군의 협조가 불가결했는데, 명군지휘부를 어떻게 설득하느냐의 여부에 달려 있었다. 그야말로 조선 조정이 명군지휘부와 지속적으로 접촉하고 소통하려 했던 이유다. 1593년 내내 조선 조정에서 시도한 명군지휘부 접촉과 그 영향, 그 저변에서 확인되는 명군지휘부 인식, 그런 한편 그 반대편인 명군지휘부에서 지니고 있었던 조선 조정 인식 등이 고찰되어야 1594년 강화교섭講和交涉 국면으로 이어지는 전쟁의 전개가 선명히 드러난다.

지금까지의 연구에서는 1593년을 기점으로 하는 조선 조정과 명군지휘부의 관계를 다룬 연구가 몇 차례 제시되었다. 1593년 1월 27일 벽제관전투 이후 명군의 일방적인 후퇴와 강화교섭 진행을 다룬 연구가 있었고,[1] 명군지휘부와 일본군 지휘부의 한성 반환 교섭이 진행되면서 조선 조정이 소외되는 양상을 지적한 연구가 제시되었다.[2] 이와 관련하여 벽제관전투 이후 명군 내에서 일본군과 교섭을 진행하면서 전략이 수정되었고, 그 과정 속에서 조선 조정 내 주전론이 우세하고 명군지휘부와 갈등이 일어났다는 측면이 지적되기도 했다.[3] 명군지휘부의 교섭 진행과 조선 조정을 향한 강화講和 수용의 종용慫慂 그리고 조선 조정의 대응에 초점을 맞춘 연구가 이어졌다.[4]

기존의 연구에서는 1593년 뒤바뀐 전세 속에서 조선 조정과 명군 사이 관계에서 여러 측면이 지적되고 분석되었다. 그러나 이전의 연구 성과들에서 1593년 조선 조정의 명군지휘부 접촉 의사가 적극적으로 드러나지는 않았다. 앞서 언급했듯이 1593년 벽제관전투 이후 명군의 전략이 수정된 상황 속에서 조선 조정과 명군지휘부 양측의 갈등 양상이 두드러졌다. 어떠한 차원에서 양측의 갈등이 발생하고 심화되었는지를 이해하려면, 이 시점에서 양측의 상호 인식과 대화의 양상이 밝혀져야 한다. 특히 전쟁의 당사자인 조선 측의 입장과 교전 설득을 위해 조선에서 시도한 접촉의 실상을 중심으로 보아야 1594년 이후 조선의 강화교섭 참여와 그 배경, 강화교섭의 전체가 확연하게 떠오르는 것이다.

위와 같은 측면을 고려해 볼 때 1593년경 조선 조정의 명군지휘부 접촉 시도는 조선 조정의 초기 대응을 규명하는 주요한 단서다. 이 연구를 통해 전쟁 당사자이면서 열세였던 점, 명의 군사 지원을 받지 않을 수 없었던 사정, 1593년 절체절명絶體絶命의 위기에서 벗어나 이제 막 일본군을 격퇴하려는 계획을 구체적으로 고려하게 된 조선 조정의 상황과 그와 연결되는 전쟁 국면의 전개를 체계적으로 이해하는 데에 기여하리라고 기대한다.

평양 수복 이후 조선 조정의 명군지휘부 접촉 노력

1593년 4월 일본군의 한성 철수 이후 조선 조정의 공세론 주장

1593년 4월 이후 전쟁의 양상은 분명하게 예측하기 어려운 형세가 되었다. 같은 해 6월 일본군은 진주성을 공격, 함락했다. 일본군은 진주성을 넘어 구례, 곡성까지 전진했다가 부산·동래 일대로 후퇴했다.[5] 조선 조정에서는 일본군이 후퇴한 사실에 의아해했으나, 그 의도를 분명히 알기는 어려웠다.[6] 다만 일본군 진영을 정탐한 이들의 보고에 따르면 일본군은 군량과 병력을 보충하여 다음 해 혹은 적절한 시점에 재침을 시도할 것이라고 했고, 초기 공격 대상지는 대구 혹은 경주가 될 가능성이 컸다. 조선 조정의 입장에서 볼 때 일본군은 부산·동래·울산 등지에 주둔하며 다시 공격할 기회를 노리고 있는 것으로 판단했다.[7] 일본군 측에서 명군지휘부와 강화를 의논하고 있다고 하지만 조선 측에서는 이를 속임수로 보고 있었다. 일본이 명明과 강화교섭을 일정하게 진척하면 명군이 조선에서 철수할 것이고, 일본군은 이를 기회로 삼아 조선을 재침할 것이라는 예측이었다.[8]

조선 조정에서는 이 전쟁에서 명군의 적극적인 개입과 응징을 요구했다. 그러나 명군지휘부는 1593년 4월 일본군의 한성漢城 철수 이후 형세를 관망하는 태도가 우세해졌다. 진주성전투와 성의 함락 소식이 전해져 명군지휘부에서도 한때 긴장했으나 일본군이 부산 일대의 진영으로 돌아가는 것을 목격한 후 반격이 아닌 주둔과 수비에 초점을 맞추었다. 이여송李如松의 경우 조선 측 관원과 접견하여 진주성전투 시 일본군이 전라도를 침범한다고 해서 한성에서 용인龍仁까지 남하했다가 일본군이 부산의 진영으로 돌아갔다는 보고를 듣고 한성으로 되돌아왔다고 했다. 이여송은 진주성 함락에는 유감을 표했으나 일본군이 부산 진영으로 돌아간 이상, 더 이상 전진하는 것은 군량을 소모하는 일이 될 뿐이라는 의사를 보였다.[9] 이 시기 명군은 전쟁 국면을 유리하게 가져가되 인력의 희생과 물자의 소모를 어떻게 하면 줄일 수 있을지에 무게를 두고 있었다.

명군지휘부에서 일본군이 진주성을 넘어 전라도를 공격하지 않고 부산 진영으로 돌아간 사실에 주목한 반면, 조선 조정에서는 일본군이 진주를 공격한 사실과 다시 경주를 공격할 것이라고 성언聲言하는 데에 주의를 기울이고 있었다. 경주慶州 역시 1592년 일본군이 도성으로 전진할 때 죽령竹嶺과 연결되는 길목이었으므로[10] 한시도 경계를 늦출 수 없었다. 선조는, 일본군은 명군이 조선에 주둔하고 있는 동안 부산·동래 일대를 차지하고 있다가 적절한 기회를 보아 경주로 나아가려는 것이라고 판단했다.[11] 이미 일본군은 진주성을 함락한 바 있기 때문에 충분히 그럴 수 있다는 것이다. 비변사에서는 일본군이 조선에서 결코 떠날 뜻이 없으며, 진주성 공격 이후에 경주를 공격할 것이라고 큰소리를 치고 있다며 그전에 조선에서 선제공격할 것을 건의했다.[12]

조선 조정에서는 명군지휘부와 되도록 자주 접촉하고 명군으로부터 안정적인 지원을 확보하려 했다. 선조 등은 명군이 군사를 철수하여 명으로 돌아간다는 소식에 근심하고 명군지휘부를 설득하여 계속 주둔하도록 하는 방안을 고심했다.[13] 하지만 각 지역의 명군 주둔지에서 조선 측의 대우와 지대支待가 그리 후하지 못했다. 이는 갑작스런 전쟁으로 조선의 인력과 물자가 상당히 유실되었고, 그러한 상태에서 넉넉하게 동원하기 어려운 사정 때문이었다. 의도한 바는 아니었지만 결과적으로 명 장수들을 홀대한 셈이 되었다.

명군지휘부에서는 조선 측의 홀대와 함께 군사작전상의 무성의를 지적하기도 했다. 대구 일대에서 부총병 유정은 조선군 지휘관들이 자신과 충분히 상의하지 않고 떠나버리고 조선의 군사는 한 사람도 명군에 합류하지 않았다는 점을 지적했다. 부총병 유정 역시 조선의 장수들이 명의 도움을 받는 입장임에도 명 장수인 자신과 군사 문제를 상의하지 않거나 아예 소홀하기까지 하여 불만을 토로했던 것이다. 그는 조선군이 출전할 준비도 되어 있지 않고 대오隊伍 역시 미비하기 짝이 없어 일본군에 대항하기 어려울 것이라고 부정적으로 평가했다.[14]

조선 측의 미비未備한 군비軍備, 무성의해 보이는 협조 체계를 지적하는 한편, 명군지휘부에서는 점차적으로 조선 측의 열악한 사정을 파악하게 되었다. 조선군과 합세하여 일본군과 결전을 벌이기에는 조선의 전력이 너무 취약했다. 명군지휘부가 보기에 이러한 상황에서 일본군에 공세를 취한다면 대체로 명의 희생으로만 돌아갈 공산이 컸다. 이에 경략 송응창은 심유경, 사용재, 서일관 등을 일본군 진영으로 파견하여 본격적으로 강화를 진행하려는 의사를 보였다.[15] 심유경은 고니시 히다노카미[小西飛彈守] 등을 조선으로 데려와 경략 심유경에게 보이고 그다음 단계의 교섭을 진행하려 했다.[16]

이에 조선 조정에서는 일본이 교섭을 진행하려는 명군지휘부의 의도를 활용하여 재침의 기회를 엿볼 것이라고 예측했다. 조선 조정에서는 명군이 조선으로부터 철수하는 시점이 바로 변고가 발생할 시점이 될 것이라 우려했다. 영중추부사領中樞府事 심수경沈守慶 등은 경략 송응창과 제독 이여송에게 일본군이 떠나지 않는 이유를 깨닫게 해야 한다는 의견을 내놓기도 했다.[17] 이러한 의견을 모아 선조는 송응창에게 명군이 철수한다면 조선의 사정이 걱정스럽고 절박하다. 그러니 일본군을 힘으로 제압하여 쫓아내야 한다고 간청할 것을 지시했다.[18]

대체로 1593년 8월을 전후한 시점에서 경략 송응창은 강화교섭이 성사되어 일본군이 10월 중으로 조선에서 철수할 것이라고 낙관하는 분위기였다.[19] 송응창이 조선에서의 전쟁에서 우선순위로 생각하는 것은 전쟁을 종식하는 것이었다.[20] 그런데 전쟁을 종식하는 방법은 조선군과 합세하여 일본군에 총공세總攻勢를 가하는 것이 아니었다. 조선의 군사력, 보유한 군량 등을 볼 때 '합세合勢'하여 총공세를 벌일 여건이 될 수 없었다. 앞서 언급했듯이, 결국 총공세를 시작한다면 전력戰力의 운용이 모두 명군의 부담으로 귀결될 가능성이 컸고, 이는 조선의 전쟁에 깊이 관여하지 않는다는 애초 송응창의 구상構想[21]과는 어긋나는 것이었다. 1593년 들어와 송응창은 일본의 진정한 의도를 알게 되었고 전쟁의 방향을 두고 몇 차례 생각이 바뀌었으나, 여러 사정과 조건을 감안해 볼 때 최선의 방안을 강화교섭의 진행으로 정하였던 것이다.

따라서 송응창은 일본과의 강화교섭을 진행하여 전쟁을 끝내려 했고, 이에 방해되는 조선의 보고와 군사행동에 제약을 두려 했다.[22] 조선 조정에서는 송응창을 설득하여 일본이 속임수를 써서 명군을 조선에서 철수시키려는 것이라 이해시키려 했으나 별로 성공적이지 않았다. 이와 관련하여 조선 조정에서 명 조정에도 자문咨文 등 대외문서를 보내려 시도했으나 송응창에게 수차례 저지되었다. 조선 조정에서는 한동안 송응창의 문서 검열과 수정 요구에 불만을 가지면서도 그의 말에 따르거나 때로 편법으로 우회하는 방법을 썼다.[23]

1593년 7월을 전후로 하여 선조 등은 경략 송응창을 부정적으로 인식하기 시작했다. 송응창이 전진하지 않는 것은 겁을 먹었기 때문이라고 여기고,[24] 때로 송응창이 군사를 거느리고 일본군을 공격하겠다는 소식을 듣고 나서 '빈말[虛語]'이라고 단정했다.[25] 승문원에서는 조정 내에서 송응창의 사대문서事大文書 수정 및 삭제 요구에 이의를 표시했다. 승문원에서는 다음과 같이 문제의 심각성을 논하였다.

> 당초 주청사奏請使를 보내는 일은 실로 성려聖慮에서 나온 것으로서 오로지 진초進勦 한 가지 일을 위한 것이고 그 밖에 이리저리 생각하여 혹 다른 일도 언급하기는 하였으나 진초에 대한 뜻이 시종 일관되어 있으니 경략經略이 반드시 어떤 말과 구절들은 삭제하려 할 것입니다. (그에게) 전후 왕복한 것이 거의 4~5번이나 됩니다. 아무리 소국小國의 국서國書라고는 하지만 중간에서 저지받고 있는 것이 여기에까지 이르렀으니 사체事體가 어떻게 되는 것입니까.[26]

위의 인용문에서는 승문원에서 선조의 뜻[聖慮]에 따라 일본군 초멸剿滅에 관한 일로 명 황제에게 주청사를 보낼 것이며, 경략 송응창이 중간에서 주청사의 사대문서를 임의로 삭제할 것이라고 우려했다. 승문원에서는 지금까지 송응창 측에 4~5회 왕래하는 동안, 송응창이 조선의 국서 내용을 간섭하고 있다며 사체상事體上 부당하다고 선조에게 보고했다. 승문원에서는 송응창에게 국서를 매번 수정할 수 없다고 '신품申稟'할 것을 건의했고, 선조가 이를 재가했다.[27]

　1593년 조선 조정에서는 송응창의 인식이 점차 부정적으로 변하고 있었다. 선조가 일부러 안주로 나아가 경략 송응창을 접견하고 싶다는 사신을 보냈을 때 송응창은 "별로 만나볼 일이 없다. 일을 마치고 돌아갈 때 만나보는 것이 좋겠다"[28]고 대답하여 조선 조정에서는 그를 두고 스스로 벼슬이 높다고 여기고 있다며 곱지 못한 시선을 내보였다.[29] 더구나 송응창은 조선 조정을 두고 "국왕(선조)이 소인小人에게 농락을 당하고 있음을 깨닫지 못하고 장차 나라를 망치게 생겼"다고 하여 조선 조정에서는 경악하고 있었다.[30] 그 외에 "비록 적을 쳐서 평정한다고 해도 너희 군신君臣으로는 나라를 지키기 어렵다"[31]는 등의 발언을 하여 조선 조정에서는 송응창에게 모욕을 당하고 있다는 반감이 커지고 있었다.

조선 조정에서의 제독 이여송 인식과 접촉

　이 시기 조선 조정에서는 선조가 명군지휘부를 직접 접견하여 명군 철수 일정을 재고再考하도록 하고 일본군을 초멸해 줄 것을 요청하는 대책을 고려했다. 그러나 앞서 언급했듯이, 송응창과의 접견은 몇 가지 이유로 만나지 않는 쪽으로 방향이 잡혔다. 거기에는 선조와 송

응창이 서로의 성향상 잘 맞지 않는 까닭도 있었고 한성漢城으로 환도
還都해야 할 일정 때문에 접견 일정을 진행하기 어려운 점도 있었다.[32]
1593년에 선조는 송응창을 한 번 접견할 기회를 가질 수 있었다.[33] 하
지만 그 접견에서는 그다지 의미 있는 논의가 진행되지 못했다.

반면 선조가 제독提督 이여송李如松을 접견하는 계획은 적극적으로
추진되었다. 이는 선조의 판단에 따른 조치였다. 조선 조정에서 평안
도로 회군 중인 이여송에게 선조를 접견할 것을 제안했을 때, 이여송
은 "나를 만나더라도 별로 할 수 있는 일이 없을 것이다"라고 하며 탐
탁지 않은 반응을 보였다. 조선의 지방관이 지역의 사정으로 이여송
을 환대하지 못하고 소홀히 대했기 때문이다. 선조는 이 사실을 듣고
"어찌 그럴 수가 있단 말인가"라고 놀라며 이여송과의 접견을 서둘렀
다.[34] 이여송에 대우가 소홀했던 것도 "이 제독(이여송)이 어떤 사람인
데 회정回程(회군)할 때 이렇게 대우하며 온 도내 수령들이 어찌 관내를
벗어나 다른 곳으로 간단 말인가? 제독의 노여움이 오히려 가볍다"라
고 하며 이여송의 반응을 옹호했다.[35]

조선 조정에서는 이여송의 전공戰功에 대체로 긍정적인 평가를 내
리고 있었다. 김용金涌의 『운천호종일기雲川扈從日記』와 『선조실록宣祖
實錄』에서 그러한 이여송 평가를 발견할 수 있다. 1593년(선조 26) 1월
평양성平壤城 수복 직전 선조 등은 이여송에 관해 문답을 하며 그가 과
연 전공을 세울 수 있을지를 예측했다. 좌의정 윤두수尹斗壽는 이여송
이 명장名將 이성량李成梁의 아들이라고 했고, 예조판서 윤근수尹根壽
는 영하寧夏 공격에서 군법을 엄히 하여 군사를 통솔한 점을 언급했다.
이러한 정보를 듣고 나서 선조는 이여송이 '호胡'를 방어할 줄만 알고

'왜倭'와 싸우는 법을 익힌 것은 아니라며 유보적인 태도를 보인 것이 사실이다.[36]

그러나 1593년 1월 제독 이여송의 지휘로 평양성을 수복할 수 있었고, 이어서 개성開城까지 수복했다. 조선 조정에서는 평양성 수복을 계기로 이여송을 높이 평가하기 시작했다. 그런데 명 조정에서는 이여송이 평양성 수복 후에 조선의 민을 잡아다 머리를 깎아 일본군과 비슷하게 하여 참수하고 수급首級으로 삼았다는 소문을 입수했다.[37] 명明의 관원인 포정사布政使 한취선韓取善을 파견하여 조사하게 했을 때도, 조선 조정에서는 이여송을 변호하여 평양성전투 시 그가 조선의 민을 살리기 위한 조치를 취했다고 변호하기까지 했다.[38]

이여송이 조선 조정의 기대에 전적으로 부응한 것은 아니었다. 1593년 4월 일본군이 한성漢城에서 부산 일대로 남하할 때 이여송은 조선군이 일본군을 추격하지 못하도록 억제했다.[39] 조선 조정에서는 불만이 없지 않았으나 이마저도 경략 송응창이 일본군을 추격할 의사가 없었기 때문에 그 휘하인 제독 이여송이 추격에 나서지 않은 것으로 인식했다.[40] 다시 말해, 구체적으로는 알 수 없지만 송응창이 일본군을 추격하지 못하도록 이여송에게 영향을 주었고 그 결과 이여송이 조선군의 추격을 금한 것이라고 판단한 것이다. 그 후에도 이여송에게서 일본군을 자발적으로 공격하려 하지 않는 등의 면모가 나타났으나,[41] 조선 조정에서는 "왜적을 토벌하고 수복한 공은 제독이 제일"이라고 하며 이여송을 높였다.[42] 이에 부응하듯이 이여송 역시 가급적이면 조선에 유리한 결정을 내리려 했다.[43] 특히 선조는 이여송이 "반드시 왜노가 다 떠나가기를 기다린 후에 우리가 비로소 철수하여 돌아가

겠다"라고 한 말을 신뢰하고 있었다.[44]

선조가 1593년 8월 황해도黃海道 황주黃州에서 이여송을 접견한 것
은 이러한 배경 속에서였다. 양측이 접견하여 나눈 대화에는 상호 인
사치레로 나눈 말도 있어 모든 대화를 신뢰할 수는 없다. 그러나 선조
등이 이여송을 만나서 고마움을 표시하는 가운데 군사軍事를 포함한
조선의 제반 여건을 논의하려고 했다는 점에서 명군지휘부인 송응창
과는 다른 차별점을 지닌다. 김용金涌의 『호종일기扈從日記』와 『선조실
록宣祖實錄』에 선조가 이여송을 접견하여 나눈 대화가 실려 있어 주목
된다.

대화의 요지는 크게 강화교섭을 향한 우려와 조선의 방어대책에 관
한 논의로 나눌 수 있다. 강화교섭에 관해서는 선조가 부산 등 8개 성
에 일본군이 주둔하고 있으며, 이여송이 명으로 철군[西行]하면 조선
이 의지할 곳이 없다고 언급하는 데서부터 화제가 시작되었다.[45] 이여
송은 일본군이 8개 성에 주둔해 있다는 보고는 '빈말'일 것이라고 단
정하며, 일본군은 현재 서평포西平浦에 웅거雄據하고 있을 뿐이라고 반
박했다.[46] 이여송은 조선이 300년 동안 명明에 공손히 순종했는데 명
조정이 어찌 조선을 배신할 리가 있겠느냐며 선조를 안심시키려 했
다.[47]

이여송은 당초 강화講和는 자신이 한 일이 아니며 자신은 장수로서
일본군과 싸우는 직임을 맡고 있을 뿐이라고 전제했다.[48] 이여송이 이
와 같이 말한 것은 자신은 강화교섭과 무관하고 강화교섭을 전혀 지지
하고 있지 않다라고 말하려는 것은 아니었다. 이여송 역시 경략 송응
창의 휘하에서 송응창의 명령에 따라야 했고, 송응창의 명령을 따로

떼놓고 생각해 보더라도 군량과 마초가 부족한 조선에서 4만여 명군을 무한정 주둔할 수는 없는 일이었다.[49] 명군의 총병總兵이라는 위치에서 군사의 피로감을 생각해 볼 때,[50] 강화교섭을 도외시할 수는 없었다.

그렇지만 이여송은 선조에게 강화교섭의 당위를 설득하려는 입장은 아니었다. 명 조정에서 일본과 교섭 중에 있고 자신은 명령에 따를 뿐이라는 내용을 전달하려는 것이었다. 그는 선조에게 일본군이 조선에 남아 있는 것은 명明 황제의 지의旨意를 기다리는 이유 때문이며 지의에서 조공을 허락받으면 일본으로 돌아가 조공할 수 있는 영광을 널리 알릴 것이라고 했다.[51] 같은 자리에서 이여송은 도요토미 히데요시[豊臣秀吉]가 "황조皇朝가 조공을 허락한다면 늘 천조天朝를 칭송하며 조선을 침범하지 않겠"다고 했다는 말을 전하며 이여송 자신이 있으니 걱정 말라고 선조의 불안을 가라앉혔다.[52]

선조의 시각에서 보면 이여송을 비롯한 명군은 순진한 것이었다. 일본은 명군이 교섭으로 조선에서 손을 뗄 때 조선을 차지할 속셈을 가지고 있는 것이었고, 조선이 위험해지면 명 역시 함께 위험해지는 관계에 있었다.[53] 선조는 배석한 신하들에게 "중국인이 참으로 왜적의 포로가 되었다"며 애석해했다.[54] 선조는 명 황제가 조공을 허락한다면 일본이 영파寧波를 경유하여 침략할 것이고 조공을 허락하지 않는 경우에도 명이 언젠가 병마兵馬를 조발해야 할 것으로 보았다.[55] 거기에는 일본이 조선과 명의 관계를 느슨하게 한 후 기회를 보아 도발하겠다는 의도가 숨어 있으며, 조선과 명이 일본의 술수에 빠질 가능성이 크다고 하는 선조의 판단이 깔려 있었다.[56]

선조는 이여송에게 간곡하게 철수를 만류하는 의사를 몇 차례 표시했다.[57] 이여송의 뜻은 요동으로 돌아가 군대를 정비할 시간을 갖고 기회가 되면 조선에 다시 진주進駐하는 것이었고, 만약 그렇지 못하다면 어쩔 수 없는 일이었다. 이러한 사정을 효과적으로 전달할 수 있는 사안이 군량軍糧 문제였다. 이여송은 선조에게 영남에 있는 2만 명군에 댈 군량이 충분한지부터 물었다.[58] 자신의 부대가 철수하고 난 뒤에 조선에 일부 주둔할 명군을 위한 군량도 충분히 준비했는지 여부를 논한 것이었다. 물론 이여송도 조선 측에서 명군에 충분한 군량과 마초馬草를 댈 수 없다는 것을 알고 있었다.[59] 조선 측의 곤란한 지점을 들추어 내는 방법으로 명에서 강화교섭을 진행하는 한편 자신의 부대가 요동으로 철수할 수밖에 없는 이유를 전달하려 했던 것이다.

이여송은 선조에게 명군 철수의 당위만을 말한 것은 아니었다. 조선의 방어를 위한 의견 역시 제시하여 조선에 주둔하는 명군지휘부로서 성의를 표현하려 했다. 이여송은 전라도의 소성령小星嶺과 조령鳥嶺을 방어 거점으로 지목했다.[60] 소성령은 지리산의 운봉 일대에 있는 고개였다. 험준한 곳을 지켜야 일본군에 패하지 않을 수 있다는 것이었다. 그와 함께 유정, 오유충, 낙상지 등은 조선에 주둔할 것이라는 언급도 해두었다.[61] 명군의 최고 지휘관으로서, 명군 역시 전병력全兵力이 철수하지 않도록 자신도 주선하겠다는 의미였다. 강화교섭이 이제 막 시작되고 있었지만 이여송 역시 일본군이 전부 철수하지 않았다는 사실을 간과할 수 없었던 것이다.

경략 송응창의 조선 조정 인식과 기본 책략

송응창의 조선 조정 비판과 교섭 설득

전쟁 전반을 헤아려 볼 때, 임진전쟁 초기 전쟁 국면에 조선 조정의 대응만큼이나 중심적인 영향을 끼쳤던 대상이 명군지휘부였다. 명군지휘부는 1593년(선조 26) 1월 평양성을 수복하고 조선군과 함께 개성을 지나 도성(한성) 근처까지 전진했다. 명군은 1592년까지 수세에 몰려 있던 조선을 도와 회생시켜 주었고, 조선은 그로 인해 일본군에 공세를 취할 수 있게 된 것이었다. 명군은 조선군과 함께 1593년 1월 현재 한성 공격을 앞두고 있었으나, 1월 27일 벽제관전투의 패전으로 군사를 개성에서 평양으로 후퇴시킨 상황이었다. 경략 송응창은 대대적인 공세를 취하기보다 일본군과의 교섭을 통해 한성을 수복하려 했다. 송응창의 관점에서 보면, 조선 조정의 반발이 있다 하더라도 명군이 참전한 이상 명 측에 유리한 방향으로 전쟁을 종결지어야 전공과 명분 양쪽을 충족할 수 있는 상황이었다.[62]

1593년의 전쟁 국면은 경략 송응창이 전쟁의 대응에서 조선국왕에게 강화교섭을 위주로 하는 자신의 전쟁 전략을 설득하는 과정이었다. 송응창은 조선국왕에 강·온 양 측면으로 자신의 계획을 관철시키려 했다. 이 과정에서 송응창은 조선과 조선국왕을 부정적으로 인식하고, 그러한 인식을 명군지휘부 내에서 공유하기도 했다. 그러나 시간이 지나면서 일본의 진의가 무엇인지, 조선과 명의 전략적인 연결 관계가 얼마나 긴밀한 것인지 자각하게 되었다.

대체로 송응창은 조선 조정과 갈등 관계에 있었으나, 그것만으로 송응창을 판단할 수는 없다. 그가 1593년 당시 전쟁 국면의 현안에 끼친 영향을 좀 더 면밀하게 살펴볼 필요가 있다. 앞서 1593년 조선 조정에서 송응창과 갈등 관계에 놓여 있었다고는 하지만, 기본적으로 명군지휘부는 조선을 구원하라는 임무를 받고 온 것이었다. 선조가 명군지휘부의 일원인 이여송과 우호적으로 소통했다면, 그러한 분위기는 이여송을 감독하는 경략 송응창과의 관련성 속에서 관찰해야 할 것이다. 그 때문에 경략 송응창이 선조와 그의 조정에 거친 면모를 보였다고 하더라도, 그의 조선 조정 인식과 전쟁 국면 속에서의 정세 판단을 당대 자료를 통해 면밀히 검토해야 한다.

1593년 4월을 전후로 하여, 송응창은 한성漢城의 일본군지휘부와 교섭을 진행하고 있었다. 1차적으로는 한성 수복과 두 왕자 임해군, 순화군의 송환을 위한 교섭이었고, 2차적으로는 일본과의 강화講和 가능성을 타진하려는 기회로 삼고 있었을 것이다. 조선 조정에서는 이에 부정적인 입장을 내보이고 있었다. 평양·개성 수복의 기세를 몰아 한성을 무력으로 수복하고 일본군을 패퇴시켜야 복수가 완성되는 것이라고 믿고 있었다. 조선 조정에서는 송응창에 일본군 공격을 요청했다.

송응창은 조선 측의 공격 요청을 무리하다고 보고 있었다. 그가 보기에 조선국왕은 원한을 갚으려고만 하고 있고, 전쟁을 방지하지 못한 반성을 하지도 않고 있었다. 송응창은 조선 조정이 자력으로 어찌할 수 없는 현실을 명의 힘을 빌려서 해결하려고만 한다고 보았다. 이대로 전쟁이 계속된다면 명군이 주로 전장에 투입될 뿐 아니라 조선 국내의 피해도 커진다는 것이었다.[63] 송응창은 조선국왕에게 이와 같은 견해를 직접 드러냈다. 조선의 신하는 눈앞의 전공만 생각하고 전쟁 국면에서 원대한 계책이 부족하다고 보았다. 왕자의 송환이나 도성(한성) 수복 등 성과를 전혀 내고 있지 못하면서 명군에 일본군 '도살'을 바란다고 하며, 사실상 조선 조정이 명군지휘부에 현실성 없는 요구만 내놓고 있다고 비판했다.[64] 여기서 송응창은 조선 조정이 명군의 희생 따위는 아랑곳하지 않고 눈앞의 보복에만 신경을 쓰고 있어서 조선 조정이 원군인 명군의 존립存立에 무책임하다는 측면을 부각했다.[65]

이와 같은 문제 지적은 송응창의 단적이고 강경한 입장으로 연결되었다. 송응창은 조선국왕에게 이제 진퇴進退를 달리해야겠다고 으름장을 놓고, 할 수 있으면 조선 단독으로 일본과 싸워 보라고도 했다.[66] 명군은 개성에 주둔하며 조선이 일본에 도전한 결과를 지켜보겠다는 것이었다.[67] 말하자면, 조선국왕에게 이 전쟁에 더 이상 개입하지 않겠다고 한 통보였다. 이러한 통보가 명 조정과 명군지휘부와의 관계를 볼 때 과연 현실적으로 가능했다고 보기는 어렵다. 명 조정에서는 조선을 지원하여 일본에 승전해야 하는 입장이었고, 명군지휘부는 명 조정의 명령에 복종해야 했기 때문이다. 다만 송응창은 조선국왕을 설득하는 방편으로 전쟁에 더 이상 개입하지 않겠다고 하는 자극적인 방법을 사용한 것이라 볼 수 있다.

강경한 입장만 조선국왕에게 전달된 것은 아니었다. 송응창은 한편으로 강화교섭을 써서 조선의 내적 상황을 회복하고 좀 더 멀리 보는 시각으로 조선에 유리한 국면을 가져오자고 타이르기도 했다. 송응창은 선조에게 잠시 분노를 풀고 분쟁을 피하는 지혜를 가지고 군비강화를 할 것을 촉구했다.[68] 송응창은 이전에 조선 측에서 눈앞의 보복에만 신경쓰고 있다는 비난의 어투를 조금 바꾸어 "눈앞의 공적에만 급급해서 앞일을 놓쳐서는 안 된다"[69]고 간언諫言하는 모양새를 취했다. 이를 통해서 일본이 강화의 약속을 지켜 돌아갈 수 있다면 '희생을 덜고' 이후에 '국왕을 위해' 원수를 갚을 수 있는 기회를 마련할 수 있을 것이라는 전망을 보였다.[70] 앞의 강경한 입장과는 다르게, 강화교섭을 진행해서 조선이 장기적으로 노릴 수 있는 이점을 제시하고, 종국적으로 일본에 복수할 전망을 보여 줌으로써 조선 조정이 강화교섭이라는 방향에 수긍하도록 유도하고 있는 것을 볼 수 있다.

송응창은 강경과 온건으로 조선국왕과 조정에 강화교섭의 당위를 설득하려 했으나 막상 조선 조정에서 송응창의 설득에 전적으로 부응하기는 어려웠다. 조선 조정에서는 대체적으로 송응창을 신뢰해도 좋은지에 의문을 갖고 있었다. 1593년 4월 선조는 조정에서 송응창이 압록강을 건너기 전에 군공軍功에 기록되려 했고, 전란을 겪고 있는 조선에 처음 들어와 풍류를 즐겼다는 점을 상기시켰다. 이와 함께 선조는 송응창의 학문이 어긋나 있고 의리義理가 분명하지 못하다는 점을 지적했다. 전반적으로 송응창과 소통할 때 조심하라는 지침을 내린 바 있었다.[71]

아마 송응창은 조선 조정을 '길들이기'가 간단하지 않으리라는 것을 진작부터 알고 있었던 것 같다. 송응창은 조선이 납득할 만한 성과를 보여 주어야 자신이 진행하는 교섭에 힘이 실릴 수가 있었다.[72] 그중 하나가 일본군이 한성에서 부산·동래 일대로 후퇴할 때 선조의 왕자와 그를 수행하는 조선 신하를 송환하는 조건과, 일본인 장수를 인질로 보내는 조건을 실현하는 것이었다. 이러한 조건이 실현되지 못할 경우 조선에서 이를 따지고 들어올 것이라는 점을 계산에 넣고 있었다.[73] 일본군이 교섭 조건을 미루기만 할 경우 송응창이 조선 조정에 여러 방식으로 설파한 교섭의 당위가 약해질 수밖에 없었다. 조선 조정의 반론을 잠재우고 송응창의 주장이 통하려면 일본 측에 왕자 송환의 이행을 강행해야 한다는 것까지가 송응창의 구상이었다.

왕자 송환 이후 조선 조정과의 갈등 심화

송응창이 보기에 왕자 송환 등의 약속 이행이 미루어지고 있는 것은 가토 기요마사[加藤清正] 때문이었다. 송응창은 가토 기요마사가 일본이 우위에 서기 위해 왕자를 구속하고서 명과 조선을 협박하고 있는 것으로 보았다.[74] 그의 우려 속에는 기요마사가 왕자를 데리고 일본으로 건너가게 될 가능성도 포함되어 있었다.[75] 그렇게 되면 임해군, 순화군 등 두 왕자를 조선으로 송환하기 어려워지고 일본 측의 술수에 빠지고 마는 것이었다.

1593년 4월 시점에 명군지휘부의 제1과제는 조선의 왕자를 송환하는 것이었다. 송응창은 애초 일본군의 한성 출성 당시 제시했던 교섭 조건 이행을 압박하기 위해 같은 해 4월 25일을 전후하여 일본군을 협공挾攻할 것을 명령했다.[76] 일본군 전체에 충격 요법을 가해 왕자 송환 조건 이행을 촉구하려는 계획이었다.[77] 4월 초반에 교전交戰 없이 후퇴하다가 명군의 추격을 받게 되면, 일본군 내부에서도 가토의 왕자 구금 행위가 논란을 불러일으킬 것이기 때문이었다. 송응창은 이여백과 장세작으로 하여금 일본군의 후미를 쫓도록 하고, 유정劉綎의 군사를 전진하도록 했다.[78] 조선 측에는 수륙 군사를 정비해 합세할 수 있도록 조치해 두었다. 송응창은 추격 시 차질이 빚어지지 않도록 명 측에서 의주까지 수송한 군량을 평양, 개성, 한성 등지에 차례대로 비축해 놓을 수 있도록 명령을 내렸다.[79]

송응창이 이와 같이 일본군 추격 명령을 단행한 것은 조선의 전쟁에 참전하면서 일본의 침략 의도를 완전히 이해했기 때문이다. 송응창은 우선 제독 이여송, 참군 정문빈 등이 보고한 내용을 근거로 하여 일본이 조선을 병탄한 후에 명을 침략하려 한다는 사실을 파악했다.[80] 이들은 항왜降倭를 심문하는 과정 속에서 도요토미 히데요시의 조선 침략과 그 의도를 듣고 송응창에게 보고한 것이었다. 송응창은 이러한 정보를 종합하여 일본군을 위기로부터 빠져나가게 했다가, 이들이 조선을 다시 공격하고 명을 침략해 온다면 명군 전체가 호랑이를 끌어들인 꼴이라고 하며 스스로 그 우환을 입는 것이라고 우려했다.[81]

여기에는 송응창 자신이 일본군과 교섭한 책임을 져야 한다는 부담감도 작용하고 있었다. 일본군의 한성 출성出城은 왕자 송환, 일본군의 무사 후퇴 등을 조건으로 경략 송응창이 일본군과 교섭한 결과였다. 만약 일본군이 병력을 보존하여 후퇴했다가, 조선의 남부 지역에서 조선을 다시 침략한다면, 그것은 송응창 자신이 일본군을 놓아 주었기 때문에 일본군이 침략할 수 있었다는 명 조정의 탄핵을 받을 수 있는 상황이었다. 이 때문에 송응창은 그에 관한 책임을 가능한 한 회피하기 위해, 일본군을 무작정 놓아 줄 수만은 없었고 일본군의 반응에 따라서는 공격할 수도 있다는 쪽으로 방향을 틀었던 것이다. 다만 일본군 측에서 조선의 왕자와 조선 신하, 심유경 등을 순순히 돌려보낸다면 온건책을 유지할 여지 역시 배제하지 않고 있었다.[82] 1593년 6월경 송응창은 온건책은 물론 일본군 공격 계획 두 가지 선택지 사이에서 고민하고 있었다.

　같은 시기 명 조정에서는 명이 조선을 구해 주었으니 조선에서 명군이 철수해야 한다는 논의가 일었다. 송응창은 조선의 전략적 가치를 설명하고 교전이 아니라 시간 끌기와 교섭을 통해 일본군의 철수를 유도해야 한다는 게첩을 명 조정에 전달했다.[83] 그러면서 일본군 측에 조선 왕자의 송환을 촉구하고 있었다. 1593년 6월 초 조선의 두 왕자와 유격 심유경은 일본군의 부산 진영에 머무르고 있었다.[84] 결국 몇 차례의 요구 끝에 일본군은 1593년 8월 두 왕자를 조선에 인도했다.[85]

　두 왕자를 인도받은 조선 조정에서는 왕자를 무사히 돌려받았다는 사실에 안도하는 한편, 경략 송응창에게 본격적으로 일본군 공략을 요청했다. 명군지휘부의 최고 지휘관인 송응창에 직접 요청하여 명군과 조선군의 합세 공격을 성사하려는 의도였다. 조선 측에서는 우선 명군의 요동 철수를 만류하고 유병留兵에서부터 명군지휘부를 설득하려 했다. 송응창은 1592년 12월 출병한 4만여 군사에서 2만여 명을 조선에 주둔시키고 나머지는 철수시키는 안을 내놓았다.[86] 송응창 역시 철수 병력과 돌아가려 했고, 조선 조정에서는 일본군이 조선의 부산에 주둔하고 있다는 사실을 들어 송응창의 주둔을 요청했다. 조선 조정에서는 일본군의 예봉이 꺾인 적이 없어 일본으로 돌아갈 이치가 없고, 그럼에도 일본으로 돌아갈 것 같은 모양새를 보이는 것은 조선의 방비를 느슨하게 하려는 것이라고 진술했다.[87] 일본군이 두려워하는 것은 명군이므로 합세하여 당장 일본군을 몰아붙여 공격해야 한다고 주장했다.[88]

　송응창은 조선 조정의 요청을 진지하게 고려하기보다 이제 일본과의 강화교섭 가능성을 구체적으로 알아보기 시작했다. 이미 1593년 4월 심유경, 사용재, 서일관을 일본에 파견한 상태에서 일본 측에서 두 왕자와 유격 심유경을 무사히 돌려보낸 사실을 근거로 좀 더 안정적으로 강화교섭을 추진하려 했던 것이다.[89] 따라서 송응창에게 조선 조정의 명군 유병留兵 및 일본군 공격 요청은 자신의 강화교섭 의사에 방해되는 것이었다. 이에 조선 측에서는 이전보다 더 명확하게 일본군의 동향을 명 조정에 직보하려 했으나, 송응창은 번번히 이를 차단했다. 송응창은 오히려 조선국왕과 신하들이 전쟁에서 나태한 모습을 보이고 있다고 명 조정에 보고하기도 했다.[90] 조선 조정에서는 경략 송응창의 명령을 따르되, 명 황제에게 직접 주문奏聞할 수 있도록 길을 터 달라고 했다.[91]

선조는 송응창이 명 조정에 보고하는 내용에 거짓이 많다는 점을 우려했다. 명 조정이 송응창에게 속고 있다고 여겼고, 어떤 방법으로든 조선 조정에서 명 조정에 조선과 일본의 정보를 직접 전달하는 경로를 찾으려 했다.[92] 조선 조정에서는 1593년 윤11월 조선을 방문하는 명사신 사헌司憲을 통해 일본군의 정세와 조선의 위기를 전달하려 했다. 유성룡 등은 명 사신이 오면 뜻을 통할 길이 생길 것이라고 말하여[93] 이번 기회가 조선에 유리하게 작용될 수 있음을 시사했다. 애초 선조는 조선 사신을 서해西海로 우회시켜 명 조정에 직고直告하겠다는 계획을 내놓았으나, 역시 명 사신이 조선을 방문하는 기회를 활용하는 것이 이 시기 가장 효과적인 대안이 될 수밖에 없었다.[94]

송응창이 조선 조정에서 명 조정에 보내는 사대문서事大文書를 검열, 수정한 것은 몇 가지 인식이 결합된 결과로 생각해 볼 수 있다. 첫 번째는 조선 조정에 두었던 부정적 평가가 중요한 전제가 되었다. 송응창은 이제 전쟁이 소강 단계로 안착되는 1593년 10월 무렵에도 명明 병부兵部 등에 보내는 문서에서 조선국왕이 '안일安逸한 군주君主'이며 전쟁이 일어났음에도 아직도 반성하는 행동을 보이지 않는다고 비판했다.[95] 조선의 신하를 보는 시각도 별반 다르지 않았다. 송응창이 보기에 조선의 신하는 어둡고 무능한 조선국왕에 간사하게 아첨하는 이들이었으며, 민民의 토지를 점거하거나 부세賦稅를 내지 않는 권세가에 지나지 않았다.[96] 그가 보기에 조선 조정 자체가 무능하고 부당한 권력의 응집체이므로 이들이 명 조정에 사대문서를 작성하여 현안을 다룬다는 것이 성립되지 않는다고 생각했을 것이다.

두 번째는 명 조정 내부에서 일어나고 있는 경략 송응창 자신을 향한 비판 여론이었다. 1593년 10월을 전후하여 명 조정에서는 송응창이 추진하고 있는 강화교섭이 잘못되었다는 논의가 일어나고 있었다. 송응창이 일본 측과 내통하여 명으로의 조공朝貢을 약속했고, 이것이 일본에 유리한 기회를 주었다는 것이다.[97] 송응창에 대한 비판 혹은 비방은 조정 내에서는 물론 조선 지원에 참여했던 관원과 장수들 사이에서도 일어나고 있었다.[98] 때로 병부상서 석성이 송응창을 변호하기도 했으나[99] 명 조정 내에서는 송응창의 잘못을 성토하는 목소리가 확대되었다. 송응창은 황제에 사직상소를 전하는 방식으로 변명하기도 했다. 그러한 상황 속에서 조선 조정으로부터 명 조정에 일본군이 아직 다 철수하지 않았다는 등의 현장 정보가 그대로 전달된다면 자신의 입지는 더욱 축소되는 것이었다. 송응창이 조선 조정의 사대문서를 중간에서 제어한 데에는 이러한 배경이 작용하고 있었다.

1593년 윤11월 이후로 조선 조정에서는 송응창에 대한 인식이 급속도로 악화되었다. 다음을 살펴보자.

> 비변사가 아뢰기를 (…) 삼가 살피건대, 송응창宋應昌의 사람됨은 마음이 교사巧詐하고 은밀하며 그 당여들이 널려 있으니, 만일 이로 인해 도리어 무망誣罔이라고 모함하여 우리나라에 죄를 돌리고 해명할 수 없게 한다면 뒷날의 화단禍端이 이로 인하여 더욱 무거워질지도 알 수 없습니다. 그러므로 지금의 일은 단지 위급한 상황만을 상세히 진달하고 송응창이 황제를 속인 죄는 중국 조정에서 스스로 깨닫게 하는 것이 최선의 계책입니다.[100]

위의 인용문에서는 비변사에서 송응창의 사람됨이 속이고 숨기는데 익숙한 데다가 그가 심어놓은 세력까지 있다는 평가를 확인할 수 있다. 그러한 송응창이 조선에 죄를 돌리고 모함한다면 조선은 현재보다 더 불리해질 수 있다는 판단이 제시되어 있다. 비변사는 송응창과 직접 대립하기보다 명 조정에서 스스로 파악할 수 있도록 하는 방법을 써야 한다는 안을 내놓았다. 송응창을 직접 비판하는 정보를 명 조정에 전달하기보다 위급한 사정을 전달하는 데 중점을 두고 명 조정에서 송응창의 행위와 거짓을 깨달을 수 있도록 간접적으로 조치해야 한다는 내용이다.

송응창은 조선의 권력 구조에까지 파고들어 조선 조정 내부에 자신의 영향력을 직·간접적으로 행사하려 들었다. 그는 광해군이 "영웅의 자질을 지니고 위인의 기상이 드러나" 재능이 뛰어나다는 평가를 들는다며, 전라·경상·충청의 군무를 담당하도록 할 것을 요청했다.[101] 송응창은 그 자신에 그치는 것이 아니라, 부하인 부총병 유정에게도 이와 같은 요구를 하도록 지시했다. 부총병 유정은 세자 광해군이 "자질이 영발英發하여 온 나라의 신민이 모두 경복하고 있"다며 광해군을 속히 삼남으로 파견하여 자신과 함께 '경리經理'하게 해 달라고 선조에게 요청했다.[102]

경략 송응창이 글자 그대로 광해군의 재능을 높이 평가했다고 보아야 할 것인가? 이 사실을 대할 때 주의해야 할 점이 있다. 광해군에게 일부 지역의 통치 권한을 부여하라는 요청은 국왕인 선조의 입지를 약화시키고 세자의 권한을 강화시켜 주겠다는 의미로도 당대인에게 해석되었다는 점이다. 이는 선조 개인뿐 아니라 조정 전반에 또 다른 위기가 될 수 있는 문제였다. 따라서 이 일은 매우 예민한 사안이었다. 임진전쟁 발발 직후 조선 조정에서는 광해군이 이끄는 분조分朝를 둔 적이 있으나, 1593년 1월 평양성 수복 직후 행재소로 복귀시켰다.[103] 대조大朝(행재소)와 분조分朝 두 개의 조정을 경험한 결과, 군령과 인사권 등 명령 체계에서 혼선이 빚어졌던 것이다.[104] 이는 권력 구조의 균열로 이어질 수 있는 문제였다. 이후 분조의 복설 여부를 의논하라는 선조의 명령에 영의정 최흥원, 병조판서 이항복 등은 "한 번은 할 수 있으나 두 번은 할 수 없"다는 말로 반대했다.[105] 그와 함께 세자의 임무를 선조에게 문안하고 학문과 덕을 높이기 위해 노력한다는 쪽으로 한정했다.[106] 분조의 설치는 국왕 중심의 정치 구조를 이원화시키며, 그로 인해 대조와 분조 사이에 일어날 갈등 상황을 우려했던 것이다.

이와 같이 임진전쟁기 선조는 내외적으로 광해군에게 권한을 이양

하라는 요구에 직면하고 있었다. 이러한 요구가 실현 가능성이 있었는 가에 관해서는 별도로 따져 보아야 할 문제이나, 선조는 전쟁의 발발을 막지 못했다는 이유 때문에 권한 이양에 관한 논의가 나올 때마다 전위 하겠다는 반응 외에 별다른 조치를 취할 수 없었다. 이제 막 40대가 된 국왕에게는 큰 압력이었다고 생각된다. 대신들은 세자를 대상으로 하 는 이러한 송응창의 요구가 선조뿐 아니라 조선에 위기를 가져다준다 고 보았다. 좌의정 윤두수 등은 임진전쟁 발발 직후 선조의 전위의사 를 만류하는 역할을 담당했다. 윤두수는 "조종祖宗의 기업을 우리가 전 복시켰으니 바람으로 머리를 빗고 빗물로 목욕을 하는 고생을 무릅쓰 고서라도 우리에게서 회복되어야만 합니다"[107]라고 하며 전쟁을 막지 못한 책임을 국왕과 신하가 함께 지고 극복해야 한다고 발언했다.

조선 조정에서는 이러한 고충에 직면하여 조선 조정의 실정과 일본 군의 침략 가능성을 명 조정 등에 알리려 했다. 물론 송응창을 직접 탄 핵하는 방법을 사용한 것은 아니었다. 그보다 조선에 놓인 상황을 가 급적 있는 그대로 전달하여 송응창의 조선 활동이 송응창의 보고와는 일정한 차이가 있다는 점을 시사하려 했다.

그 결과 요동도지휘사사遼東都指揮使司에서는 명 조정에서 무진撫鎭 과 경략의 보고가 서로 일치하지 않고 주보奏報가 부실하다고 평가했 다면서, 조선 조정에 일본군의 정세와 군무軍務, 각 지방의 사정에 관 해 상세하게 보고하라는 자문을 보냈다.[108] 이전부터 명 조정의 일각 에서는 경략 송응창의 보고 내용에 의심을 품고 있었다. 병과급사중兵 科給事中 오문재吳文梓는 명 신종에게 송응창이 강화교섭에서의 진행 과정을 분명하게 공개하고 있지 않아 숨기고 있는 듯한 인상을 주고 있다고 지적했다.[109] 이어서 고니시 유키나가[小西行長]가 유독 철수하고 있지 않고, 서생포 등지에서 침략을 개시할 가능성에 대해 논했다.[110]

명군지휘부에 대한 의심은 더욱 확대되었다. 공과급사중 서관란은 조선에 주둔하는 명군지휘부가 병부상서 석성을 속이고 있다며, 일본이 조선을 차지하면 결국 명이 위험해질 것이라고 경고했다.[111] 호과급사중戶科給事中 왕덕완王德完 등은 심유경沈惟敬에게 경략 송응창이 속았고, 종국에는 황제까지 속을 것이라 발언했다.[112] 이는 명明 상보사尙寶司 조숭선趙崇善 등을 통해 강화교섭에만 의지하지 말고 조선과 명에서 군비가 병행되어야 한다는 주장으로 이어졌다.[113]

송응창은 명 조정에서 자신이 강화교섭을 주도했다고 비판하는 분위기에 해명할 필요성을 느끼게 되었다. 그는 상소를 올려 명 신종에게 자신이 일본에 조공을 허락하려 한 것은 아니었다고 변명했다. 송응창은 일본군이 한성에서 부산·동래 일대로 후퇴할 때 일본군을 추격하라고 명령을 내린 바 있고 조선의 병선을 동원했다고 했다. 일본군과 조공을 논의했던 것은 조공을 빌미로 일을 도모했던 것이지 진심으로 허락하려는 뜻은 없었다고 상소했다.[114]

조공에 관해서는 좀 더 상세하게 밝히려 했다. 조공의 여지를 두어 일본군의 기세를 느슨하게 풀기 위한 방안이었다는 것이다. 송응창은 고니시 히다노카미(나이토 조안)를 바로 돌려보내지 않고 명군 진영에 머물려 두며 몇 달 동안 시간을 지체시키려 했다는 점을 지적했다. 그렇게 벌어둔 시간으로 조선의 방어 태세를 준비하려 했다는 것이다. 송응창은 황제에게 "조공을 조건으로 강화하여 (일본이 일으킬) 화의 싹을 잘라버리"려는 의도였다고 요약했다.[115] 송응창은 이 방법 말고는 명과 조선을 안정시킬 방법이 없다고 단정하기까지 했다.[116]

이와 같은 해명에도, 명 조정 내에서 송응창을 향한 비판이 줄어든 것은 아니었다. 송응창은 강화교섭을 추진해야 한다는 데 동감하고 있는 병부상서 석성의 공감을 적극적으로 이끌어 내려 했다. 먼저 자신을 비난하는 인물은 모두 사사로운 일을 구하다가 이루지 못해 유감을 품은 이들이라며 자신의 억울함을 호소하는 서신을 보냈다. 그뿐 아니라 그중에서는 공사公私를 불문하고 정부政府와 석성을 몰래 비방하는 이들까지 있다고 했다.[117]

여기서 송응창의 의도가 무엇인지를 살펴봐야 한다. 병부상서 석성에게 자신이 억울하게 비판당하고 있다는 측면을 호소하는 한편, 자신을 비판하는 세력이 정당하지 못한 방법을 써서 석성까지도 매도하고 있다는 점을 짚어서 석성과 송응창 자신이 공동 운명체라는 것을 각인시키려 했던 것이다. 그렇게 되면 자연히 병부상서 석성이 황제에게 송응창의 강화정책이 타당함을 설명하려 할 것이고, 더 나아가 병부상서라는 권한으로 조정 내에서 송응창을 변호해 주리라는 계산이 있었던 것이다. 이와 같은 고충의 토로를 통해서 송응창은 명 조정 내에서 석성이 자신을 적극적으로 보호해 주고 강화교섭의 당위를 설득해 주기를 바란 것이었다.

명 조정 내 소통의 대상이 병부상서 석성으로만 제한된 것은 아니었다. 송응창은 내각대학사 장지고趙志皐·장위張位, 예부좌시랑禮部左侍郎 범겸范謙에게도 서신을 보내 당장 강화교섭을 하는 이유를 제시했다. 먼저 일본이 명군을 수차례 속이려 했으나 그때마다 자신이 지휘하는 명군이 일본군을 역이용하여 승전했다는 점을 분명히 해두었다.[118] 그런 다음 조선에 주둔하는 명군이 1만 6,000여 명밖에 되지 않고 조선의 군사도 충분히 확보되지 않아 제대로 된 방어는 시일이 걸린다는 점을 드러냈다.[119] 그 때문에 고니시 히다노카미를 잘 대우해서 그를 일본으로 보내 히데요시로부터 항복 표문을 받아오도록 해야 한다고 했다.[120] 그러한 일련의 절차가 이루어지려면 물리적인 시간이 상당히 필요한데, 그 시간 동안 조선 방어의 체계를 마련한다는 것이었다.[121]

송응창은 이러한 일련의 계획을 병법兵法 중 간첩의 계책이라고 소개했다.[122] 일본 국왕을 책봉하고 일본에 조공을 허락할 수 있어야만 일본에서 간첩을 쓸 수 있고, 모두 불가하다고 할 경우 대안은 없다고 강하게 주장했다. 조공이 어렵다면 책봉만이라도 활용하여 간첩 계책을 실행해야 한다는 입장을 전했다.[123] 송응창은 내각대학사 조지고·장위 등에게 상공相公 왕석작王錫爵, 병부상서兵部尙書 석성石星과 긴밀히 의논하여 송응창 자신이 계속 조선의 일을 담당할 수 있도록 대신 말해 달라고 했다.[124] 명 조정에서 석성만이 강화교섭과 강화교섭을 추진하고 있는 송응창을 옹호할 경우, 석성의 발언에 힘이 실리기 어려울 것이고 자칫 과도관科道官에게 집중적으로 비판을 받기 쉬웠다. 그러할 경우 석성이 송응창을 끝까지 지탱할 수 없을 것이었다. 이에 송응창은 조정 내에서 자신에게 우호적인 정치세력을 움직여 석성을 보위하도록 하고 석성이 명 황제에게 강화 정책을 설득하도록 도와달라고 했던 것이다.

이 시기 송응창은 강화교섭과 함께 조선을 방어하는 요령을 수비守

備 호택胡澤 등으로부터 보고를 받았다. 송응창은 호택과 심사현沈思賢을 조선의 관원과 함께 파견해 삼남三南 지역地域을 직접 답사하도록 했다.[125] 명군지휘부에서는 대구를 경상도와 전라도를 지원할 수 있는 요지로 보았다. 대구를 통해 경상도와 전라도를 제어함으로써 왕경王京인 한성漢城을 제어할 수 있다는 것이었다. 이 시기 명군지휘부에서 부총병 유정 부대를 대구 일대인 팔거八莒에 주둔시킨 이유가 바로 이러한 판단의 결과였다.[126] 송응창은 이 보고에 기초하여 대구, 안동, 상주, 충주 등지의 방어시설을 보수할 것을 촉구했다.

조선의 사정에 관해서는, 우선 송응창은 조선에서의 명군 주둔 규모를 1만 6,000여 명으로 명 조정에 건의했다. 그러나 병부상서 석성은 부총병 유정의 군사 5,000여 명만이 가능하다는 답을 보냈다. 이에 송응창은 명군이 대거 철수했다가 다른 우려가 생길 수 있다는 점을 지적하며 갑작스런 철수를 경계했다. 송응창은 명군이 반드시 철군해야 한다면 일본군이 모두 일본으로 돌아가고 책봉 사안이 결정된 다음에나 가능하다는 입장을 보였다.[127]

한편 송응창은 병부상서 석성에게 일본군이 부산에서 여전히 성을 쌓고 있다는 이야기는 와전된 이야기라며 믿지 말라는 당부를 했다.[128] 1593년 10월을 전후로 해서, 일본군이 부산에서 성을 쌓고 있다고 명 조정에 정보를 넣는 쪽은 조선 조정이었다. 이 시기까지도 송응창은 조선 조정에서 일본군에 관해 명 조정에 보고하는 내용을 차단하거나 불신하도록 유도하고 있었다. 거기에는 몇 가지 이유가 있겠으나 무엇보다 일본을 격퇴해야 한다는 조선의 강경한 태도에서 나온 명 조정으로의 정보 전달이 송응창 자신의 강화정책에 저해된다는 생각

때문이었으리라 볼 수 있다.

송응창은 조선에서의 방어는 자신이 주도해야 한다는 의식을 가지고 있었다. 그에게 조선 측의 노력이나 제안이 얼마나 의미 있고 효과가 있느냐가 중요한 것이 아니라, 자신이 마련한 강화와 방어의 틀 안에서 조선 조정이 얼마나 부응해 주느냐가 중요했다. 앞에서 언급했듯이 송응창은 조선의 국왕과 신하가 무능력하다거나 조선의 군신君臣으로는 나라를 지키기 어렵다고 여기고 있었고, 명군지휘부가 조선 조정과 협력하여 공업功業을 이룬다는 것은 애초 고려 대상이 아니었다. 송응창에게 조선 조정은 잠자코 자신의 지시와 안내를 따라오면 되는 순응하는 집단이어야 했다.

그러한 송응창의 시각에서 볼 때, 조선 조정의 구성원들이 중대사를 의논할 만한 국가의 대표로 보일 리가 만무했다. 1593년 10월경에도 송응창은 명明 병부兵部에 보내는 자문咨文에서 조선 조정을 다음과 같이 진술했다.

국왕은 본디 평소 안일한 군주로 최근 궁박窮迫한 일을 당하였으나, 제가 그 거동을 찬찬히 살펴보니 아직도 근심스레 생각하고 조심스레 반성하는 행동을 보지 못하였습니다. 그 국왕을 보좌하는 배신은 윤두수尹斗壽·윤근수尹根壽·최흥원崔興源·유성룡柳成龍인데, 모두 국정을 겸하여 총괄하고 있습니다. 하지만 그중에서도 왕에게 신임을 받아 일을 하는 자는 윤두수와 윤근수 두 사람뿐입니다. (…) 그러나 국왕으로부터 아직 회답 자문이 오는 것을 보지 못하였고 여러 대신도 다시 관망하기만 하니 책임을 지우기 어렵습니다. 성지를 받들어 이름을 지목해서 엄격히 독촉

하는 것이 아니라면 저들은 반드시 미룰 것이니, 어떻게 일을 마무리하
겠습니까.[129]

　위의 내용을 살펴보면 송응창은 선조를 '안일한' 군주라고 생각하
고 있고, 평소에 안일하여 전쟁을 당했음에도 반성이 부족한 어리석은
자로 보고 있다. 선조를 보좌하고 있는 신하들도 기민하고 충실하게 일
하기보다는 관망한다거나 서로 일을 미루는 자들로 기술되어 있다. 그
중에 윤두수·윤근수 형제만 분주히 직분을 수행하고 있다고 평가하고
있다. 선조와 그의 신하들에 관한 송응창의 인식이 타당하려면 송응창
이 조선 조정을 속속들이 파악하고 있어야 한다. 아마도 송응창은 자
신의 정보원들을 통해 조선 조정에 관한 분위기를 파악하고 있었을 것
이다. 그런 점에서 당시 조선 조정에 단점이 어느 정도 있었고 송응창
의 평가가 부분적으로 맞는 대목도 있었을 것이다. 그러나 송응창은 선
조와 접견하여 대화를 심도 있게 나누어 본 적도 없고 조선의 신하들과
광범위하게 소통한 것도 아니었다. 송응창의 조선 비난은 강화교섭의
추진을 위해 명 조정으로부터 동의를 이끌어 내기 위한 장치였다. 즉
송응창이 조선 조정을 깎아내려 명 조정에 조선이 전쟁을 해결할 역량
이 없다는 인식을 퍼뜨리고, 자신의 강화정책만이 전쟁을 종결할 유일
한 대안이라는 점을 인정받으려 했던 것이다. 그렇게 본다면 송응창이
조선 조정과 긴밀하게 소통해야 할 이유가 없었고, 지시를 내리며 책망
하고 시혜를 베풀 듯 군사적 지원을 시행하면 그만이었다. 사실 송응창
이 조선에 갖고 있던 인식이라는 것도 일정하게는 위에서 언급한 제한
된 정보 속에서 조선에 갖게 된 선입견이 작동한 결과였다.

조선 조정 측에서 송응창에 선뜻 협조할 의사를 갖기는 어려웠다. 조선 조정에서 파견한 정탐으로부터 얻는 정보에서는 일본군이 일본 열도로 철수한다는 내용은 없었고, 부대를 증원하여 1594년에 재침할 것이라는 소문들이 있었다. 송응창은 이러한 정보를 거짓이라고 단정하고 있었기 때문에, 이제 조선 조정에서는 이러한 정보를 경략 송응창을 거쳐 명 조정에 전달하기보다 직접 명 조정에 전달하기로 했던 것이다. 결국 경략 송응창은 1593년(선조 26) 윤11월, 12월 사이 교체되었다. 이러한 인사는 명군이 대부분 조선에서 철수했으므로 경략도 함께 소환해야 한다는 명 병부兵部의 건의로부터 비롯되었다.[130] 조선으로서는 송응창이 교체된 시점에 명 조정과의 직접 연락을 시도할 수 있는 기회를 맞이한 것이었다.

　　맺음말

　　본문에서 임진전쟁기 1593년 4월 이후 조선 조정과 명군지휘부 사이의 관계를 살펴보았다. 조선 조정에서는 1593년 1월 평양성 수복을 계기로 명군과 함께 한성을 무력으로 수복하고 일본군을 패퇴한다는 전망을 가질 수 있었다. 조선 조정에서는 명군지휘부와 되도록 자주 접촉하고 명군으로부터 안정적인 지원을 확보하려 했다. 그러한 전망은 같은 해 1월 27일 벽제관전투에서 명군의 패전으로 실현하기 어렵게 되었다. 명군지휘부는 개성을 거쳐 평양으로 주력부대를 후퇴시키고 일본군과 교섭을 통해 한성을 수복하는 절차를 밟았다. 1593년 4월 일본군은 교전 없이 한성을 비우고 경상도 남해안 지역으로 후퇴했다.

이제 명 측에서는 조선에 한성 등 삼경三京을 회복해 주었으니 명군을 철수해야 한다는 논의가 제기되었다. 선조 등은 명군이 군사를 철수하여 명으로 돌아간다는 소식에 근심하고 명군지휘부를 설득하여 계속 주둔하도록 하는 방안을 고심했다. 1593년 6월 일본군이 진주성을 공격, 함락하여 한때 명군지휘부에서는 일본군의 준동蠢動을 경계하는 분위기가 형성되기도 했으나 일본군은 진주성을 넘어 구례, 곡성까지 전진했다가 부산·동래 일대로 후퇴했다.

조선 조정에서는 다양한 정보 채집 활동을 통해 일본군이 군량과 병력을 보충하여 다음 해 혹은 적절한 시점에 재침을 시도할 것이라는 사실을 파악했다. 이러한 정보가 축적됨에 따라 재침이 임박했다는 조선 조정의 위기감은 더욱 커졌다. 조선 조정에서는 명군지휘부를 설득하여 합세해서 일본군을 공격해야 한다고 주장했다. 경략 송응창, 제독 이여송 등으로 구성된 명군지휘부에서는 조선 조정의 공격 요청에 찬성하기 어려웠다. 조선군과 합세한다고 하지만 최종적으로 희생되는 것은 명군의 인력과 물자였다. 조선의 군사력, 보유한 군량 등을 볼 때 '합세'하여 총공세를 벌일 여건이 될 수 없었다.

명군지휘부에서 즉각적으로 조선 조정의 공격 요청을 수용하지 않는다고 하더라도, 조선 조정에서는 명군지휘부와의 소통을 긴밀히 유지해야 했다. 명군지휘부의 의사가 무엇인지를 알아두고 있어야 했으며, 이를 근거로 명군지휘부와의 견해 차를 줄일 수 있었기 때문이다. 조선 조정에서는 선조와 경략 송응창의 접촉을 시도했으나 송응창의 반응이 우호적이지 않아 의미 있는 결과를 얻을 수 없었다. 그와 함께 이여송과의 접촉을 시도했다.

조선 조정에서는 이여송의 전공에 긍정적인 평가를 내리고 있었다. 이여송이 조선 조정의 기대에 전적으로 부응한 것은 아니었으나, 가급적 조선에 유리한 결정을 내리려 했다. 김용의『호종일기』에 따르면 선조는 1593년 8월 14일 이여송을 접견할 수 있었다. 이여송은 강화교섭 등의 문제에 관해 자신이 결정할 사안이 아니며, 명군의 대거 철수가 불가피하다는 점을 선조에게 설명했다. 그러나 한편으로 일본군이 모두 철수한 뒤에야 명군이 철수하겠다고 하고, 앞으로의 방어 요령을 제안하는 등 선조를 안심시키려는 면모도 보였다. 조선 조정에서는 선조와 이여송의 대화를 통해 조선, 명 양국의 동맹·연합 관계를 어느 정도 확인할 수 있었다.

조선 조정의 입장에서는 경략 송응창과의 관계에도 소홀할 수 없었다. 그러나 송응창은 조선 측의 공격 요청을 무리하다고 보고 있었다. 1593년 4월 이래로 송응창은 조선 조정을 무능하고 무력한 집단으로 인식하고 조선 조정으로부터 나오는 논의와 요청을 거부했다. 그보다 송응창은 강경과 온건의 방법으로 자신이 추진하는 대對일본 교섭 책략을 조선 조정에 설득하려 했다.

애초 송응창은 조선의 전쟁(반격) 목적이라든가 일본의 침략 의도를 추상적으로만 이해하고 있었다. 조선이 전쟁을 막지 못한 것은 조선국왕과 신하의 태만 그리고 문약文弱함에서 비롯되었다고 생각하는 정도였다. 그가 중점을 두고 있던 것은 조선의 전쟁에 너무 깊게 휘말리지 않고 명군의 희생을 최소화한다는 것이었다. 그러나 전쟁이 진행됨에 따라 일본이 조선을 먼저 침략하고 조선을 발판으로 명을 공격할 것이라는 핵심을 이해할 수 있게 되었다. 1593년 6월 무렵 명 조정에서는 조선에서 명군 모두 중국으로 철수해야 한다는 논의가 일어나고 있었으나, 송응창은 조선을 포기하지 않아야 명을 보존할 수 있다는 논리로 명 조정을 설득하기도 했다. 송응창이 전쟁 중에 얻은 인식의 범위 내에서, 조선을 구하기 위한 노력을 전개했던 것이다. 1593년 8월에는 조선의 두 왕자를 일본으로부터 인도받을 수 있었다. 송응창이 중시한 문제들이 해결되었지만, 그의 조선 조정 '길들이기'가 끝난 것은 아니었다. 송응창은 조선 조정에서 명 조정에 보내는 사대문서를 중간에서 검열하고 수정하는 조치를 반복했다. 송응창에게 조선은 여전히 어두운 군주와 간사한 신하가 전횡하는 국가였다.

일본군이 부산·동래 일대로 철수한 후에도 송응창은 조선 조정을 비하하는 인식을 가지고 대對조선 정책을 수행했다. 이러한 인식은 간접적으로 혹은 직접적으로 조선 측에 영향을 줄 수밖에 없었다. 송응창은 선조를 '안일한' 군주라고 생각하고, 평소에 안일하여 전쟁을 당했음에도 반성이 부족한 어리석은 자로 보고 있었다. 선조를 보좌하고 있는 신하들도 기민하고 충실하게 일하기보다는 관망한다거나 서로 일을 미루는 자들로 기술되어 있다.

그러나 송응창은 조선의 군주인 선조를 직접 접견하여 소상히 선조의 이야기를 들어본다거나 조선의 신하들과 광범위하게 소통하지 않은 상태에서 조선 조정에 부정적인 인식을 가졌다. 송응창으로서는 강화교섭을 완수하여 전쟁을 종료하면 그것이야말로 자신의 전공戰功으로 고스란히 가져올 수 있었기에, 애초 조선 조정과 소통할 필요성이 약할 수밖에 없었다. 송응창이 조선의 태만함을 비난했던 것은 강화교섭의 추진을 위해 조선의 영향력을 인위적으로 무력하게 하여 명 조정으로부터 전적인 지원과 동의를 이끌어 내기 위한 장치였다. 또한 일정하게는 제한된 정보 속에서 조선에 갖게 된 선입견이 작동한 결과였다.

그 결과 조선 조정에서는 송응창에 대한 인식이 나빠졌다. 그와 함께 명 조정 내에서도 송응창의 강화교섭 추진 책략을 비판하는 목소리가 확대되었다. 경략 송응창은 1593년 윤11월, 12월 사이 교체되었고, 조선 조정에서는 명 조정과 직접 연락이 다시 가능해질 수 있었다.

참고문헌

『宣祖實錄』

『神宗實錄』

金涌, 『扈從日記』(김상환 번역, 한국국학진흥원 2022).

李德悅, 『養浩堂日記』(이명래 외 옮김, 광주이씨양호당종중회 회장 이문래, 2012).

宋應昌, 『經略復國要編』(구범진·김슬기·김창수·박민수·서은혜·이재경·정동훈·薛戈 역
　　주, 국립진주박물관, 2021).

柳成龍, 『辰巳錄』(이재호 번역 및 감수, 서애선생 기념사업회, 2001).

崔岦, 『簡易集』

國防部戰史編纂委員會, 『壬辰倭亂史』, 國防部戰史編纂委員會, 1987.

김경태, 「임진전쟁 강화교섭 전반기(1593.6~1594.12) 조선과 명의 갈등에 관한 연구」,
　　『韓國史硏究』166, 韓國史硏究會, 2014a.

_____, 『임진전쟁기 강화교섭 연구』, 고려대학교 박사학위논문, 2014b.

김한신, 「임진왜란기 강화교섭과 유성룡의 외교 활동(1593. 4~1595. 7)」, 『민족문화연
　　구』77, 고려대학교 민족문화연구, 2017.

_____, 「임진왜란기 유성룡의 남부 지역 방어계획과 군비강화책(1593. 4~1597. 7)」,
　　『歷史學報』238, 歷史學會, 2018.

_____, 「임진전쟁기 조선 조정의 對明 일본재침 경보와 양국 공조」, 『歷史學報』253, 歷
　　史學會, 2022.

金漢信,『임진전쟁기 柳成龍의 군사·외교 활동 연구』, 고려대학교 대학원 박사학위논문,
    2020.

李章熙, 「倭亂과 서울」,『개정·증보 임진왜란사 연구』, 아세아문화사, 2007.

孫鍾聲,『壬辰倭亂時 分朝에 관한 硏究』, 성균관대학교 박사학위논문, 1992.

_____, 「강화회담의 결렬과 일본의 재침」,『한국사-조선 중기의 외침과 그 대응-』29,
    국사편찬위원회, 2003.

趙湲來, 「明軍의 출병과 壬亂戰局의 추이」,『새로운 觀点의 임진왜란사 硏究-1592년 일본
    의 조선침략전쟁과 전쟁3주체(의병, 수군, 명군)의 실상-』, 아세아문화사, 2005.

조인희,『임진왜란기 조선의 대외교섭과 조일 국교회복에 대한 연구』, 연세대학교 대학
    원 박사학위논문, 2022.

池承種, 「16세기 말 晉州城戰鬪의 배경과 전투 상황에 관한 연구」,『慶南文化硏究』17, 慶尙
    大學校 慶南文化硏究所, 1995.

한명기,『임진왜란과 한중관계』, 역사비평사, 1999.

주

趙湲來,「明軍의 출병과 壬亂戰局의 추이」,『새로운 觀点의 임진왜란사 硏究-1592년 일본의 조선침략전쟁과 전쟁3주체(의병, 수군, 명군)의 실상』, 아세아문화사, 2005; 李章熙,「倭亂과 서울」,『개정·증보 임진왜란사 연구』, 아세아문화사, 2007, 75~76쪽; 國防部戰史編纂委員會,『壬辰倭亂史』, 國防部戰史編纂委員會, 1987, 190~192쪽.

2 한명기,『임진왜란과 한중관계』, 역사비평사, 1999, 42~53쪽; 孫鍾聲,「강화회담의 결렬과 일본의 재침」,『한국사-조선 중기의 외침과 그 대응-』29, 국사편찬위원회, 2003, 94쪽.

3 김경태,『임진전쟁기 강화교섭 연구』, 고려대학교 박사학위논문, 2014b, 78~110쪽; 조인희, 『임진왜란기 조선의 대외교섭과 조일 국교회복에 대한 연구』, 연세대학교 대학원 박사학위 논문, 2022, 93~98쪽.

4 김한신,「임진왜란기 강화교섭과 유성룡의 외교활동(1593. 4~1595. 7)」,『민족문화연구』 77, 고려대학교 민족문화연구, 2017, 219~222쪽.

5 柳成龍,『辰巳錄』, 請具兩南危急之狀 求救於經略提督 且戶曹判書李誠中身死 其代速爲差出 下送狀 癸巳七月十一日在陜川 "見權慄移文朴晉處云 倭賊已入求禮 將向谷城南原."; 池承種, 「16세기 말 晉州城戰鬪의 배경과 전투상황에 관한 연구」,『慶南文化硏究』17, 慶尙大學校 慶南文化硏究所, 1995, 196~197쪽.

6 金涌,『扈從日記』, 癸巳八月初九日, "上曰 兇賊別無見挫處 而一朝棄其所得之地而權煥 其計莫測 日 (…) 安知姑爲捲遷 又欲加兵大來也."

7 金涌,『扈從日記』, 癸巳八月初九日, "上曰 王子出書狀來到 (…) 但書狀所謂沿海入城 自成窟血 仍留不還云 (…) 上日 予意 熊川金海昌原兵營機張梁山東萊釜山也.";『宣祖實錄』卷42, 宣祖 26年 9月 丁巳(6日), "慶尙左道巡察使韓孝純八月二十二日 馳啓曰 本道賊勢 東萊機張釜山蔚山地西生浦梁山地下龍堂等處 如前屯聚 雖有間間入歸之賊 留屯之倭 則顯有雄據之狀 兇謀叵測 事定無期 罔知所爲."

8 金涌,『扈從日記』, 癸巳八月初九日, "上曰 (…) 彼賊萬無入去之理 而天兵有欲歸之心 故每發虛語 天兵若捲還 則朝夕生變."

9 金涌,『扈從日記』, 癸巳八月初九日, "提督曰 (…) 晉州事 督在彼諸將馳援 而或逗留不進 或馳不及援 終見陷汲奈何 聞倭奴將犯全羅道 於意以爲 本府若不前進 似無可爲 馳到龍仁 見南報 倭賊陷晉州後 皆歸釜山 領兵前進 徒費軍粮 玆以還王京."

10 김한신,「임진왜란기 유성룡의 남부 지역 방어계획과 군비강화책(1593. 4~1597. 7)」,『歷史學報』238, 歷史學會, 2018, 213쪽.

11 金涌,『扈從日記』, 癸巳八月初九日, "上曰 (…) 限天兵撤還間 欲據釜山 故旣陷晉州 又欲圖慶州矣."

12 金涌,『扈從日記』, 癸巳八月十一日壬辰, "備邊司啓曰 (…) 衆賊前言 將犯晉州 不受曰 其言果驗 遂致屠城之慘 今又聲言 將犯慶州 且見王子書狀 屯據入城 決無遁歸之意 爲謀叵測 不可不急擊."

194

13 金涌,『扈從日記』, 癸巳八月十二日癸巳, "傳于同副曰 尹根壽處 以倭賊尙在釜山 將犯慶州 大人欲撤回 小邦悶迫之情 措辭懇請於經略事 下喩."

14 金涌,『扈從日記』, 癸巳八月十三日甲午, "備邊司啓曰 伏見劉綎回咨 其手下之兵 與倭賊多懸絶 本國軍兵 則並無一卒合哨 只有金命元大丘一見 權慄乘倭退後 陜川一見 俱各蒼黃別去 安望蕩彼倭奴."

15 『宣祖實錄』卷37, 宣祖 26年 4月 丙戌(2日).

16 金涌,『扈從日記』, 癸巳八月初九日, "上曰 沈惟敬率倭留之 將欲何爲 曰 往經略前 親聽約束回來後 與釜山留倭 一時渡海."

17 金涌,『扈從日記』, 癸巳八月初九日, "上曰 (…) 彼賊萬無入去之理 而天兵有欲歸之心 故每發虛語 天兵若捲還 則朝夕生變 (…) 沈守慶曰 經略提督處 使知彼賊不去之由 可也."

18 金涌,『扈從日記』, 癸巳八月十二日癸巳, "傳于同副曰 尹根壽處 以倭賊尙在釜山 將犯慶州 大人欲撤回 小邦悶迫之情 措辭懇請於經略事 下喩."

19 金涌,『扈從日記』, 癸巳八月初九日, "李恒福曰 往經略衙門 則非但以稟報爲信 唐人專好卜說 每以倭賊十月必去爲言."

20 『宣祖實錄』卷39, 宣祖 26年 6月 壬子(29日) 경략 송응창이 병부에 올린 게첩; 金漢信,『임진전쟁기 柳成龍의 군사·외교 활동 연구」, 고려대학교 대학원 박사학위논문, 2020, 74쪽.

21 宋應昌,『經略復國要編』卷3, 檄都司張三畏 (1592년) 十一月十八日, "但王京去平壤已遠 去鴨綠江更遠 江山險阻 中國轉輸更難 而客師深入 其糧料亦須支給 本國宜預爲酌定."; 金漢信, 앞의 논문, 2020, 157쪽.

22 김경태,「임진전쟁 강화교섭 전반기(1593.6~1594.12) 조선과 명의 갈등에 관한 연구」,『韓國史研究』166, 韓國史研究會, 2014a, 68~69쪽.

23 金涌,『扈從日記』, 癸巳八月二十五日丙午, "答曰 奏本末端 仍及以下一款 若經略見之 使之勿爲 則其時何以爲答耶 備邊司啓曰 又送謝恩 似無大妨 (…) 然或慮此 則姑留黃璉 待經略回程後發送 亦或無妨."

24 『宣祖實錄』卷40, 宣祖 26年 7月 庚辰(28日), "仍傳曰 雖無此言 經略畏懼 無前進之意."

25 『宣祖實錄』卷40, 宣祖 26年 7月 辛巳(29日), "傳曰 經略領兵往勦之言 定爲虛語 但擧措極爲殊常 此何意耶 經略若前來 則自上在此未安 當爲前進."

26 『宣祖實錄』卷41, 宣祖 26年 8月 乙酉(4日), "承政院啓曰 當初奏請使差遣事 實出聖慮 專爲進勦一事 自餘運意 或及他事 而進勦之意 則首尾猶貫 經略必欲去某語 又欲去某節 前後往返 幾至四五度 雖曰小邦國書 而從中沮遏 至於如此 事體何如."

27 『宣祖實錄』卷41, 宣祖 26年 8月 乙酉(4日), "承政院啓曰 (…) 今宜與接伴使 周旋於經略曰 國書不可每每改書 留住一事 已於前日陳奏 蒙皇上允許 兵部移文經略衙門 老爺自當奉行耳 再三申稟之意 下諭于黃璉何如."

28 『養浩堂日記』卷2, 萬曆二十一年癸巳 四月 十一日, "大駕自安州還宮 侍郎無見上之意 對使者言 別無所見之事 事完回還時 相見爲可云."

29 『養浩堂日記』卷2, 萬曆二十一年癸巳 四月 十一日, "自以官高有尊大之意 (…) 上之受侮不少 亦是厄運所致也."

30 『養浩堂日記』卷2, 萬曆二十一年癸巳 四月 十一日, "侍郎私謂人曰 國王不悟一二小人之把弄 將亡其國 何以爲治乎 亦甚可愕."

31 『養浩堂日記』卷2, 萬曆二十一年癸巳 四月 十一日, "侍郎且曰 雖討賊平定 以汝君臣 守國爲難 云云."

32 『宣祖實錄』卷40, 宣祖 26年 7月 辛巳(29日), "左議政尹斗壽啓曰 (…) 宋侍郎 前日接見時 侍郎有嫌於形跡之事 不欲更與相接 此亦勢也 恐不必往見也.";『宣祖實錄』卷41, 宣祖 26年 8月 壬辰(11日) "禮曹啓曰 (…) 然以經略只許一見 不敢望更接 而急於省謁陵寢 兼且速爲進駐 鎭撫遺民 屢蒙經略勤敎 已爲前進 不能躬謝之意 善辭以對事 接伴使處下諭何如."

33 崔岦, 『簡易集』卷5, 槐院文錄, 咨回宋經略應昌□癸巳 "方且行而守岐 玆許一會 乃期數日 似非始望 曷勝傾軱."

34 金涌, 『扈從日記』, 癸巳八月十三日甲午, "洪進以副提學李石+國言啓曰 小臣以李提督中路問安官進去 (…) 辭以歸告國王 則事別無見我可爲之事云云 傳曰 知道 極爲驚愕 何以如是 明日擧動 速爲之."

35 金涌, 『扈從日記』, 癸巳八月十三日甲午, "三更引見承旨 洪進曰 聞提督馳過五息程 而無人出見云 (…) 天將天兵 絡驛大路 皆當力爲支持 李提督是何人也 於其回也 待之如此乎 一路守令 豈可出而之他乎 提督之怒 還爲輕矣."

36 『宣祖實錄』卷33, 宣祖 25年 12月 己酉(23日), "上曰 李如松良將耶 斗壽曰 雖未知如松之爲人 而厥父成梁 乃名將也 (…) 根壽曰 攻靈夏時 以軍法梟示失律之將 軍中震懼云矣 上曰 此人 只知防胡而已 未慣與倭戰 視此賊如北虜 則不可也."

37 『宣祖實錄』卷37, 宣祖 26年 4月 乙巳(21日), "初平壤開城府 旣已收復 李提督如松 世居北邊 (…) 以爲 提督攻平壤時 多取朝鮮人民 削髮斬級 以爲賊首 事聞中朝 差韓布政取善 査勘軍事."

38 『宣祖實錄』卷37, 宣祖 26年 4月 乙巳(21日), "以李提督辨誣事 移咨于韓布政 其略曰 (…) 小邦急於攻勦 屢諸督進 而摠兵憫念本國人民 騈首就死 乃揭免死白旗 預先通諭."

39 『宣祖實錄』卷38, 宣祖 26年 5月 丁巳(4日), "邊事回啓曰 因京來之人聞之 則提督使我國之兵 不得渡江追賊 以嚴威臨之 鎭拿追脅 無所不至."

40 『宣祖實錄』卷38, 宣祖 26年 5月 戊午(5日), "又曰 經略實欲擊之 則豈諱於大將乎 提督處不爲分付 故提督今者鎭拿我國諸將 使不得追勦."

41 金涌, 『扈從日記』, 癸巳八月初九日, "李恒福曰 提督無自擊之理 非徒位重 渠以大將 不得輕進 又大夫人心云."

42 『宣祖實錄』卷38, 宣祖 26年 5月 庚申(7日), "邊司啓曰 討賊收復之功 提督爲第一."

43 『宣祖實錄』卷38, 宣祖 26年 5月 戊寅(25日), "備邊司啓曰 伏見接伴使韓應寅狀啓 提督以留兵事 眷眷爲言 殊爲感幸."

44 金涌, 『扈從日記』, 癸巳八月初九日, "上曰 提督每言 必得倭奴盡去之後 吾始撤回也."

45 金涌, 『扈從日記』, 癸巳八月十四日乙未, "上曰 小邦臣民 仰大人如赤子之恃慈母 今者凶賊 尙在釜山等八城 而大人西行 小邦無依 疑懼方極."

46 金涌, 『扈從日記』, 癸巳八月十四日乙未, "提督曰 (…) 且賊之據西平浦云 八城則虛語矣."

47 金涌, 『扈從日記』, 癸巳八月十四日乙未, "提督曰 (…) 貴國三百年恭順 朝廷豈背之乎."

48 金涌, 『扈從日記』, 癸巳八月十四日乙未, "提督曰 當初講和 非本府所知 俺是將官 只擊賊而已."

49 제독 이여송이 1592년 12월 조선으로 인솔한 병력의 구성은 國防部戰史編纂委員會, 『壬辰倭亂史』, 國防部戰史編纂委員會, 1987, 147~148쪽 참고.

50 이 시기 명군 내 낮은 사기에 관해서는 한명기, 앞의 책, 1999, 44~45쪽 참고.

51 金涌, 『扈從日記』, 癸巳八月十四日乙未, "曰 賊之在此 □□□旨意耳 旨意若許貢 則卽當歸榮云."

52 金涌, 『扈從日記』, 癸巳八月十四日乙未, "提督曰 (…) 皇朝若許貢 則長稱□□□□□□ 朝鮮地方不復侵犯云 又曰 惟我在毋憂毋憂."

53 김한신, 「임진전쟁기 조선 조정의 對明 일본재침 경보와 양국 공조」, 『歷史學報』 253, 歷史學會, 2022, 201~203쪽.

54 金涌, 『扈從日記』, 癸巳八月十四日乙未, "上曰 唐人眞爲倭所搆."

55 金涌, 『扈從日記』, 癸巳八月十四日乙未, "上謂承旨曰 (…) 若聖旨許貢 則或由寧波路 若不許公 則□□□調兵馬以擊云云也."

56 金涌, 『扈從日記』, 癸巳八月初九日, "上曰 觀賊情 似有枯綏我國與中原之意 天朝與我國 又不無墮其術中者."

57 金涌, 『扈從日記』, 癸巳八月十四日乙未, "上謂張雲翼曰 倭賊未退 不得爲國之意 懇懇措辭以告提督." 등.

58 金涌, 『扈從日記』, 癸巳八月十四日乙未, "提督曰 (…) 嶺南二萬兵粮餉可繼乎."

59 金涌, 『扈從日記』, 癸巳八月十四日乙未, "提督曰 貴國之不得繼粮 俺之所知 彼賊若蒙許貢而去 則不必多留兵馬."

60 金涌, 『扈從日記』, 癸巳八月十四日乙未, "提督曰 全羅道小星嶺 險固可守 鳥嶺亦可守也 此國人 每棄險阻 下營平地 豈不敗乎."

61 金涌, 『扈從日記』, 癸巳八月十四日乙未, "提督曰 (…) 劉綎吳惟忠駱尙志六人當留在矣."

62 1593년 명군지휘부의 강화교섭 진행을 두고 조선 조정과의 갈등 상황과 그에 따른 여파는 김한신, 앞의 논문, 2017, 219~221쪽 참고.

63 『經略復國要編』 卷8, 萬曆 21年 4月 1日, 與艾主事書, "玆倭奴卑詞乞哀 縱未必眞否 而我假此縱歸 (…) 今彼國王徒欲報怨 而不修省 徒欲中國煩師 而不知兵連禍結 反貽伊國之害."

64 『經略復國要編』 卷8, 萬曆 21年 4月 4日, 移朝鮮國王咨, "乃王君臣忘遠慮 急近功 遺大憂 逞小忿 一至於此 不思一子未歸 王京未復 兵甲不完 衆寡不敵 惟悻悻然 欲天朝之兵 爲爾國專事屠殺."

65 『經略復國要編』 卷8, 萬曆 21年 4月 4日, 移朝鮮國王咨, "袖手傍觀 躁妄輕率 驅天朝士卒 而不知惜 (…) 藉援驅賊 尙不知憐窮恤困 革故鼎新 而猶曉曉於誓不共戴天之語 爲眼前報復之圖."

66 『經略復國要編』 卷8, 萬曆 21年 4月 4日, 移朝鮮國王咨, "方將爲王 定百年不拔之基 乃阻撓如此 今當與王決一進止 王若照舊堅執 不以本部之言是 聽本部與提督 號令三軍 控守臨津西岸 任王君臣 飭爾兵 整爾卒 與倭相搏."

67 『經略復國要編』 卷8, 萬曆 21年 4月 4日, 移朝鮮國咨, "本部當登句麗之峰 望王國之軍容也."

68 『經略復國要編』 卷8, 萬曆 21年 4月 19日, 移朝鮮國咨, "又値彼悔罪乞哀 願奔本國 還王舊都 歸王二胤 是以暫爲解忿息爭之謀 欲王得遂生聚 訓練之計."

69 『經略復國要編』 卷8, 萬曆 21年 4月 19日, 移朝鮮國咨, "非直爲目前急近功 忘遠慮也."

70 『經略復國要編』 卷8, 萬曆 21年 4月 19日, 移朝鮮國咨, "倘倭奴遵我約束 俯首而歸 我姑待而不死 然後爲王圖先後之策 以爲復讐之會."

71 『宣祖實錄』 卷37, 宣祖 26年 4月 丁亥(3日), "上敎政院曰 宋侍郎未渡鴨綠之江 而圖錄軍功 初入殘破之邦 而登高作樂 至於學術舛錯 義理不明 爲人可知 相接之際 不可不愼."

72 『經略復國要編』 卷8, 萬曆 21年 4月 15日, 與李提督等書, "目下之事 必俟行長先送王子陪臣

倭將 然後遣使前往 具見高識 如不從命 斷難輕放."

73 『經略復國要編』卷8, 萬曆 21年 4月 21日, 與李提督書, "但王子陪臣與彼倭將 未曾送出 倘至
    竹山 忠州 又或背約 則國王得以有詞於我."

74 『經略復國要編』卷8, 萬曆 21年 4月 25日, 檄李提督, "且報淸正繼後 是淸正明係要挾王子陪
    臣 與行長平秀嘉等恭順 大不相同."

75 『經略復國要編』卷8, 萬曆 21年 4月 25日, 檄李提督, "倘至釜山鎭 固執王子乘船浮海 彼時待
    之不來 追之不及 是墮彼之術也 相應發兵前進 以審事機."

76 『經略復國要編』卷8, 萬曆 21年 4月 25日, 檄李提督.

77 『經略復國要編』卷8, 萬曆 21年 4月 25日, 檄禮曹判書尹根壽, "務令歸還王子 方行罷兵 但不
    許各陪臣不聽約束 擅行挑釁截殺 使彼知覺預備 羈留我謝徐二使 誤我進兵大機."

78 『經略復國要編』卷8, 萬曆 21年 4月 25日, 檄禮曹判書尹根壽, "除本部已行提督 先遣左右營
    副將李如栢張世爵 等 統率大兵尾進 又行贊畫劉員外 督發劉綎川兵續進."

79 『經略復國要編』卷8, 萬曆 21年 5月 7日, 移朝鮮國王咨, "除本部已行管糧官 將平壤所積糧料
    移運開城王京 將義州所積糧料 移運平壤等處 以濟支用."

80 『經略復國要編』卷8, 萬曆 21年 5月 18日, 檄李提督劉贊畫劉綎三協將, "據李提督塘報 譯審
    得 投降衆倭說稱 關白先發兵四十六萬 後發援兵十萬 實欲呑倂朝鮮 分犯內地.";『經略復國要
    編』卷8, 萬曆 21年 5月 18日, 檄李提督劉贊畫劉綎三協將, "又據參軍鄭文彬等稟稱 關白初意
    建都朝鮮 睥睨遼薊 以三十萬犯浙直 三十萬犯閩廣 以窺中原."

81 『經略復國要編』卷8, 萬曆 21年 5月 18日, 檄李提督劉贊畫劉綎三協將, "倘使逸去 萬一入犯
    中國 復搶朝鮮 皆我等縱虎 自貽其患也 誠恐各該將官 苟全平壤功次 逗遛觀望 致悞事機 擬合
    再行申飭."

82 『經略復國要編』卷9, 萬曆 21年 6月 19日, 報張相公書, "如王子陪臣 使者幷沈惟敬俱回 卽縱
    之使去亦可 倘棲遲不去 終無歸着 不一大創之 恐未能竣事也 然事屬重大 何敢輕擧 沈茂兵望
    轉致本兵 速發爲禱."

83 『宣祖實錄』卷39, 宣祖 26年 6月 29日(壬子), 이와 관련하여 金漢信,『임진전쟁기 柳成龍의
    군사·외교 활동 연구』, 고려대학교 대학원 박사학위논문, 2020, 74쪽 참고.

84 『宣祖實錄』卷39, 宣祖 26年 6月 己丑(6日).

85 『宣祖實錄』卷41, 宣祖 26年 8月 丁亥(6日).

86 『宣祖實錄』卷41, 宣祖 26年 8月 辛卯(10日).

87 『宣祖實錄』卷41, 宣祖 26年 8月 癸巳(12日), "移咨宋經略請留 略曰 (…) 伊賊搏噬之心未已
    桀黠之狀漸張 搶掠自如 巢窟猶牢 其鋒未嘗挫 如此而擧衆引還 蓋無是理 外示回巢之形 還厥
    俘虜之人者 要不過緩我之備 弛我之圖 以冀其再逞也."

88 『宣祖實錄』卷41, 宣祖 26年 8月 癸巳(12日), "移咨宋經略請留 略曰 (…) 獨其所畏所難者 天
    兵耳 苟不及此機會 大震威靈 以彰汎掃之烈 則小邦之阽危 必不能復振 而伊賊之朶頤 終所未
    艾也 豈不痛哉."

89 金漢信, 2023, 위의 논문, 171쪽.

90 金漢信, 2023, 위의 논문, 160쪽.

91 『宣祖實錄』卷41, 宣祖 26年 8月 甲午(13日), "頃以危懇 專差陪臣 控籲於冕旒之下 而適會貴
    部 聞賊渡海 姑令等待 故未敢前進矣 (…) 煩乞貴部 曲垂矜恤 終始拯濟 許令劃赴 俾得仰叩
    天閽 再罄生成之恩 永賴萬世之惠 不勝至願."

92 『宣祖實錄』卷43, 宣祖 26年 10月 丙申(16日), "傳于政院曰 今見聖節使洪麟祥所送宋經略

報石尙書處文書 則極爲詐謾 不祥甚矣 今日賊勢 天朝每爲經略所瞞 今此奏文中明白 痛陳可也.": 『宣祖實錄』卷45, 宣祖 26年 閏11月 庚寅(10日).

93 『宣祖實錄』卷45, 宣祖 26年 閏11月 2日 壬午, "領議政柳成龍啓曰 (…) 臣意行人若來 自有通情之路 (…) 姑待行人之至 觀勢處之宜當."

94 金漢信, 2023, 앞의 논문, 163~164쪽.

95 『經略復國要編』卷11, 萬曆 21年 10月 23日, 移本部咨, "但國王本以平日晏安之主 近雖遭窘迫 而本部徐察其擧動 猶未見其憂然思然省也."

96 『經略復國要編』卷11, 萬曆 21年 9月 7日, 報石司馬書, "朝鮮國王昏亂無能 全憑奸佞陪臣播弄 民間膏腴田産 盡爲陪臣家占併 稅糧差役分文不納 甚有奸民投入奸臣之家者 糧差亦皆影射."

97 『經略復國要編』卷10, 萬曆 21年 8月 29日, 講明封貢疏, "顧 廷臣之中 有疑臣之迹 而以爲許成 又不諒臣之心 而以爲開釁."

98 『經略復國要編』卷11, 萬曆 21年 9月 10日, 報石司馬書.

99 『經略復國要編』卷11, 萬曆 21年 10月 3日, 報石司馬書, "東征事近日言者 攻之愈急 必欲泯滅壯士勳勞 陷某叵測重罪 幸荷臺下一疏 慷慨激烈 讀之令人泣數行下."

100 『宣祖實錄』卷46, 宣祖 26年 12月 庚午(21日), "備邊司啓曰 (…) 竊觀宋之爲人 機械隱秘 其黨布列 萬一因此 而反以傾陷誣罔 歸罪我國 而不能自明 則他日禍端 因此而更重 或未可知 故今日之事 只當詳陳危迫之狀 應昌誣罔之罪 令天朝自覺 乃是善策."

101 『宣祖實錄』卷41, 宣祖 26年 8月 16日 丁酉, "經略移咨 (…) 今聞王之第二胤光海君 英恣偉發 妙蘊岐嶷 鄙意以爲 乘此國基新復之際 委令巡歷全慶忠淸之間 事無大小 聽其裁決."

102 『宣祖實錄』卷42, 宣祖 26年 9月 19日 庚午, "劉總兵移咨 略曰 近接經略兵部疏稿 條議善後事宜內 幷世子光海君 李琿者 靑年英發 該國臣民 盡皆傾服 已移咨國王 亟催世子 速往全慶駐箚 與本鎭 一同協守經理."

103 孫鍾聲, 『壬辰倭亂時 分朝에 관한 硏究』, 성균관대학교 박사학위논문, 1992, 69쪽. 분조가 행재소(大朝)에 합류한 시기는 1593년 1월 20일경이었다.

104 孫鍾聲, 1992, 위의 논문, 48~50쪽.

105 『宣祖實錄』卷35, 宣祖 26年 2月 2日 丁亥, "領議政崔興源 淸川君 韓準 鵝川君 李增 兵曹判書李恒福 (…) 同知敦寧府事柳自新啓曰 (…) 大抵分朝之擧 乃當國家否極之日 不得已爲此 非常之擧 可一而不可再 可暫而不可久."

106 『宣祖實錄』卷35, 宣祖 26年 2月 2日 丁亥, "領議政崔興源 淸川君 韓準 鵝川君 李增 兵曹判書李恒福 (…) 同知敦寧府事柳自新啓曰 (…) 今日儲宮之職 則惟在於問安視膳講學資善而已."

107 『宣祖實錄』卷31, 宣祖 25年 10月 19日 乙巳 "斗壽曰 (…) 祖宗基業 自我覆之 櫛風沐雨 自我恢復可也."

108 『宣祖實錄』卷46, 宣祖 26年 12月 甲戌(25日), "遼東都指揮使司 移咨本國 略曰 (…) 本院奉勑 備倭向緣 撫鎭互異 故特題屬經略 以免推諉 乃今事尙未妥 奏報未實 仍令照舊塘報 一體傳報內閣部科等因 題奉欽依 貴國 凡有大小倭情軍務及地方事宜 俱要開具 給付擺塘官 傳送撫鎭衙門 報部施行."

109 『神宗實錄』卷266, 萬曆 21年 11月 19日, "兵科給事中吳文梓言 (…) 倭夷變詐叵測 如松私揭難憑 使倭果有必退之勢 經畧胡不奏聞 以紓東顧 臣等事事專職掌 胡不與聞 俾知虛實"(1593년 11월 明 병과급사중 오문재의 발언).

110 『神宗實錄』卷266, 萬曆 21年 11月 19日, "兵科給事中吳文梓言 (…) 據稱 大衆浮海矣 行長獨不懼王師之尾 其後乎 猶安然盤據 何所恃而輕視若此也."

111 『宣祖實錄』卷50, 宣祖 27年 4月 辛未(23日), "工科給事中徐觀瀾疏略曰 (…) 以仇敵之狡而益之朝鮮 借寇兵而資盜糧 智者果如是乎 (…) 有如倭奴長驅入犯 斯時也 將以無兵爲解乎"(1594년 4월).

112 『神宗實錄』卷271, 萬曆 22年 3月 2日, "戶科都給事中王德完備言 倭欲無厭 夷信難終 封則必貢 貢則必市 是沈惟敬誤経畧 経畧誤總督 總督誤本兵 本兵誤皇上也"(1594년 3월).

113 『宣祖實錄』卷53, 宣祖 27年 7月 壬辰(16日), "尙寶司卿趙崇善奏 (…) 今則劉綎五千兵尙在再加南兵三千 共八千人 每我兵一千 領朝鮮兵二千 總計之 則有二萬四千之衆 (…) 舍險不守而專恃封貢 萬一倭奴 乘吾無備 擁衆復入 悔將何及"(1594년 7월 요동도지휘사, 명 조정의 의논을 자문으로 전달).

114 『經略復國要編』卷10, 萬曆 21年 8月 29日, 講明封貢疏, "夫倭酋前後雖有乞貢之稱 臣實假貢取事 原無眞許之意."

115 『經略復國要編』卷10, 萬曆 21年 8月 29日, 講明封貢疏, "臣之心謂宜乘彼乞貢之際 將倭將小西飛羈置不放 緩其數月之期 使我留守之兵分布已定 朝鮮之兵操練已熟 (…) 此又善後講貢消弭禍萌之說也"

116 『經略復國要編』卷10, 萬曆 21年 8月 29日, 講明封貢疏, "安內地而固外藩 計無出此矣."

117 『經略復國要編』卷11, 萬曆 21年 9月 10日, 報石司馬書, "今當事竣 凡我東征官將 難以指名有用舍賞罰 幷以私事求而未遂 中懷慍懣 背多後言 甚有假公借私 暗進讒謗於政府及我翁處者."

118 『經略復國要編』卷11, 萬曆 21年 9月 12日, 報趙張二相公幷范含虛書, "關白行長二倭狡譎 神鬼難測 …… 是彼以三法賺我 我亦就彼賺法 三用而三勝之."

119 『經略復國要編』卷11, 萬曆 21年 9月 12日, 報趙張二相公幷范含虛書, "今日留兵止有一萬六千 朝鮮兵馬選練未集 全慶險隘修築未成 須假月日 方可措辦."

120 『經略復國要編』卷11, 萬曆 21年 9月 12日, 報趙張二相公幷范含虛書, "是以款待小西飛 以信其心 省令退居對馬島 速取關白表文."

121 『經略復國要編』卷11, 萬曆 21年 9月 12日, 報趙張二相公幷范含虛書, "俟其表至 代彼奏請旨下 廷臣會議 非得數月不可 而朝鮮留守之事 漸有欠第矣."

122 『經略復國要編』卷11, 萬曆 21年 9月 12日, 報趙張二相公幷范含虛書, "今日封貢之說 乃爲兵家間諜之謀."

123 『經略復國要編』卷11, 萬曆 21年 9月 12日, 報趙張二相公幷范含虛書, "假令封貢不可 而間諜亦不可乎 貢固難言 而封號空文 似亦可行."

124 『經略復國要編』卷11, 萬曆 21年 9月 12日, 報趙張二相公幷范含虛書, "誠恐王相公石本兵疑某不敢擔當 伏祈轉爲鼎言 諒某愚忠."

125 『經略復國要編』卷11, 萬曆 21年 9月 25日, 移朝鮮國王咨, "據此 先該本部屢經移咨 請王設險守國 復差胡澤沈思賢 會同該國陪臣親行踏勘."

126 『經略復國要編』卷11, 萬曆 21年 9月 25日, 移朝鮮國王咨, "大丘乃其必由之路 固守大丘 便於東援慶州 西應全羅 皆所以固王京也 劉總兵有見於此 卽於該府 分營列寨 屯兵拒守 此其志甚銳而其心獨苦也."

127 『經略復國要編』卷11, 萬曆 21年 10月 25日, 報石司馬書.

128 『經略復國要編』卷11, 萬曆 21年 10月 25日, 報石司馬書.

200

129 『經略復國要編』卷11, 萬曆 21年 10月 23日, 移本部咨 11-30, 463~464쪽.
130 『神宗實錄』卷268, 萬曆 21年 12月 7日, "兵部題稱 東征大兵既撤 合撤回經畧 專任督撫 上以 大兵盡撤 宋應昌李如松 俱取回倭情變詐 未可遽稱事完 (…) 其薊鎮虜防 暫令順天府巡撫代 管宋應昌 仍候顧養謙至日 交代回京"(1593년 12월).

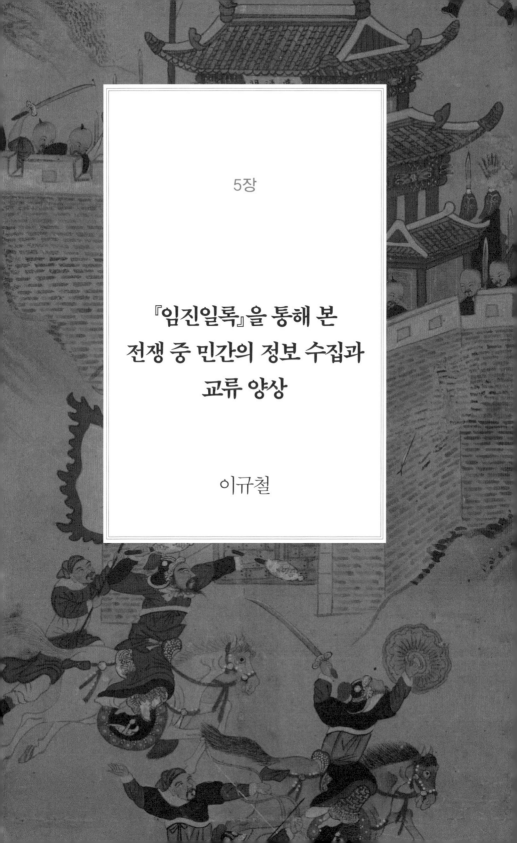

5장

『임진일록』을 통해 본
전쟁 중 민간의 정보 수집과
교류 양상

이규철

머리말

　1592년(선조 25)부터 7년 동안 진행되었던 임진전쟁은 조선이 전쟁의 당사자이면서도 전장의 무대까지 되었던 국제 전쟁이었다. 임진전쟁은 조선시대의 여러 사건 중 대중에게 많은 관심을 받아 왔던 주제였고, 국난의 극복이라는 입장에서도 여러 측면에서 조망되어 왔다. 이미 많은 연구자들을 통해 지적되었던 것처럼 임진전쟁은 국난의 극복이나 외세 침입에 맞서 나라를 지켰던 영웅들을 부각하는 방식의 설명이 많았다. 2000년대 이전의 한국사 교육에서도 임진전쟁을 국난극복사 측면에서 설명해 왔던 점 역시 부정하기 어렵다.

　임진전쟁은 조선이 건국한 이후 외국의 본격적 침입을 받았던 첫 번째 전쟁이었고, 규모 또한 국가의 존립 자체가 위협받을 정도로 컸다. 그렇기 때문에 국난 극복이나 외세에 맞서 싸웠던 역사 속 영웅들의 모습을 강조하고자 했던 의도 자체는 충분히 이해할 수 있다. 그렇지만 이와 같은 시각의 역사적 설명은 충분하게 이루어졌다. 현재 확인할 수 있는 사료를 통한 전쟁 및 대외교류의 양상 등에 대한 규명 작업은 이미 상당한 성과를 축적한 것으로 평가해도 크게 문제될 것은 없다.

따라서 임진전쟁 연구에 대한 새로운 이해와 접근을 위해서는 중앙정부 이외에도 전쟁을 함께 수행하거나 접했던 비관료 사대부나 민중의 활동 양상에 주목해야 한다. 이들은 전쟁에서 취약한 집단이었기 때문에 실제로 누구보다 많은 피해를 경험하고 고통받았다. 전쟁을 주도하거나 관련 정책에 직접 참여할 수는 없었지만 의병으로 또는 피난민으로 전쟁을 수행하고 경험했던 이들의 모습을 살펴보는 것은, 조선시대의 역사상을 이해하려면 반드시 필요한 작업이라 판단한다.

전쟁에 대한 역사 기록은 국왕을 비롯해 정책 결정 과정에서 중요한 위치에 있었던 고위관료들을 중심으로 남아 있는 경우가 대부분이다. 전쟁의 최전선에서 활동했던 낮은 지위의 군인들에 대한 활동이나 생활상 등은 사람들의 많은 관심에도 불구하고 제한된 사료 때문에 정확하게 파악하기 어려웠다. 전쟁 상황에 민감하게 반응할 수밖에 없었던 백성들의 활동 양상을 파악하는 작업 역시 쉽지 않았다. 그럼에도 개인의 일기 자료가 계속 번역되어 소개되면서 비관료 집단에 해당하는 사람들의 전쟁 속 활동상을 파악하는 연구가 구체화되었다. 특히 전쟁 기간의 다양한 모습을 보여 주는 일기 자료는 임진전쟁 기간 동안 생산된 것이 비교적 많이 소개되었다.

일기 자료는 특정 개인이 자신의 경험을 기반으로 역사 기록을 직접 생산했다는 점에서 큰 의미가 있지만 동시에 지극히 주관적 시각을 통해 기록을 남기기 때문에 객관성을 담보하기 어렵다는 한계가 있다.

하지만 인간이 생산한 역사 자료에서 완전한 객관성을 담보하는 것은 한계가 있다. 사료 비판 과정에서 자주 언급되는 것처럼 인간이 생산하는 역사 기록에서 특정인이나 세력의 입장이 반영되었던 경우는 쉽게 찾을 수 있기 때문이다.

조선시대를 파악하려면 너무나 잘 알려져 있는『조선왕조실록朝鮮王朝實錄』이나『승정원일기承政院日記』와 같은 관찬 사료 이 외에도 개인의 삶을 통해 시대상을 추적할 수 있는 일기나 편지 등의 기록도 중요하다. 기존의 조선시대 연구들이『조선왕조실록』이나『승정원일기』등의 사료를 중요하게 활용했다면 최근에는 일기 자료의 발굴을 통한 연구가 활발하게 진행되고 있다. 일기 자료를 통해 기존의 사료로 확인하기 어려웠던 생활사의 구체적 영역을 추적하는 것이 가능하기 때문이다.

임진전쟁은 국제전의 성격을 가지고 있었다는 점과 동아시아에서 중심 역할을 했던 3개국이 모두 참전했다는 점에서 국가의 역할이 강조될 수밖에 없는 측면이 있었다. 더욱이 전쟁 관련 자료가 각각의 중앙정부를 중심으로 남아 있었기 때문에 전쟁에 참여했던 다른 계층의 활동을 살펴보는 시각은 제한되었다. 그렇지만 임진전쟁기 사대부나 백성들의 활동이나 생각을 부분적으로 살펴볼 수 있는 자료들이 남아 있고, 원자료에 대한 번역 작업도 진행된 사례들이 있다. 이에 해당하는 대표적 자료가『쇄미록瑣尾錄』,『운천호종일기雲川扈從日記』,『임진일록壬辰日錄』등이다. 현재 번역 작업까지 완료된 자료들을 관찬 사료와 함께 활용한다면 임진전쟁을 이해하기 위한 보다 다양한 시각을 제시할 수 있을 것이라 기대한다.

이번 연구에서는 임진전쟁 동안 이루어졌던 민간의 정보 교환 양상을 살펴보고자 한다. 사대부 계층을 포함해 일반 백성들이 전쟁에 관한 정보를 어떠한 방식으로 접했고, 이에 반응했던 방식에 집중하고자 한다. 관료 집단에 속해 있지 않았던 사람들은 전황이나 적군의 이동 경로 등 국가 차원의 정보를 비교적 늦게 접하고 반응하는 것이 일반적인 현상이었다.

임진전쟁기의 정보 수집이나 정보 활동에 관한 연구는 그동안 제법 많은 성과가 축적되었다.[1] 전쟁 기간 동안의 정보 수집과 전달이 중요한 연구 주제라는 점에 대한 공감대가 형성되었기 때문이라 생각한다. 임진전쟁기 정보 활동에 관한 성과 중 이 글과 관련이 깊은 연구로는 김경태의 성과가 주목된다. 김경태는 오희문吳希文(1539~1613)의 『쇄미록』을 바탕으로 임진전쟁 기간 동안 지역의 정보 수집과 정보 제작 및 전달을 포함하는 유통 과정 등을 체계적으로 파악했다.[2] 연구에서 특히 인상적이었던 내용은 전쟁 중의 지역사회에서도 관련 정보를 매우 신속하게 수집했다는 점과 그 내용도 상당히 정확했다는 점을 분석한 것이다. 비슷한 현상이 『임진일록』에서도 확인되기 때문에 이번 연구에 참고할 수 있는 매우 중요한 연구가 된다.

일반적으로 전쟁과 같은 복잡한 상황에서는 정확하지 않은 정보나 소문이 쉽게 유포되는 것으로 알려져 있다. 기본적으로 사람들은 자신이 관심을 가지고 있는 것에 관한 정보를 구하게 된다. 설령 정확하지 않거나 허황된 내용이라 하더라도 사람들의 관심이 과도하게 집중되면 필요 이상의 위력을 가지게 되는 것이 정보 혹은 소문이다. 이는 전쟁이 발생하지 않았던 상황에서도 쉽게 확인할 수 있는 현상이다.

임진전쟁처럼 개전부터 조선이 위기에 빠졌던 경우 정확하지 않은 정보나 소문이 광범위하게 유포될 가능성이 높다고 생각되어 왔다. 그런데『임진일록』이나『쇄미록』등의 내용을 살펴보면 이는 성급한 일반화로 볼 수 있다. 개인 기록을 통해서 보았을 때, 전쟁 관련 정보를 쉽게 구하기 어려운 지방에 있었던 인물들이 상당히 정확한 전쟁 관련 정보를 수집하고 있었다는 점을 확인할 수 있다.

또한 지방에 있는 사대부들이 한양이나 평양, 조선군이나 명군, 일본군 등의 동정을 비교적 신속하게 파악하고 있다는 점도 확인 가능하다. 전쟁 중에도 조선의 정보 유통망이나 전달 체제가 제대로 작동하고 있었음을 보여 주는 증거라 판단한다.

한 가지 더 주목할 부분은 전쟁 기간 동안에도 허황된 소문이나 풍문이 과도하게 생산되어 유통되지는 않았다는 점이다. 급박하고 혼란한 상황에서는 부정확한 정보가 유통될 가능성이 높음에도『임진일록』에는 전쟁에 관한 상당히 정확한 내용들이 기록되어 있다. 물론 『임진일록』이 김종金琮의 기록을 바탕으로 후대에 편집되어 추가된 내용들이 있다는 점을 감안해야 한다. 그렇지만『임진일록』을 통해 전쟁과 관련된 개인 기록들이 상당히 정확한 사실들을 바탕으로 작성되었다는 점을 살펴보는 작업이 가능하다고 기대된다.

이미『고대일록孤臺日錄』을 통해 임진전쟁 당시 주요 전투가 발생하지 않았던 지역의 행정 체계나 정보가 유통되는 방식을 분석한 연구가 발표되었다.[3] 해당 연구들은 비록 주요 전투가 진행되었던 지역은 아니었지만 조선의 관리 임명 체계나 사대부의 교류, 전쟁에 관한 비교적 정확한 정보들이 일반 백성들에게 전달되고 있었다는 점 등을 설명했다. 또한 이 과정에서 사대부 계층에 속하는 사람들이 관련 정보를 비교적 빠르고 정확하게 파악할 수 있었던 조선 사회의 구조적 특성 등이 함께 조망되었다.

『고대일록』을 중심으로 진행되었던 연구들은 임진전쟁에 관한 연구나 설명이 지나치게 전투나 군사 동향에만 주목했던 한계를 극복하기 위한 의도에서 진행되었다. 이를 통해 대략 7년 동안의 전쟁 기간에도 조선의 시스템이 유지되어 기능했다는 점을 보여 주었다. 일반적 인식과 달리 조선은 큰 위기 속에서도 전국적으로 전쟁에 관한 정보를 전달하는 전국적으로 동시에 지방관에 대한 인사권을 행사했다.

물론 관직 생활을 경험했거나 사대부 계층의 정보 네트워크에 포함되어 있는 인물들이 전쟁에 관한 비교적 정확한 정보를 신속하게 수집했다는 점은 이미 사료를 통해 확인되었다. 시대를 막론하고 민간에서 수집하고 유통되는 정보가 대부분 상위 계층이 먼저 접하고 중위-하위 계층으로 전파되는 경향은 일관되게 유지되었다. 임진전쟁 시기 조선의 민간 정보 수집과 유통 역시 이 범주 안에서 이해할 수 있다.

조선 역시 사대부 계층에 속해 있거나 관료 집단과 가까운 사람들이 전쟁 상황과 관련된 고급 정보를 먼저 수집하고 대응할 수 있었다. 결과적으로 이들을 통해 더 많은 대중들에게 전쟁 상황에 관한 정보가 전달되면서 국가의 체제나 질서가 나름의 기능을 수행했다는 점에 주목해야 한다. 이는 조선이 국가적 위기 상황에서 사회 체제를 어떠한 방식으로 유지하면서 운영했는지의 일부를 살펴볼 수 있는 중요한 요소가 되기 때문이다.

이 연구에서는 임진전쟁의 상황을 기록했던 일기 자료『임진일록』에서 전쟁 관련 정보가 수집되고 전달되는 과정을 살펴볼 것이다. 또한 전쟁에 관한 중요 정보가 민간에 전달되어 유통되는 방식이나 정보 전달의 기간 등을 분석할 것이다. 이와 함께 전쟁을 경험했던 사람들이 관련 정보를 확인했을 때의 반응과 전쟁 기간 중 사대부들의 일상생활이 어떠한 모습을 보였는지에 대해서도 파악해 볼 것이다.

전쟁 발생 초기 피난 과정 속의 정보 전달

연구를 진행하기 위해 가장 중요하게 참고할 자료는『임진일록』이다.『쇄미록』같은 유명한 자료가 있지만 이를 활용한 연구는 이미 많이 진행되었다.『임진일록』과『쇄미록』이외에도 번역 작업까지 완료되어 출간된 임진왜란 관련 일기 자료로『운천호종일기』가 있다.[4] 그런데『운천호종일기』의 경우 선조와 조정 신료들의 파천 과정에 대해 잘 정리되어 있지만『조선왕조실록』의 내용이나 이미 알려져 있던 내용과의 차별성이 명확하게 드러나지 않는 한계가 있다.

물론『운천호종일기』는 개인의 일기가 아니라 사초史草 모음의 성격을 띤다는 점과『조선왕조실록』에서 확인할 수 없는 내용이 기록되었다는 점 등의 뛰어난 사료적 가치 때문에 '임진왜란기의 승정원일기承政院日記'라고 평가받을 정도다. 특히『운천호종일기』에서만 확인할 수 있는 내용들에 대한 기존 사료와의 비교·분석 작업은 반드시 진행되어야 한다.[5] 다만 전쟁의 양상이나 사실 관계 등에서는 기존 연구를 통해 이미 알려진 내용이 많기 때문에 새로운 사실을 찾아 설명하기에는 제한되는 부분이 있다.

그렇기 때문에 이번 연구에서 주목할 사료는 『임진일록』이다. 『임진일록』은 임진전쟁 당시 활동했던 김종이 남겼던 일기를 후손들이 편집하여 간행한 책이다.[6] 김종은 1533년(중종 28) 출생해 임진전쟁 동안 의병장 우성전禹性傳(1542~1593)의 막좌幕佐로 함께 활동하다가 병사했다. 그의 일기는 1592년 1월 1일부터 임종 이틀 전이었던 1593년 5월 21일까지의 기록으로 구성되어 있다.[7]

일기의 저자였던 김종에 대해서는 알려진 내용이 많지 않다. 『임진일록』을 번역했던 최연숙은 해제에서 일기 속 소개 내용과 『순천김씨대동보順天金氏大同譜』의 내용을 참고해 저자 김종에 관련된 내용들을 설명했다. 설명에 따르면 김종은 순천 김씨順天 金氏이며, 자는 종옥宗玉이다. 부친은 김순고金舜皐다. 『순천김씨대동보』에는 그가 1567년(선조 즉위년) 생원시生員試에 합격해 후일 대흥현감大興縣監과 별좌別坐를 지냈으며 품계는 통훈대부通訓大夫까지 이르렀던 것으로 기록되어 있다고 한다.[8]

일기가 기록되었을 때 김종의 나이는 60세였다. 선조가 피난을 위해 한양을 떠나자 가족들을 데리고 경기도 김포 지역으로 이주했다. 이후 김포, 통진, 양천, 강화 지역 등을 방어했던 추의군秋義軍에 참여해 활동하면서 이 자료를 남기게 되었다. 전쟁의 영향에서 자유로울 수 없었던 경기도 일대에서 한 명의 사대부이자 백성으로서 살아가던 개인의 생활과 추의군 막좌라는 무관으로 활동하면서 경험했던 일들을 일기 형식으로 기록했다.[9]

일기는 1592년 1월부터 시작된다. 그런데 3월까지는 전쟁의 조짐이나 일본에 대한 언급이 전혀 나타나지 않는다. 당시 김종은 한양에서 관직자로 생활하고 있었다.[10] 전쟁에 관한 기록은 4월부터 본격적으로 나타나기 시작한다. 이 기록을 그대로 따라간다면 김종 같은 낮은 관직자나 한양에서 생활했던 백성들에게는 전쟁의 분위기가 아직 충분히 전달되지 않았던 상황으로 보인다.

그런데 임진전쟁과 관련해서 주목할 만한 중요한 기록은 4월 7일부터 확인된다. 4월 7일의 기록 중에는 조대곤曺大坤의 일에 관해서 선조가 비변사備邊司에 내렸던 비망기의 내용과 승정원의 의견 등이 수록되어 있다.[11] 경상우병사慶尙右兵使였던 조대곤을 김성일金誠一로 교체하는 조치에 대한 의견이 정리된 내용이다.

선조는 1592년(선조 25) 3월 경상우병사 조대곤이 노환老患으로 체직되자 특지를 내려 김성일이 대신하도록 조치했다. 기록에서는 김성일이 일본이 침략하지 않을 것이라 주장했다는 점과 영남 지역에서 군사를 훈련시키고 성을 쌓는 일의 폐단을 계속 지적했다는 점 때문에 선조가 그를 병사로 임명했던 것으로 설명되어 있다. 비변사는 그를 유신儒臣이기 때문에 변방 지역의 장수로 임명하는 것을 반대했다.[12] 『선조수정실록宣祖修正實錄』의 해당 기록을 자세히 살펴보면 다음과 같다.

김성일金誠一을 경상우병사로 삼았다. 당시 조대곤曺大坤이 노병老病으로 체직되자 특지特旨로 김성일이 그를 대신하도록 했다. 대체로 성일은 항상 말하기를 '왜적은 반드시 오지 않을 것이며 왜구가 온다 해도 우려할 것이 못된다'고 하였다. 또 차자箚子를 올려 영남에서 성을 쌓고 군사를 훈련시키는 폐단을 논했다. 경상감사 김수金睟가 장계하기를 '성을 쌓는 역사에 대해 도내의 사대부들이 번거로운 폐단을 싫어해서 이의異議를 제기하기에 (역사가) 저지되고 있다'고 했다. 상이 이 때문에 (김)성일이 논한 것이 진실로 한결같지 못하다고 여겨 마침내 이러한 제수가 있게 되었다. 비변사는 '(김)성일은 유신儒臣이라서 이러한 때에 변방 장수의 직임에는 적합하지 않다'고 계문하였으나 윤허되지 않았다.[13]

김종은 이에 관한 내용을 4월 7일에 기록했다. 한 달 전에 있었던 조치를 왜 이때 기록했는지를 정확하게 파악하기는 어렵다. 주목되는 것은 조선의 일본 대비에 관한 움직임이 기록으로 나타나기 시작했다는 점이다. 『임진일록』에는 3월까지 전쟁이나 외적의 방어에 대한 내용이 없지만 4월에 이러한 기록이 남겨졌다는 것은 김종 역시 당시의 정세를 대략적으로는 파악하고 있었음을 의미하는 것으로 보인다.

4월 11일에는 김옥金玉과 김성일에 대한 언급이 나타난다. 비록 김옥을 만나지 못했지만 그가 김성일을 모시고 우병영右兵營으로 갔다는 내용이다.[14] 이를 통해서 미루어 본다면 김종이 당시의 급박한 분위기를 파악했을 가능성이 높다. 조선이 일본의 침입에 대한 대책을 마련해서 시행하는 상황이었기 때문에 한양에서 관직 생활을 했던 김종이 이 분위기를 모르지 않았을 것이다.

『임진일록』의 기록을 보면 1592년 4월 13일에는 전쟁에 관한 기록이 당연히 없다.[15] 4월 13일은 일본군이 상륙 및 공격이 처음 시작되었던 날로 설명된다. 『조선왕조실록』에서 확인할 수 있는 일본군의 상륙 및 공격 기록이 4월 13일이기 때문이다.[16] 4월 13일의 『선조실록宣祖實錄』 관련 기록은 다음과 같다.

왜구倭寇가 이르렀다. (…) 적선賊船이 바다를 덮어 오니 부산첨사釜山僉使 정발鄭撥은 마침 절영도絶影島에서 사냥하다가, 조공하러 오는 왜인이라 여기고 대비하지 않았다. 미처 진鎭에 돌아오기도 전에 적이 이미 성에 올랐다. (정)발은 난병亂兵 중에서 전사했다. 다음 날 동래부東萊府가 함락 되고 부사府使 송상현宋象賢이 죽었으며, 그의 첩妾도 죽었다. 적은 드디어 길을 나누어 진격하여 김해·밀양 등 부府를 함락하였다. 병사 이각李珏은 군사를 거느리고 먼저 도망갔다. 2백 년 동안 백성들은 (전쟁을) 알지 못했 기 때문에 각 군현郡縣들이 풍문만 듣고도 놀라 무너졌다. 오직 밀양부사 密陽府使 박진朴晉과 우병사右兵使 김성일이 적을 진주晉州에서 맞아 싸웠 다. (김)성일이 아장牙將 이종인李宗仁을 시켜 백마를 탄 적의 두목을 쏘아 죽이니 마침내 적이 조금 물러났다.[17]

위의 기록은 임진전쟁의 시작과 부산·동래의 함락에 대한 정보가 보고되었던 시점을 보여 준다. 또한 부산 및 동래를 비롯해 김해·밀양 의 함락과 전사자 등에 대한 보고를 통해 경상도 여러 지역의 전쟁 관 련 정보가 한양으로 전달되었다는 정황도 알려 준다. 경상도의 여러 지역에도 전쟁 관련 정보가 전달되었을 가능성이 높다. 『선조실록』의 기록이 특정한 지역에만 한정된 내용이 아니기 때문이다.

김종 역시 이 정보를 당일에 바로 파악할 수는 없었을 것이다. 다만 4월 14일에는 부산이 함락되었다는 기록이 수록되어 있다는 점이 확 인된다.[18] 4월 15일 기록에는 동래가 함락되었다는 내용도 수록되어 있다.[19] 수록된 기록을 내용에 따라 그대로 판단한다면 김종은 13일의 전황을 하루이틀 정도의 짧은 시간 동안에 정확하게 파악했던 것처럼 보인다.

그런데 『임진일록』에서 일본군에서 부산 및 동래 지역에 대한 공격 사실 관련 내용은 1592년 4월 14일과 4월 15일에 실제 기록했던 것이 아니라 나중에 추가된 부분으로 판단한다. 일단 『조선왕조실록』에서 관련 기록이 조정에 보고된 것이 4월 17일로 확인된다.[20] 유성룡柳成龍의 『징비록懲毖錄』에도 일본군의 상륙과 공격에 대한 정보가 조정에 보고되었던 날짜는 17일 이른 아침으로 기록되어 있다.[21] 이 상황에 대한 『선조실록』 관련 기록을 보다 자세하게 살펴보면 다음과 같다.

> 포시晡時에 변보邊報가 서울에 도착하는 즉시 이일李鎰을 순변사巡邊使로 삼아 정예병을 이끌고 상주尙州에서 적을 막으면서 싸우도록 하였으나 패배하여 종사관 박호朴箎·윤섬尹暹 등은 모두 전사하고 (이)일은 단기單騎로 달아나 (죽음을) 면했다.[22]

위의 기록에서는 전쟁 상황에 대한 보고가 한양에 도착하면서 이일을 순변사로 임명해 정예 병력으로 상주에서 일본군을 방어하도록 지시했지만 대패해서 주요 장수들이 전사하고 지휘관 이일은 도주했다는 내용이 확인된다. 기록에는 한양에 도착했다는 보고 내용이 자세하게 기록되어 있지 않다. 그렇지만 조선군의 패배와 도주, 일본군의 신속한 진격에 대한 급박한 상황 등이 수록되었을 것이라는 점은 충분히 추정 가능하다.

아울러 4월 13일 일본군의 상륙 이후 발생했던 여러 교전 상황과 경상도 지역의 복잡한 상황 등을 조선 조정이 사건 당일에 파악했다고 보기는 어렵다. 『선조실록』에 4월 14일부터 4월 16일까지 사흘 간의 기록이 없기 때문에 전쟁 상황에 대한 정보가 정확하게 어느 시점에 한양에 도착했는지 파악하기는 어렵다. 다만 4월 13일에 기록되었던 여러 정보나 전쟁 상황 등이 늦어도 4월 17일에는 조선 조정에서 파악할 수 있을 정도의 정확한 정보들이 보고되었을 것으로 추정할 수 있다.

『선조실록』 4월 17일 병오일의 기록 6건은 모두 전쟁 상황과 조선 조정의 조치에 대한 내용들이다. 특히 같은 날의 기록에서 신립申砬을 삼도순변사三道巡邊使에 제수했다는 내용과 그의 부대가 충주忠州에서 일본군에게 대패했다는 기록을 동시에 확인할 수 있다. 그중에서 신립 부대의 충주 전투에 관한 『선조실록』의 기록을 살펴보면 다음과 같다.

> (신)립砬이 충주忠州에 이르자 여러 장수들은 모두 조령鳥嶺의 험준함을 이용하여 적의 진격을 막자고 하였으나 (신)립은 따르지 않고 평원에서 싸우려고 하였다. 27일 단월역丹月驛 앞에 진을 쳤는데 군졸 가운데 '적이 이미 충주 안으로 들어왔다'고 말하는 자가 있자, (신)립은 군사들이 놀랄 것이라 여겨 즉시 (그 군졸을) 참하여 엄한 군령을 보였다. 적이 복병伏兵을 배치하여 우리 부대의 후방으로 나오므로 군대가 마침내 대패했다. (신)립은 포위를 뚫고 달천㺚川 월탄月灘가에 이르러 수하를 불러서는 '전하를 뵐 면목이 없다'고 하고 마침내 빠져 죽었다. 그의 종사관從事官 김여물金汝吻과 박안민朴安民도 역시 빠져 죽었다.[23]

이상의 기록들을 살펴보면 4월 17일 시점에 조선 조정에 전쟁의 상황과 관련된 중요한 내용들이 긴급하게 보고되고 있다는 사실을 확인할 수 있다. 물론 기록을 자세히 살펴보면 17일 이후의 날짜가 나오고, 불과 하루 동안에 모두 파악하기 어려운 전황들이 집중적으로 수록되어 있다. 이러한 점들을 고려해서 분석한다면 『선조실록』의 기록이 비록 같은 날에 수록되어 있더라도 실제 같은 날 조정에 모두 보고되었을 것으로 이해하는 것은 한계가 있다. 조정의 기록이 이와 같다면 김종과 같은 개인이 수집해서 파악했던 전쟁 상황에 대한 정보들은 조금 더 늦게 확보되었을 가능성이 높다.

일본군 침입에 대한 중요 정보가 조정에 보고된 것이 17일 아침이었으니, 하위직 관리에 불과했던 김종이 이 사실을 먼저 파악하기는 어려웠을 것이다. 이는 나중에 파악하게 된 임진전쟁의 전황 등을 자신의 기록에 추가로 덧붙였다고 해석하는 것이 타당해 보인다. 또한 『임진일록』의 1592년 4월 14일 기사와 4월 15일 기사에서는 부산과 동래의 함락이라는 충격적 사실이 기록되어 있는 것에 비해 김종 본인을 포함해 만나는 사람들의 긴장감이 전혀 느껴지지 않는다. 관련 정보를 정확하게 파악한 상황이었다면 쉽게 일어나기 어려운 상황으로 보인다. 그렇기 때문에 4월 16일 기록에서도[24] 별다른 긴장감이나 전쟁의 공포에 대한 내용이 발견되지 않는다.

『임진일록』에 전쟁 상황들이 집중적으로 기록되어 있다는 특성을 생각해 본다면 김종이 구체적 정보를 파악했던 상황에서 관련 내용을 일기에 수록하지 않았을 가능성은 매우 낮다. 전쟁의 발발과 급박한 상황에 대한 정보가 수집되었다면 이를 바탕으로 다음 행동이 결정되었을 것이기 때문이다.

임진전쟁에 관한 정확한 정보는 김종 역시 4월 17일에 파악했던 것으로 보인다. 해당 기사에 마을 사람들이 왜란倭亂에 대한 내용을 시끄럽게 전달했다는[25] 내용이 보이기 때문이다. 여기에 더해 부산과 다대포多大浦 지역에 대한 일본군의 공격 상황이 자세하게 기록되어 있다.[26] 『임진일록』의 해당 기록부터는 김종과 주변 마을사람들의 분주한 모습이 확인된다. 갑작스런 전쟁 관련 소식에 대한 당연한 반응이라고 볼 수 있다.

4월 14일과 4월 15일의 전쟁 관련 기록이 후일 추가되었다 하더라도 4월 17일의 기록은 시사하는 바가 크다. 왜냐하면 전쟁에 관한 구체적 정보가 조정에 보고되었던 당일에 김종을 비롯한 마을 사람들이 전쟁 상황을 파악했다는 사실을 확인할 수 있기 때문이다. 김종이 식사 후 마음 사람들이 전쟁에 관한 소식을 전하는 내용을 듣게 되었다는 기록을 보면, 이 내용은 후대에 추가된 것이 아니라 생각된다. 김종 본인에 대한 내용이 연계되어 있는 동시에 정보 전달 상황이 구체적으로 묘사되고 있기 때문이다.

『쇄미록』을 통해서도 비슷한 정황을 확인할 수 있다. 『쇄미록』의 저자 오희문吳希文(1539~1613)은 1592년 4월 당시 전라도 장수 지역에 막 도착한 상황이었다.[27] 장수에 도착했던 날짜는 4월 13일이었고,[28] 피난을 시작할 때까지 이 지역에서 머무르게 되었다. 오희문은 4월 11일에 해당하는 기록에서 자신의 장수 도착이 13일이었다는 점을 설명했다.[29] 이는 오희문이 일기를 4월 13일 이후에 작성하면서 11일에 해당하는 날짜에 함께 적었던 내용으로 보인다.

보다 주목되는 부분은 임진전쟁의 발발에 대한 정보를 파악한 시점이다. 오희문이 왜선倭船 수백 척이 부산에 나타났고, 부산과 동래가 함락되었다는 것으로 추정되는 소식을 접했던 날짜는 4월 16일이다.[30] 4월 13일에 발생했던 전쟁 관련 소식을 전라도 지역에서 나흘 후에 파악했으니 정보가 전달되기에 충분한 시간이라 볼 수 있다. 다만 오희문은 전황이나 일본군의 동향과 같은 자세한 내용은 파악하지 못하고, 일본군의 대규모 침입과 부산 및 동래 지역의 함락이라는 기초적 정보만 확인했다. 『쇄미록』에서 보이는 전쟁 정보의 전달 과정이나 속도는 충분히 이해 가능한 정도로 보인다. 따라서 『임진일록』의 전쟁 발발 정보에 관한 파악 시점을 조금 더 엄밀하게 파악해야 할 필요성이 있다.

『임진일록』 4월 19일 기록에는 동래 함락에 대한 구체적 내용이 수록되어 있다.[31] 다만 일본군의 전력이나 진군 속도 등에 관한 정보는 아직 정확하게 파악하지 못했던 것으로 보인다. 적의 주력부대가 한양을 향해 엄청난 속도로 진군하고 있다는 인식이나 관련 상황에 대한 긴장감이 나타나지 않기 때문이다. 4월 21일 기록이나[32] 4월 22일 기록에서[33] 김종은 친구나 주변의 여러 사람을 계속 만나고 있다는 사실이 확인된다. 이에 반해 전쟁 상황의 급박함에 대한 인식은 김종이나 그의 주변 사람들에게서 확인하기 어렵다.

4월 28일에는 배 2척을 구입하려 했으나 실패했다는 기록이 보인다.[34] 그리고 4월 29일 기록에는 신립 부대의 대패와 급하게 배를 구입한 일, 구체적으로 알 수 없는 계획에 대한 내용들이 확인된다.[35] 선박을 대여하려다 신립 부대의 대패 소식을 확인하고 급하게 배를 구입해서 정박시켰다는 내용을 통해 미루어 짐작한다면 4월 29일 기사에서 언급된 계획은 피난에 관한 것으로 추정된다. 적어도 4월 28일부터

4월 29일에는 한양이나 경기 지역의 사람들이 전쟁 상황이 매우 심각하게 진행되고 있다는 사실을 파악했던 것 같다.

잘 알려져 있는 것처럼 전쟁이 발생하여 일본군이 부산, 동래 등을 순식간에 함락시키고 한양으로 북상하자 선조는 조정 신료들과 함께 개성으로 향했다. 『선조실록』에 따르면 국왕 선조를 비롯한 조정 신료들이 한양을 출발했던 것은 4월 30일로 나타난다.[36] 해당 기록의 내용은 다음과 같다.

> 새벽에 상이 인정전仁政殿에 나오니 백관들과 인마人馬가 전정殿庭을 가득 메웠다. 이날 온종일 큰비가 내렸다. 상과 동궁은 말을 타고 중전은 뚜껑 있는 교자를 탔다. 홍제원洪濟院에 이르러 비가 심해지자 숙의淑儀 이하는 교자를 버리고 말을 탔다. 궁인宮人들은 모두 통곡하면서 걸어 따라갔으며 종친과 호종하는 문무관은 그 수가 백 명도 되지 않았다. 점심을 벽제관碧蹄館에서 먹는데 왕과 왕비의 반찬은 겨우 준비되었으나 동궁은 반찬이 없었다. 병조판서 김응남金應南이 흙탕물 속을 분주히 뛰어다녔으나 여전히 어찌해 볼 도리가 없었고, 경기관찰사 권징權徵은 무릎을 끼고 앉아 눈을 크게 뜬 채 어찌할 바를 알지 못했다.[37]

『임진일록』의 내용을 전체적으로 살펴보면 김종이 전쟁의 상황과 흐름 등을 매우 정확하게 파악하고 있었다는 점이 주목된다. 『임진일록』에 기록되어 있는 전쟁 관련 정보나 작은 소문까지도 신뢰성과 구체성이 매우 높은 경우가 많았다. 전쟁 중에도 민간의 정보 전달 체계가 기능을 유지했기 때문에 김종을 비롯한 조선의 구성원들이 관련 상

황을 비교적 정확하게 파악할 수 있었던 것으로 보인다.[38]

5월 기록부터는 김종과 그의 가족이 본격적으로 전쟁에 대비하는 과정을 확인하는 것이 가능하다. 『임진일록』에는 구체적으로 기록되어 있지 않지만 5월 1일 기록에서 지존이 노천에 있다는 내용이 보인다.[39] 이 내용을 통해 김종은 선조 일행이 4월 30일 한양을 떠났다는 사실을 알고 있었다고 추정할 수 있다.

김종은 일본군이 한양을 대규모 침입하고 조운선의 운영 등이 중단되었다는 사실도 파악하게 되었다.[40] 그런데 5월 11일부터는 지역에서 진법陣法 훈련을 했다는 기록이 있다.[41] 일본군에 대한 대비책을 준비하는 것은 물론 당장 조직할 수 있는 의병의 훈련을 목적으로 하는 활동을 기록했던 것으로 추정된다. 다음 날 기록에는 4면이 군사가 모였다는 짧은 내용이 확인되고,[42] 5월 13일 기록에서는 수령이 군사를 거느리고 와 진을 설치했다는 내용과 일본군을 처음으로 잡았다는 내용이 있다.[43]

전쟁이 발생한 이후 김종이 정보를 수집했던 방식은 결국 사대부 계층의 인적 네트워크가 가장 중요한 역할을 했던 것으로 보인다. 전쟁이 발생했던 상황에서도 김종이 계속 친구들을 만나면서 대화하거나 식사하는 일에 대한 기록을 쉽게 발견할 수 있다.[44] 심지어 매우 경황이 없었을 것으로 추정되는 피난 상황에서도 특정 장소에 머무르면서 피난 오는 사람들을 맞이하면서 교류를 지속했다.[45]

전쟁 발생 이후 공식적으로 전쟁 관련 정보의 보고·전달 체계에 포함되어 있지 못했던 김종이 관련 내용을 최대한 빠르게 파악할 수 있는 방법은 인적 네트워크에 의지하는 것이었을 가능성이 매우 높다.

전쟁 발생 이후에나 피난 과정에서도 사대부들과 교류를 계속 유지했던 것은 정보 수집 및 교환을 위한 목적이었을 것이다. 동시에 상당히 정확한 정보가 비교적 빠른 속도로 민간에 전달되고 있었다는 사실도 확인 가능하다.[46]

『임진일록』에서 김종 등이 사대부들과 자주 대화를 나누고 함께 식사를 하는 것은 평소 생활방식이 반영된 것이었다. 전쟁 중 피난의 위급함과 긴장 속에서도 지속되는 사대부들의 교류 양상은 쉽게 이해되지 않는 부분이기도 하다. 더욱이 익숙하지 않은 피난 지역에 머무르면서도 원래 교류했던 사대부들은 물론 지역의 사대부들과 새로 교류하는 모습은 상당히 독특히 보인다. 평상시라면 사대부들의 일반적 교류 양상으로 이해하는 것이 가능하겠지만 『임진일록』은 전쟁 기간 중의 상황을 기록했기 때문이다.

결국 『임진일록』에서 빈번하게 등장하는 사대부들의 교류 양상은 조선시대에 매우 중요한 영역이었다는 점을 반영하는 것이라 판단한다. 사대부의 교류는 자신들의 계층을 유지하도록 만들어 주는 중요한 절차였던 것은 물론 필요한 정보를 교환할 수 있는 기회였다. 이러한 부분이 당시 사대부들에게 명확하게 인식되고 있었기 때문에 전쟁 중 피난 과정에서도 교류 기회를 계속 만들고 함께 참여하기 위해 노력했던 것으로 보인다.

일반적으로 전쟁 관련 정보는 군사 활동을 통해 수집되어 보고되는 과정을 먼저 생각하기 쉽다. 전쟁이 없는 시기에도 군사 활동을 통해 정보를 수집하는 절차의 중요성은 따로 설명할 필요가 없다. 전쟁 기간 중에는 군사 활동을 통한 정보 수집 활동의 중요성이 더욱 커진다.

그러므로 전쟁 중의 정보 수집과 전달 과정을 군사 분야를 중심으로 생각하는 경향이 강하다.

그런데 『임진일록』에는 사대부들의 정보 수집 방식과 전달 과정 등을 추정할 수 있도록 도와주는 기록들이 다수 남아 있다. 전쟁에 대한 국왕이나 고위 관료들의 판단이나 정책 결정 과정, 군사적 충돌이나 전투 상황에 대한 기록만이 아니라 개인이 생산했던 일기 자료를 통해서도 전쟁 속의 새로운 모습을 찾아내는 것이 충분히 가능하다. 『임진일록』 속에 남아 있는 사대부들의 교류 기록 역시 기존에 충분히 살펴보지 못했던 전쟁 속의 다양한 모습을 조망할 수 있도록 도와준다.

민간의 전쟁 상황 파악과 명군 관련 정보의 전달

임진전쟁이 시작되었던 4월은 일본군의 부산 상륙과 경상도 일대 군현들이 함락되는 일이 발생했다. 이에 더해 일본군은 엄청난 속도로 북상하는 상황에서 조선 조정이 방어 부대를 편성해 파견했던 이일李鎰과 신립申砬 등의 병력이 모조리 격파당하면서 전쟁 상황은 더욱 위험하게 전개되었다. 조선 조정은 믿었던 이일과 신립이 모두 대패하면서 한양을 지키는 것이 어려워졌기 때문에, 선조와 신료들은 개성과 평양을 거쳐 의주까지 피난했다.

이와 같은 전쟁 상황은 경상도와 충청도 및 한양과 경기도 일대의 백성들에게 엄청난 충격을 주었다. 조선군은 일본군의 북상을 저지하지 못한 것은 물론 전투에서도 압도당하고 있었다. 백성들은 이 상황에서 전쟁에 관한 정확한 소식을 구하기 위해 노력했다. 무엇보다 전쟁에 관한 정확한 소식을 파악해야만 피난 여부를 결정하는 동시에 일본군을 피할 수 있는 안전한 지역이나 장소를 찾을 수 있었기 때문이다.

관련 상황들을 생각해 보면 김종이 가족들을 데리고 비교적 안전하다고 생각되는 지역으로 피난했던 것이 아니라 오히려 경기도 지역으로 이동했던 것은 생각해 볼 점을 제시해 준다. 이는 자신의 집이 김포에 있었던 점과 외사촌이었던 통진현감通津縣監 이수준李壽俊의 지원이 가장 중요한 원인이었던 것 같다. 동시에 김포 지역 일대가 가족들과 함께 머무르면서 일본군이나 전투 상황을 피하기에 비교적 안전하다는 판단이 있었기 때문에 내려진 결정으로 보인다.

실제로 김종은 피난 과정에서 조선군과 일본군의 전투 상황을 비교적 가까운 지역에서 접하거나 일본군의 이동 모습 등을 직접 목격했다. 일본군은 상륙해서 부산 및 동래 지역 등을 함락한 뒤 굉장히 짧은 기간 동안에 한양까지 점령했다. 이와 같은 상황에서 김종 등이 경기도 지역 일대에서 일본군이 전혀 보이지 않는 곳으로만 피난하는 것은 결코 쉽지 않았을 것이다. 또한 별다른 정보나 확신 없이 전투 지역이 확대될지도 모르는 긴박한 상황에서 목적지 없이 피난을 계속하기도 어려웠을 것이다.

그렇다면 김종은 위험한 전투가 벌어지는 지역이나 일본군의 진군로에 대한 최소한의 정보를 확보했거나 조선 사람들 사이에 관련 정보가 유통되었을 가능성을 추정해 볼 수 있다. 김종이 전쟁 발생 직후나 피난 과정에서 제법 많은 사대부들과 교류하면서 대화를 나누고 식사를 같이했던 것은 결국 전쟁 관련 정보를 수집하기 위한 활동의 하나

로 설명할 수 있다. 김종을 만나러 왔던 사대부들에게도 동일한 목적
이 있었을 것이다. 피난 과정이나 피난지에서도 활발하게 진행되었던
사대부들의 교류는 전쟁 정보의 수집과 유통이라는 측면에서도 중요
한 역할을 담당했을 것이다.

『임진일록』의 내용을 전체적으로 살펴보면 김종이 전쟁의 상황과
흐름 등을 매우 정확하게 파악하고 있다는 점이 주목된다. 일기에 기
록되어 있는 전쟁에 관한 구체적 정보나 세밀한 소문 역시 신뢰도가
매우 높다. 당장 임진전쟁이 시작된 직후 일본군이 상륙해 부산과 동
래를 함락하면서 북상했던 일 등의 기록만 확인하더라도 이 부분을 비
교적 쉽게 파악할 수 있다.

피난 과정에서 김종은 일본군의 교전 상황이나 이동에 대한 정보를
접하거나 직접 목격했다. 그런데 이 과정에서 김종 일행이 위험할 정
도로 일본군과 근접해진 경우는 거의 없었다. 최소한 거리를 확보한
지역에서 일본군이나 선박의 이동을 목격하는 경우가 대부분이었다.
물론 이 자체만으로도 위험한 상황으로 설명하는 것도 가능할 것이다.
그렇지만 매우 근접한 위치에서 일본군을 직접 목격했던 것은 아니기
때문에 당장의 위협이 되지는 않았던 것으로 보인다.

1592년 6월에도 김종 일행은 피난을 계속했다. 일본군의 기세가 더
욱 커지고 있다는 점과 피난 과정에 관한 내용 등이 기록되었다.[47] 피
난 과정이 급박했기 때문인지 6월 5일부터 6월 9일까지는 기록이 없
다. 6월 10일에 사람들이 특정 지역을 불태웠다는 짧은 기록이 보인
다.[48] 피난 과정 속에서 백성들이 자신의 거주지를 불태웠던 일을 기
록했던 것으로 보인다. 김종은 피난민들이 자신들이 거주지를 불태우

는 모습을 계속 목격하고 조선 백성들이 약탈당했다는 소식 등을 접했다.[49] 이 과정에서 일본군의 선박이 이동하는 모습을 직접 목격했고,[50] 감사가 조선군을 모집하고 있다는 소식 등을 접했다.[51]

『임진일록』의 6월 기록을 보면 두 가지 부분이 주목된다. 먼저 주목되는 것은 급박한 피난 과정 속에서 나타난 백성들의 동향이다. 해당 기록을 보면 백성들이 피난을 위해 거주 지역을 불태우는 모습이나 일본군에게 약탈당했다는 내용을 통해 상당한 긴장감을 느끼도록 해 준다. 하지만 김종 일행의 피난 동선에는 조선 사람들의 모습만 묘사되어 있다. 적어도 일본군을 피할 수 있는 상대적으로 안전한 지역을 통해 이동하고 있다는 점을 보여 주는 것이라 생각한다.

가장 주목되는 부분은 피난으로 정신이 없던 상황 속에서도 김종은 계속 다양한 사람을 만나고 있었다는 점이다. 피난로와 피난 지역에 대한 전쟁 상황을 지속적으로 파악하고 보다 안전한 장소를 찾기 위한 정보가 서로 필요했기 때문이라고 보인다. 김종이 만났던 인물들은 대부분 사대부 계층의 사람들로 판단된다. 실제로 만났던 사람들을 통해 전쟁 정보를 전달받았던 사례가 자주 등장하기 때문이다. 서로 교환했던 정보들은 전쟁 상황 속에서 안전한 지역을 찾고 여러 대비책을 준비하는 과정에서 중요한 역할을 했을 가능성이 높다.

7월의 기록부터 주목되는 부분은 명군明軍에 관한 정보가 민간에 전달되기 시작했다는 점이다. 7월에 김종은 잠시 신동新洞에 머무르게 되었다. 통진현감 이수준의 지원 속에서 조금 더 여유를 찾게 되었다.[52] 여러 사람들을 만나 함께 대화하거나 움직이는 일이 지속되었는데, 김종을 통해 한양 일대의 정보를 파악하려는 사람도 있었다.[53] 지역에서 일본군이 주로 활동하는 장소나 수도에 대한 정보를 궁금해하고 있었던 상황이 반영된 것이다.

7월 6일에는 다시 김포현으로 이동을 시작했다.[54] 일단 통진현 신리新里로 이동하는 경로였는데, 우선 지인의 집에 잠시 머무르게 되었다.[55] 7월 15일에는 일본군이 부평을 함락시켜 가까워졌으므로 바로 피난해야 된다는 소식을 들었지만 김종은 일단 다음 날까지 기다리는 것으로 결정했다. 결국 전달받은 정보가 사실이 아니라는 점을 확인했다.[56] 30일에는 명군에 관한 정보를 파악했다. 지난 4일 명군이 강화도江華島에 들어갔다는 내용이다.[57] 그런데 이 내용도 정확한 사실은 아니었다. 30일 기사에 추가로 기록된 내용에서 '7월 19일 요동부총병遼東副摠兵 조승훈祖承訓이 5천의 병력으로 평양을 공격했지만 패배해서 돌아갔다'는 설명이 있기 때문이다.[58]

7월은 전쟁 상황이 조선에게 매우 불리하게 전개되었고, 백성들은 경기도 여러 지역에서 일본군에게 많은 피해를 겪고 있었다. 피난민들의 입장에서는 자신들과 가까운 곳을 약탈하고 조선군을 압도하던 일본군에 대한 두려움이 점차 커질 수밖에 없었다. 이러한 상황에서 피난민들이 일본군과 다른 지역의 정보를 파악하고 싶어했던 것은 당연하다. 다만 피난민들의 절박한 상황과 전쟁 정보에 대한 필요성에 따라 정확하지 않은 정보의 유통이 확대되었던 것으로 보인다.

그럼에도 김종이 일본군의 접근에 대한 정보에도 침착하게 반응했던 것은 다른 경로를 통해 확보했던 정보와 비교했을 때 당장 피난이 필요한 위급한 상황이 아닐 수 있다는 판단을 했기 때문으로 보인다. 실제로 청원사請援使 이덕형李德馨이 요동에서 복귀했던 날은 7월

3일,[59] 조승훈이 지휘하는 병력이 도착한다고 조정에 보고된 것은 7월 7일이었다.[60] 이 기록과 비교해 본다면 민간에 있었던 김종이 7월에 조선으로 들어왔다는 명군의 움직임 자체는 정확하게 파악했던 것으로 이해할 수도 있다. 물론 명군이 평양성을 공격했다가 크게 패배했던 사실이 조선 조정에 보고된 것은 7월 20일이었다.[61] 이와 관련된 기록은 다음과 같다.

이에 앞서 부총병 조승훈, 유격 장군遊擊將軍 사유史儒·왕수관王守官 등이 진군하여 평양에 이르렀다. 17일 여명黎明에 평양으로 진격하여 성에 포砲를 쏘고 관關을 부수면서 길을 나누어 돌입하여 몸을 돌보지 않고 싸움을 독려하였다. 사유가 사졸보다 앞장서서 천총千摠 마세륭馬世隆·장국충張國忠 두 군관과 함께 직접 적병 수십 급을 참했으나 (사)유와 마·장 두 사람이 탄환에 맞아 전사하였다. 여러 부대가 퇴각하여 무너졌다. (조)승훈은 하루 만에 빨리 달려 대정강大定江에 도착하여 전군全軍을 거느리고 돌아가 버렸다. 병조참지兵曹參知 심희수沈喜壽를 파견하여 구련성九連城에 가서 양총병楊總兵에게 정문呈文하고, 조총병을 거듭 타일러 기성箕城에 머물면서 공격하기를 간절하게 고했다. (심)희수가 돌아와서 계문하여 아뢰기를, "양총병이 크게 노하여 목소리와 얼굴빛이 모두 사나워지면서 말하기를 '예로부터 어찌 대국大國이 소국小國을 위하여 많은 병마를 수고스럽게 움직여 수 삼천 리 밖의 위급한 상황을 구제한 일이 있었는가? 황제의 은혜가 망극하니 마땅히 은혜를 보답하기에 여유가 없어야 할 것이다. 그런데 너희 나라의 장관將官들은 이를 생각하지 않고, 군사·군량·전선을 맡은 여러 신하들은 모두 뒤떨어져 있으면서 전진戰陣에

나아가려 하지 않고 오직 우리 군사들만 몰아 적과 싸우게 하였다. 또 적
군 중에 총을 잘 쏘는 자가 많이 있었는데도 나에게 진작 말하지 않았으
니, 이는 무슨 생각인 것인가?' 하였습니다. 그러고는 바로 하나의 소첩
小帖을 신에게 보여 주었는데, 조총병이 양총병에게 올린 것이었습니다.
첩서 내용에 '조선의 병력 중 하나의 작은 부대가 투항했다'는 따위의 말
이 있었습니다. 신이 기필코 그럴 리가 없다는 뜻을 반복하여 말하자, 그
의 얼굴빛이 조금 누그러지면서 '너희 나라는 본디 예의의 나라禮義之邦
로 일컬어졌는데 어찌 적을 변호하면서 내응하는 일이 있겠는가? 저쪽
군중에 양득공楊得功이란 자가 있는데 나의 친병親兵이다. 마땅히 (그에게)
상세하게 물어보고 헤아려서 처리하겠다'고 하였습니다" 하니, 전교하기
를, "이를 보니 지극히 놀랍다. 어떻게 조처할 것인지 대신에게 하문하라"
고 했다.[62]

이와 관련된 내용을 당시 김종은 정확하게 파악하지 못했던 것으로
보인다. 조선 조정과 명의 총병이 평양성전투 패배 직후 나눴던 내밀
한 대화 내용을 고위 관료가 아니었던 김종이 파악하는 것은 현실적으
로 불가능했을 것이다. 다만 『임진일록』에 전쟁의 구체적 정황들이 비
교적 정확하게 수록되었다는 점을 통해 본다면 명군의 움직임에 대한
정보 자체가 유통되었을 가능성을 상정해 볼 수 있을 것이다.
『선조실록』에 자세하게 기록되어 있는 평양성전투의 과정이 백성
들까지 충분히 전달되지는 못했더라도 조승훈 부대의 평양성 공격은
명군이 전쟁에 본격적으로 참여해 조명 연합군의 활동이 시작되었음
을 의미하는 것이었기 때문에 나름의 상징성을 갖는 사건이었다. 백성

들의 입장에서도 명군의 활동과 사정에 대한 정보를 궁금하게 여겼고, 관련 정보를 수집하고 교환했던 것 같다. 또한 명의 대규모 병력이 조선에 들어와 평양성을 공격했던 상황에서 관련 정보가 민간 영역까지 전혀 전달되지 않는 것도 정상적 모습으로 설명하기는 어렵다.

김종은 8월이 되어 목적지에 도착해 머무르기 시작했던 것으로 보인다. 이후에도 일본군의 움직임에 대한 정보를 계속 수집했으며,[63] 의병장 우성전과 병사兵使 등 군사적으로 중요한 사람들을 만나면서 활발하게 교류했다.[64] 이 과정에서 이산해李山海가 사망했다는 잘못된 정보를 전달받기도 했으며,[65] 의병 활동에 관한 사안들을 논의하기도 했다.[66]

피난과 일본군의 약탈 및 접근으로 긴장되었던 상황은 1592년 9~12월의 기록을 통해서 보면 크게 완화된 것처럼 느껴진다. 심각한 전쟁 상황이고 국가의 존망이 걸려 있었던 상황에서 전쟁의 긴장감이 갑자기 사라질 수는 없었을 것이다. 다만 김종이 머무르던 곳에서 가까운 지역들에는 전투가 발생하지 않았고 당장 일본군의 주력 부대도 멀리 있었던 것 같다. 그렇기 때문에 1592년 4월부터 8월까지 긴장감이 높았던 분위기에 비해 평화로운 분위기로까지 느껴질 수 있는 상황에 대한 기록이 계속 이어진다.

특히 1592년 12월에 관한 기록들은 전후 사정을 모른다면 전쟁의 상황이라고 생각하기 어려울 정도로 평범한 내용이 수록되어 있다. 주변 사람과의 만남, 선물 교환, 식사 및 음주 등에 관한 구체적 설명은[67] 전쟁 이전의 상황과 별다른 차이를 느끼기 어렵다. 이 분위기는 1593년 1월이 되어서도 유지된다.[68]

다만 1월 6일 기록에는 명군이 평양의 일본군을 소탕했다는 내용을 확인할 수 있다. 그런데 이 기록에는 관련 소식을 들었던 것이 지난 1일이었는데 낭설인 것 같다는 설명이 함께 기록되어 있다.[69] 실제로 김종이 명군의 평양성 승전에 대한 소문을 들었던 것은 맞는 것 같다. 하지만 공식적으로 확인되지 않는 내용이어서 낭설로 판단했을 가능성이 높다.

『선조실록』에서 조명 연합군이 평양성을 공격해서 승전한 사실이 국왕에게 보고되었던 기록은 1593년 1월 9일에 확인 가능하다.[70] 김종이 『선조실록』에 평양성전투의 승전이 보고되었던 시점보다 더 빨리 관련 소식을 접했을 가능성은 거의 없다. 그러니 본인이 기록했던 것처럼 1593년 1월 1일에 접했던 승전 소식은 그야말로 낭설이었을 가능성이 매우 높다.

그런데 이 기록을 통해 주목할 것이 있다. 주목할 점은 바로 평양성을 차지하고 있던 일본군을 상당히 압박했고, 실제 전투가 발생했을 경우 승리할 가능성이 높다는 사실을 김종이 어느 정도 파악하고 있었다는 부분이다. 이는 전황에 대한 상당히 정확한 내용들이 조선의 구성원들에게 폭넓게 전달되었음을 추정 가능하게 해 준다. 물론 김종이 들었던 소문을 단순한 사람들의 바람 정도로 이해할 수도 있다. 그렇지만 실제 낭설이라고 판단했던 소식을 듣고 얼마 지나지 않아 조명 연합군이 평양성의 일본군을 대파했다면 당시 전황이나 분위기에 대한 비교적 정확한 정보 혹은 소문이 유통되고 있었던 것으로 추정할 수 있다고 생각한다.

『임진일록』은 아쉽게도 김종이 1593년 5월 23일 사망하면서 기록이 더 이어지지 못한다. 하지만 1년 6개월 정도의 기록만으로도 임진전쟁 당시의 다양한 상황을 살펴볼 수 있는 좋은 자료다. 무엇보다 전쟁에 관한 상황을 시시각각 전달받아 정리했다는 점이나 주변 사람들과의 교류에 관한 내용을 풍부하게 남겼다는 점이 그렇다. 임진전쟁 당시 백성들의 삶을 살펴볼 수 있도록 도와준다는 점에서 큰 의미가 있다고 생각한다.

맺음말

이 글은 임진전쟁 동안 이루어졌던 민간의 정보 전달 양상을 살펴보는 것을 목표로 했다. 본문의 내용들을 통해 사대부 계층을 포함해 백성들이 전쟁 관련 정보를 어떠한 방식으로 접하고 대응했는지를 파악하고자 시도했다. 연구의 중심이 되었던 사료『임진일록』의 기록을 살펴보면 백성들이 전달받았던 전쟁 정보에는 근거 없는 소문이나 풍문 또는 낭설에 해당하는 내용이 매우 적었다. 이는 조선이 국가 규모의 전쟁 상황에서도 민간의 영역까지 상당히 유용한 정보 유통망을 구성해서 기능을 수행했던 것으로 설명 가능하다.

사대부 계층의 인적 네트워크는 전쟁 정보를 전달하고 교환하는 일에서 가장 중요한 역할을 담당했다.『임진일록』에서 자주 확인되는 사대부들의 식사나 대화는 교류의 한 형태였고, 이 과정을 통해 서로가 수집한 정보를 교환했다. 또한 조선에게 불리한 전쟁 상황 속에서도 정확한 정보들이 민간 영역에까지 비교적 빠른 시간 내에 전달되었다는 점도 주목해야 한다. 이는 임진전쟁 초기 혼란상을 다른 측면에서 이해할 수 있는 근거가 되기 때문이다.

전쟁과 같은 혼란한 상황 속에서는 정확하지 않은 정보나 소문이 쉽게 유포되는 것으로 알려져 왔다. 사람들은 기본적으로 관심이 있는 분야에 대한 정보를 구하고자 노력하게 된다. 비록 정확하지 않거나 허황된 내용이라 해도 사람들의 관심이 과도하게 집중되면 필요 이상의 위력을 가지게 되는 것이 정보 혹은 소문이다. 이는 전쟁이 발생하지 않았던 상황에서도 쉽게 찾을 수 있는 현상이다.

대중들이 많은 정보를 다양한 방식으로 수집할 수 있으며, 확인하려는 의지만 있다면 진위를 확인할 수 있는 수단이 다양하게 존재하는 현대사회에서도 잘못된 정보나 확인되지 않은 소문의 위력은 여전히 크다. 특히 대중들이 관심을 많이 갖는 분야에 대한 부정확한 정보나 대중들이 원하는 방향에 부합하는 잘못된 정보들은 엄청난 영향력을 가지고 많은 피해를 양산하는 경우도 적지 않다.

전쟁처럼 사람들의 생명이 쉽게 위협받고, 많은 사람들이 안전한 곳을 찾는 과정 속에서 관련 정보의 중요성은 더욱 커진다. 동시에 잘못된 정보가 사람들을 새로운 위협에 빠지도록 만들거나 혼란상을 확대하는 원인이 되는 경우도 많다. 전쟁이라는 복잡한 상황에서 사람들은 정보의 진위를 파악할 수단이 제한되지만 안전한 곳이나 식량 보급 등에 대한 정보를 필요로 하기 때문에 잘못된 정보를 통해 발생한 혼란상은 쉽게 안정되지 않는다.

그렇기 때문에 임진전쟁처럼 개전 초창기부터 조선이 큰 위기에 빠졌던 경우에는 정확하지 않은 정보나 소문이 광범위하게 유포될 가능성이 높은 것으로 생각되어 왔다. 그런데『임진일록』이나『쇄미록』등의 내용을 살펴보면 이는 성급한 일반화로 볼 수 있다. 개인 기록을 통해서 보았을 때, 전쟁 관련 정보를 쉽게 구하기 어려운 지방에 있었던 인물들조차 상당히 정확한 전쟁 관련 정보를 수집하고 있었음을 확인할 수 있기 때문이다.

또한 지방에 있는 사대부들이 한양이나 평양, 조선군이나 명군, 일본군 등의 동정을 비교적 신속하게 파악하고 있다는 점도 확인 가능하다. 전쟁 중에도 조선의 정보 유통망이나 전달 체제가 제대로 작동하고 있었음을 보여 주는 증거라 판단한다. 물론 민간의 영역에서 명군의 구체적 동향이나 전투 양상 등에 관한 정보를 세밀하게 파악하지는 못했다. 그럼에도 명군의 참전이나 조명 연합군의 동향에 대한 정보를 민간 영역에서도 수집하고 서로 전달했다는 사실은 확인 가능하다.

한 가지 더 주목할 부분은 전쟁 기간 동안에도 허황된 소문이나 풍문이 과도하게 생산되어 유통되지는 않았다는 점이다. 급박하고 혼란한 상황에서는 부정확한 정보가 유통될 가능성이 높을 것이라는 생각과 달리『임진일록』에는 전쟁에 관한 상당히 정확한 내용들이 기록되어 있었다. 당연하게도『임진일록』이 김종의 기록을 바탕으로 후대에 편집되어 추가된 내용들이 있다는 점을 함께 고려해야 한다. 그러나『임진일록』을 통해 전쟁과 관련된 개인 기록들이 상당히 정확한 사실들을 바탕으로 작성되었다는 점에 주목해야 한다. 이와 같은 인식을 바탕으로『임진일록』을 심도 깊게 살펴본다면 조선의 사회체제를 이해하는 작업에 많은 도움이 될 것이라 기대한다.

전쟁에 관한 사료들은 국왕이나 고위 관료들의 활동상을 중심으로 남아 있는 경우가 압도적으로 많았다. 전쟁 과정 속에서 누구보다 고생하면서 위험한 업무를 수행했던 일반 군인들이나 직위가 낮은 관료에 대한 기록은 제한적으로 남아 있을 뿐이다. 전쟁 과정 속에서 낮은 지위의 사람들에 대한 활동상에 대해 관심을 가지는 경우도 많았지만 사료의 제한이라는 한계 때문에 이를 파악해서 설명하는 작업은 쉽게 진행되지 못했다. 전쟁 상황에서 누구보다 예민하게 반응할 수밖에 없었던 백성들의 활동 양상을 파악하는 작업 또한 결코 쉽지 않았다.

다행히 최근에는 개인이 남겼던 일기 자료가 번역 작업을 통해 학계와 대중에게 소개되면서 비관료 집단에 해당하는 사람들의 활동상을 파악하는 연구가 구체화될 수 있었다. 특히 전쟁 기간의 다양한 모습을 보여 주는 사료로는 임진전쟁 기간 동안의 기록을 담은 일기 자료가 비교적 많이 소개되었다.

일기 자료는 기록자가 본인의 경험을 기반으로 사료를 직접 생산했다는 점에서 큰 의미가 있다. 하지만 기록자 본인의 주관적 시각을 통해 자료를 남겼기 때문에 객관성을 증명하기 어렵다는 한계도 가지고 있다. 다만 인간이 기록한 사료에서 이론의 여지가 없는 객관성을 확보하는 것은 현실적으로 어렵다. 사료를 생산하는 것도 이를 확인해서 의미를 해석하고 설명하는 것 모두 인간이 주도하기 때문이다.

조선시대의 특성을 파악하려면 『조선왕조실록』이나 『승정원일기』와 같은 관찬 사료 이외에도 개인의 삶을 통해 시대상을 추적할 수 있는 일기나 편지 등의 기록을 중요하게 활용해야 한다. 일기 자료를 통해 기존 사료로는 확인하기 어려웠던 생활사 영역의 구체적 모습을 살펴보는 작업이 가능하기 때문이다.

임진전쟁은 국제전으로 전개되었다는 점과 동아시아의 주요 3개국이 동시에 참전해서 싸웠다는 점에서 국가의 역할이 보다 강조될 수밖에 없었다. 이와 같은 측면에서 국왕이나 고위 관료들의 판단이나 논의 과정 및 전쟁의 전개 과정을 설명해 주는 사료들이 연구에서 중요하게 활용되었다. 무엇보다 임진전쟁 관련 사료가 3국의 중앙정부를 중심으로 생산되었던 기록을 중심으로 남아 있었기 때문에 전쟁 속에서 다른 계층의 활동을 살펴보는 시각은 더욱 제한될 수밖에 없었다.

이제 연구자들은 임진전쟁 기간 동안 관직이 없었던 사대부나 백성들의 활동이나 생각들을 부분적으로 살펴볼 수 있는 자료에 관심을 가지게 되었고, 번역 작업도 진행되었다. 여기에 해당하는 사료로 제시할 수 있는 것이 『쇄미록』, 『운천호종일기』, 『임진일록』 등이다. 번역 작업까지 완료된 이 사료들을 관찬 사료와 함께 활용한다면 임진전쟁을 이해하기 위한 보다 다양한 시각이 나타날 것이다.

특정 상위 계층의 정보 독점 문제는 시대를 막론하고 큰 문제가 되었다. 정보 수집의 비대칭성으로 표현하는 것도 가능한 이 문제들은 전근대 시기는 물론 현대 사회에도 적용할 수 있는 사안이다. 특히 전쟁 상황에서 관련 정보의 전달이 늦어지는 상황은 방어 전략을 수행하는 입장에서 항상 수동적 자세로 일관할 수밖에 없도록 만드는 것은 물론 민간의 피해를 확대시키는 중요한 원인이 되었다.

일반적으로 민간의 정보 수집 수단이 제한되고, 정보 취득 시기가 관료 집단에 비해 늦을 수밖에 없다는 점은 전쟁 상황에서 백성들의 피해가 확대되는 원인이었다. 전쟁 상황에서 민간인보다 군인의 피해가 더 적다는 연구 결과나 인식 역시 동일한 원인에서 비롯되었던 것으로 보인다. 모든 집단의 구성원들은 자신에게 이익이 되는 정보를 수집하거나 교환하기 위해 노력한다. 이와 같은 구조는 항상 정보를 독점할 수 있는 집단이 사회적 우위를 점유할 수 있는 기회를 만들어주었다. 하지만 전쟁 상황에서도 정보 수집과 전달 체계가 제대로 기능하는 동시에 관료, 무관직 사대부, 백성 등이 관련 정보를 확인할 수 있는 시점이 큰 차이가 없다면 이는 전쟁 상황의 전파와 대중의 대응이란 측면에서 새로운 설명을 제시하는 작업도 가능할 것이다.

평소에도 우리는 많은 소문과 풍문을 접한다. 그런데 소문과 풍문 중 진실에 해당하는 것들은 많지 않다. 우리는 보다 정확한 내용을 반영한 소식을 '정보'로, 정확하지 않은 내용을 반영한 소식은 '소문' 혹은 '풍문'으로 표현하는 경향이 있다. 이는 사람들이 항상 관심 분야에 대한 소식을 찾고자 노력하는 모습이 반영된 것이다. 특히 자국의 영토에서 전쟁이 진행되는 상황 속에서는 관련된 정보를 수집하기 위해 많은 노력을 기울였을 것이다.

『임진일록』의 기록을 살펴보면 김종이 전달받았던 정보에는 전쟁이나 피난에 관한 내용들은 많았지만 근거 없는 소문이나 풍문에 해당하는 내용은 매우 적었다. 이는 조선이 건국 이후 경험하지 못했던 국가 규모의 전쟁 상황에서도 민간의 영역까지 상당히 유용한 정보 유통망이 구성되어 있었고 나름의 기능을 수행했던 증거로 이해할 수 있다.

무엇보다 사대부 계층의 인적 네트워크가 전쟁 정보를 전달하고 교환하는 일에 가장 중요한 역할을 했다는 점과 조선에게 일방적으로 불리한 전쟁 상황 속에서도 상당히 정확한 정보들이 민간 영역에까지 비교적 빠른 시간 안에 전달되었다는 점에 주목해야 한다. 이는 임진전쟁 초기의 국가적 혼란상으로 알려져 있는 상황의 이면을 설명해 주는 것이 되기 때문이다. 더 나아가서는 임진전쟁이라는 국제전쟁의 과정과 종전 후 수습 과정에서 조선이 어떠한 방식으로 국가 체제를 유지할 수 있었는지에 대한 답변을 찾을 수 있을 것이라 기대한다.

이 글은『임진일록』을 중심으로 연구가 진행되었기 때문에 아직 미진한 부분이 많다. 전쟁 상황 속에서 국가 혹은 민간의 정보 전달 및 교환에 관한 연구를 위해서는 앞으로 크게 두 가지 방향을 설정하고 작업을 진행해야 한다. 우선『임진일록』이나『쇄미록』등의 자료 이외에 임진전쟁에 관한 개인 기록을 더 찾아서 함께 당시의 시대상을 살펴보는 것이다. 다음으로는 임진전쟁 기간 동안의 '정보'라는 소재 자체에 보다 초점을 맞춰 연구를 진행하는 방안이 필요하다.

연구의 확장이 가능하다면 임진전쟁 중 백성들이 어떠한 내용의 전쟁 관련 정보를 수집했는지에 대해 보다 깊게 파악하는 동시에 해당 정보가 공식 보고 체계를 통해 조정에 보고되는 시점과 일반 백성들이 이에 관한 정보를 인지했던 시점 등을 비교해 보는 작업이 필요하다. 이를 통해 전쟁 상황 속에서 조선이 가지고 있었던 정보 유통 체제 혹은 전달 체제를 이해하면서 조선의 국가 체제를 통시적으로 파악하는 연구로 확장할 필요가 있다.

참고문헌

『孤臺日錄』

『大東野乘』

『宣祖實錄』

『宣祖修正實錄』

『瑣尾錄』

『雲川扈從日記』

『壬辰日錄』

『懲毖錄』

권기중, 「임진왜란 시기 향리층의 동향과 전후戰後의 향리사회–경상도 지역을 중심으로」, 『역사와 현실』 64, 한국역사연구회, 2007.

김경태, 「『쇄미록』에 나타난 임진왜란 관련 정보의 전달 양상」, 『역사와 담론』 99, 호서사학회, 2021.

_____, 「2000년대 이후 임진왜란 연구의 새로운 경향과 과제」, 『朝鮮時代史學報』 108, 朝鮮時代史學會, 2024.

_____, 「정유재란 직전 조선의 정보 수집과 재침 대응책」, 『韓日關係史研究』 59, 한일관계사학회, 2018.

김문자, 「정보·통신과 임진왜란」, 『韓日關係史研究』 22, 한일관계사학회, 2005.

_____, 『임진전쟁과 도요토미 정권』, 경인문화사, 2021.

김용, 김상환 옮김, 『운천호종일기』, 한국국학진흥원, 2022.

金弘,「壬辰倭亂의 軍事史的 硏究」, 경북대학교 대학원 사학과 박사학위논문, 1993.

노영구,「임진왜란 초기 경상우도 의병의 성립과 활동 영역-김면金沔 의병부대를 중심으로」,『역사와 현실』64, 한국역사연구회, 2007.

_____,「총론 : 전쟁과 일상-『고대일록孤臺日錄』을 통한 임진왜란 이해」,『역사와 현실』64, 한국역사연구회, 2007.

민덕기,「임진왜란기 '부왜附倭' 정보와 조선 조정의 대응-'附賊' 용례를 중심으로-」,『韓日關係史硏究』47, 한일관계사학회, 2014.

_____,「임진왜란기 정경운의 『孤臺日錄』에서 보는 아래로부터의 聞見정보-實錄의 관련정보와의 비교를 중심으로-」,『韓日關係史硏究』45, 한일관계사학회, 2013.

_____,「임진왜란에 납치된 조선인과 정보의 교류」,『史學硏究』74, 韓國史學會, 2004.

윤경하,「壬辰倭亂 직전 戰爭情報와 조선의 對應」,『강원사학』26, 강원사학회, 2014.

李仙喜,「임진왜란 시기 咸陽 守令의 전란대처-『孤臺日錄』을 중심으로-」,『震檀學報』110, 震檀學會, 2010.

丁晨楠,「明淸時代 朝鮮의 중국정보 수집-'新聞類 소식지'를 중심으로-」, 연세대학교 대학원 사학과 박사학위논문, 2019.

정해은,「임진왜란 시기 경상도 사족의 전쟁 체험-함양 양반 정경운을 중심으로」,『역사와 현실』64, 한국역사연구회, 2007.

차혜원,「조선에 온 중국 첩보원-임진왜란기 동아시아의 정보전과 조선」,『역사비평』85, 역사문제연구소, 2008.

_____,「중국 복건 지역의 임진전쟁(1592~1598) 대응」,『東方學志』174, 연세대학교 국학연구원, 2016.

_____,「임진전쟁기, 중국 강남 지방의 通倭案-기록과 사실 사이에서-」,『歷史學報』248, 歷史學會, 2020.

최현숙,『임진일록』, 한국국학진흥원, 2012.

한명기,『임진왜란과 한중관계』, 역사비평사, 1999.

허태구,「임진왜란과 지도·지리지의 군사적 활용」,『사학연구』113, 한국사학회, 2014.

村井章介,「壬辰倭亂의 歷史的 前提-日朝關係史를 중심으로-」,『南冥學研究』第7輯, 慶尙大
　學校 南冥學研究所, 1998.

米谷均,「『全浙兵制考』「近報倭警」에서 본 日本情報」,『韓日關係史研究』20, 한일관계사학
　회, 2004.

北島万次, 김문자·손승철 엮음,『北島万次, 임진왜란연구의 재조명』, 백산서당, 2019.

주

1 임진전쟁기의 정보 수집과 정보 활동에 관한 주요 연구를 소개하면 다음과 같다.
金弘, 「壬辰倭亂의 軍事史的 硏究」, 경북대학교 대학원 사학과 박사학위논문, 1993.
村井章介, 「壬辰倭亂의 歷史的 前提-日朝關係史를 중심으로-」, 『南冥學硏究』 第7輯, 慶尙大
校 南冥學硏究所, 1998.
米谷均, 「『全浙兵制考』『近報倭警』에서 본 日本情報」, 『韓日關係史硏究』 20, 한일관계사학
회, 2004.
민덕기, 「임진왜란에 납치된 조선인과 정보의 교류」, 『史學硏究』 74, 韓國史學會, 2004.
김문자, 「정보·통신과 임진왜란」, 『韓日關係史硏究』 22, 한일관계사학회, 2005.
차혜원, 「조선에 온 중국 첩보원-임진왜란기 동아시아의 정보전과 조선」, 『역사비평』 85, 역
사문제연구소, 2008.
민덕기, 「임진왜란기 정경운의 『孤臺日錄』에서 보는 아래로부터의 聞見정보-實錄의 관련
정보와의 비교를 중심으로-」, 『韓日關係史硏究』 45, 한일관계사학회, 2013.
허태구, 「임진왜란과 지도·지리지의 군사적 활용」, 『사학연구』 113, 한국사학회, 2014.
민덕기, 「임진왜란기 '부왜附倭' 정보와 조선 조정의 대응-'附賊' 용례를 중심으로-」, 『韓日關
係史硏究』 47, 한일관계사학회, 2014.
윤경하, 「壬辰倭亂 직전 戰爭情報와 조선의 對應」, 『강원사학』 26, 강원사학회, 2014.
차혜원, 「중국 복건 지역의 임진전쟁(1592~1598) 대응」, 『東方學志』 174, 연세대학교 국학
연구원, 2016.
김경태, 「정유재란 직전 조선의 정보 수집과 재침 대응책」, 『韓日關係史硏究』 59, 한일관계
사학회, 2018.
丁晨楠, 「明淸時代 朝鮮의 중국 정보 수집-'新聞類 소식지'를 중심으로-」, 연세대학교 대학
원 사학과 박사학위논문, 2019.
차혜원, 「임진전쟁기, 중국 강남 지방의 通倭案-기록과 사실 사이에서-」, 『歷史學報』 248,
歷史學會, 2020.
김경태, 「『쇄미록』에 나타난 임진왜란 관련 정보의 전달 양상」, 『역사와 담론』 99, 호서사학
회, 2021.
2 김경태, 위의 논문, 2021.
3 노영구, 「총론 : 전쟁과 일상-『고대일록孤臺日錄』을 통한 임진왜란 이해」, 『역사와 현실』 64,
한국역사연구회, 2007.
노영구, 「임진왜란 초기 경상우도 의병의 성립과 활동 영역-김면金沔 의병부대를 중심으
로」, 『역사와 현실』 64, 한국역사연구회, 2007.
정해은, 「임진왜란 시기 경상도 사족의 전쟁 체험-함양 양반 정경운을 중심으로」, 『역사와
현실』 64, 한국역사연구회, 2007.
권기중, 「임진왜란 시기 향리층의 동향과 전후戰後의 향리사회-경상도 지역을 중심으로」,
『역사와 현실』 64, 한국역사연구회, 2007.

李仙喜, 「임진왜란 시기 咸陽 守令의 전란대처-『孤臺日錄』을 중심으로-」, 『震檀學報』 110, 震檀學會, 2010.

4 『운천호종일기』는 사관 김용金涌(1557~1620)이 의주로 피난하던 선조를 호종하면서 남겼던 일기다. 번역본이 한국국학진흥원의 일기국역총서 중 한 권으로 발간되었다(김용 저, 김상환 옮김, 『운천호종일기』, 한국국학진흥원, 2022).

5 노영구, 「해제」, 『운천호종일기』, 한국국학진흥원, 2022, 9~10쪽 참조.

6 『임진일록』의 원문 이미지는 현재 서울대학교 규장각한국학연구원 홈페이지(https://kyu.snu.ac.kr/)의 '자료 및 원문검색' 서비스를 통해 확인할 수 있다(古4655-33).

7 최연숙, 「해제」, 『임진일록』, 한국국학진흥원, 2012, 9~10쪽 참조.

8 최연숙, 위의 글, 10쪽, 12쪽 참조.

9 최연숙, 위의 글, 15쪽.

10 당시 김종은 귀후서 별제歸後署 別提로 있다가 상의원 별좌尙衣院 別座로 전직했던 것으로 추정된다(최연숙, 위의 글, 12쪽).

11 『임진일록』 선조 25년 4월 7일.

12 『선조수정실록』 권26, 선조 25년 3월 3일 갑자.

13 『선조수정실록』 권26, 선조 25년 3월 3일 갑자, "以金誠一爲慶尙右兵使 時曹大坤以老病被遞 特旨以金誠一代之 蓋誠一常言 倭必不來 寇亦不足憂 又箚論嶺南築城練卒之弊 慶尙監司金睟狀啓云 築城之役 由道內士大夫厭其煩弊 鼓出異議 爲此沮抑 上以此 不直誠一所論 遂有是 除 備邊司啓以誠一 儒臣 不合此時邊帥之任 不允."

14 『임진일록』 선조 25년 4월 11일.

15 『임진일록』 선조 25년 4월 13일.

16 『선조실록』 권26, 선조 25년 4월 13일 임인.

17 『선조실록』 권26, 선조 25년 4월 13일 임인, "倭寇至 (…) 賊船蔽海而來 釜山僉使鄭撥 方獵於絶影島 謂爲朝倭 不設備 未及還鎭 而賊已登城 撥死於亂兵中 翌日陷東萊府 府使宋象賢死之 其妾亦死之 賊遂分道陷金海密陽等府 兵使李珏 擁兵先遁 昇平二百年 民不知兵 郡縣望風奔潰 唯密陽府使朴晉 右兵使金誠一 與賊戰于晉州 誠一使牙將李宗仁 射殺賊酋騎白馬者 賊遂稍郤."

18 『임진일록』 선조 25년 4월 14일.

19 『임진일록』 선조 25년 4월 15일.

20 『선조실록』 권26, 선조 25년 4월 17일 병오.

21 『징비록』 권1, 4월 17일.

22 『선조실록』 권26, 선조 25년 4월 17일 병오, "晡時 邊報至京 卽以李鎰爲巡邊使 將精銳 禦戰于尙州敗績 從事朴箎尹暹等皆死 鎰單騎走免."

23 『선조실록』 권26, 선조 25년 4월 17일 병오, "砬至忠州 諸將皆欲據鳥嶺之險 以遏敵衝 砬不從 欲長驅於平原 二十七日陣于丹月驛前 軍卒有言 賊已至州內者 砬以爲驚衆 卽斬以徇 賊設伏繞 出我師之後 衆遂大潰 砬突圍至鍵川月灘邊 召其下曰 無面目見殿下 遂溺死 其從事金汝岉朴安民 亦溺死."

24 『임진일록』 선조 25년 4월 16일.

25 『임진일록』 선조 25년 4월 17일.

26 『임진일록』 선조 25년 4월 17일.

27 『쇄미록』 권1, 임진남행일록壬辰南行日錄, 4월 9일.

28 『쇄미록』권1, 임진남행일록壬辰南行日錄, 4월 11일.

29 위와 같다.

30 『쇄미록』권1, 임진남행일록壬辰南行日錄, 4월 16일.

31 『임진일록』선조 25년 4월 19일.

32 『임진일록』선조 25년 4월 21일.

33 『임진일록』선조 25년 4월 22일.

34 『임진일록』선조 25년 4월 28일.

35 『임진일록』선조 25년 4월 29일.

36 『선조실록』권26, 선조 25년 4월 30일 기미.

37 『선조실록』권26, 선조 25년 4월 30일 기미, "曉上已出御仁政殿 百官人馬 闃咽於殿庭 是日 大雨終日 上及東宮御馬 中殿御屋轎 淑儀以下 到洪濟院 雨甚 舍轎乘馬 宮人皆痛哭步從 宗親 文武扈從者 數不滿百 晝點于碧蹄館 僅備御廚 東宮則闕膳 兵曹判書金應南 親自奔走於泥濘 中 猶不能制 京畿觀察使權徵 抱膝瞪目 罔知所措."

38 다만 전쟁 당시 조선의 구성원이 대부분 정보의 유통 과정에 포함되어 있었는지 여부에 대 해서는 추가 연구가 필요하다. 『임진일록』과『쇄미록』등은 조선 사회의 상위 계층에 해당하 는 인물들이 작성한 기록이다. 일반 백성들에 비해 인적 네트워크나 조정의 정보를 확인할 수 있는 다양한 경로를 확보했을 가능성이 높다. 그러므로 보다 다양한 임진전쟁 당시의 일 기 기록들을 비교·분석 하는 연구가 지속되어야 한다.

39 『임진일록』선조 25년 5월 1일.

40 『임진일록』선조 25년 5월 2일;『임진일록』선조 25년 5월 3일;『임진일록』선조 25년 5월 4일.

41 『임진일록』선조 25년 5월 11일.

42 『임진일록』선조 25년 5월 12일.

43 『임진일록』선조 25년 5월 13일.

44 『임진일록』선조 25년 4월 21일;『임진일록』선조 25년 4월 22일.

45 『임진일록』선조 25년 5월 15일;『임진일록』선조 25년 5월 22일;『임진일록』선조 25년 5월 24일.

46 김경태는 양반 관료의 관계망이 전쟁 정보의 수집과 유통 등의 과정에서 다른 계층의 구성 원보다 유리한 입장에 위치할 수 있는 역할을 했다는 점을 선도적으로 설명했다(김경태, 앞 의 책, 2021, 116쪽 참조).

47 『임진일록』선조 25년 6월 1일;『임진일록』선조 25년 6월 2일.

48 『임진일록』선조 25년 6월 10일.

49 『임진일록』선조 25년 6월 11일;『임진일록』선조 25년 6월 12일.

50 『임진일록』선조 25년 6월 24일.

51 『임진일록』선조 25년 6월 25일.

52 『임진일록』선조 25년 7월 3일;『임진일록』선조 25년 7월 4일.

53 『임진일록』선조 25년 7월 2일;『임진일록』선조 25년 7월 3일.

54 『임진일록』선조 25년 7월 6일.

55 『임진일록』선조 25년 7월 7일;『임진일록』선조 25년 7월 8일.

56 『임진일록』선조 25년 7월 15일.

57 『임진일록』선조 25년 7월 30일.

58 『임진일록』 선조 25년 7월 30일.

59 『선조실록』권28, 선조 25년 7월 3일 경신, "請援使大司憲李德馨 自遼東來 上命引見 德馨及承旨洪進進兼春秋尹承勳奉敎奇自獻入侍 德馨曰 小臣入遼東時 往道以去 越江四日半入去 呈咨文後又呈文 請兵待回報 而未卽回報 廣寧都御史及楊摠兵 當來到遼東 待其來欲呈文 楊摠兵時在廣寧 出給回咨 使之速去回報 故不得外留 來時以內附事 又爲呈文 則曰 爾國悶迫之事 吾已細知 爾可勿疑而去 內附事亦已回報 萬一賊勢充斥 則雖無聖旨 當議而爲之云 上曰 此何人之言乎 德馨曰 布政使之言 而其言曰 接待事 與其處官員議之 則曰 不可於小小衛門爲之 若不幸而來 則官屬及不得已 從之者外 扈衛軍士亦簡略率來云矣 小臣之意 急迫則 內附似無防遮 而遼左一隅 人烟絶少 道路亦險 常時下人之往來 亦以爲難於久住也 臣預書呈文 欲呈於楊摠兵 而適路逢祖摠兵呈之 則曰 賊鋒漸近 上司軍馬添發然後 可以及救之 祖摠兵曰 糧芻不及支供 故來待于鳳凰城 國王若在定州 吾欲入攻平壤 而己離定州 則吾不得已退兵 歸語國王安心留義州 則史遊擊亦在 若聞聲息則 吾一日當馳到江上 急救之云 上曰 疑之者何事 德馨曰 朝鮮八道兵馬强盛 而曾不數旬 乃至於此 疑其爲假倭而云 上曰 假倭之言 人假稱爲倭之云乎 抑與倭同心之謂乎 頃者祖摠兵咨文 亦有不軌之心之語 以此見之 則可知其疑之也 德馨曰 小臣泣而陳辯然後 測然以感矣 頃者天朝人之來 有深意存焉 而不卽押送平壤 故致疑也 上曰 大槪入遼之計如何 德馨曰 我國無一邑然後可去 若有一邑則不可去矣 大槪供億何衙門爲之乎 必不得已而兵鋒 逼迫然後可去 不然則似不可去也 上曰 卿來路 不見黃應陽乎 德馨曰 臣倍道出來 中路阻水 不得見之 上曰 自此入遼東有水乎 德馨曰 有八渡河 又有山水峻急 阻水則不易於渡 靑石等嶺 山路斷險 遼東極遠之地 人家亦甚罕 而陋惡不可止宿 遼陽則城子地勢卑湫 而水土且惡矣 上曰 水土惡云者 何謂也 德馨曰 水乃泥水而無淸水 雖有井不好也 尹承勳曰 宗社大計 如小臣者 固不可容喙 過江之後 則二百年宗社 將置於何所 懇請天兵 而我國亦召募軍民 則亦豈無可爲之事乎 洪進曰 大臣接見可也 上曰 見予何爲 在平壤時 一日七度接見 而終不能決奈何 德馨曰 不得已陸續送使臣然後 彼知切迫之勢耳 咸鏡道爲根本 若被侵凌 則國家之事 無復可爲 上曰 將奈何 德馨曰 遣重臣敎諭 姑以江上土兵 出於鐵嶺 善爲防截 則地勢險阻 或可以興復矣 上曰 地勢極遠 何以能爲 德馨曰 從薛罕嶺去 則可以周旋矣 上曰 今不可爲矣."

60 『선조실록』권28, 선조 25년 7월 7일 갑자, "禮曹判書尹根壽 以祖摠兵通于戴史兩將小簡啓曰 今朝將官見譯官韓潤甫 出給簡帖 俾之啓曰 仍曰 俺等初意兵馬作三起 前發 今見祖摠兵簡 諸將當一時同發 楊摠兵明日 若到江上 當卽渡兵馬 傳曰 無糧餉而如是俱來 予意還以爲悶也."

61 『선조실록』권28, 선조 25년 7월 20일 정축.

62 『선조실록』권28, 선조 25년 7월 20일 정축, "先是 副摠兵祖承訓 游擊將軍史儒王守官等 進至平壤 以十七日黎明 進迫平壤 砲城斬關 分道以入 奮躍督戰 史儒身先士卒 與千摠馬張二官 手斬賊累十級 儒及馬張二人 中丸而死 諸軍退潰 承訓 一日之內 疾馳到大定江 將全軍回去 遣兵曹參知沈嘉壽 往九連城 呈文于楊摠兵 懇告以申勅祖摠兵 留擊箕城 嘉壽回來啓曰 楊摠兵大怒 聲色俱厲曰 自古以來 安有大國爲小國 勞動許多兵馬 救濟急難 於數三千里之外者乎 皇恩罔極 所當圖報之不暇 而爾國將官 不此之思 管兵管糧管舡諸臣 皆落後不肯上陣 獨驅吾兵犯賊 且城中多有善射者 不曾說吾 是何等意思也 卽出一小帖示臣 乃祖摠兵 呈楊摠兵者也 帖中有 朝鮮之兵 一小營投順 等語 臣反覆以必無此理之意 則其色稍降曰 爾國素稱禮義之邦 豈有護賊內應之理 彼軍中有楊得功者 俺之親兵也 從當詳問量處 云云 傳曰 觀此極爲驚愕 何以處之 問于大臣."

63 『임진일록』선조 25년 8월 11일; 『임진일록』선조 25년 8월 12일.

64 『임진일록』선조 25년 8월 19일.

65 『임진일록』 선조 25년 8월 17일; 『임진일록』 선조 25년 8월 12일.

66 『임진일록』 선조 25년 8월 20일.

67 『임진일록』 선조 25년 12월 16일; 『임진일록』 선조 25년 12월 18일; 『임진일록』 선조 25년 12월 22일.

68 『임진일록』 선조 26년 1월 1일; 『임진일록』 선조 26년 1월 2일; 『임진일록』 선조 26년 1월 4일.

69 『임진일록』 선조 26년 1월 6일.

70 『선조실록』 권34, 선조 26년 1월 9일 갑자, "平壤捷音至 上曰 今來報捷之人 給以銀兩 在此將官 當遣大臣承旨問安 且於李提督處 亦當致謝問安."

전쟁미시사

1판 1쇄 발행 2024년 11월 29일

지은이 · 엄기석 김경태 김정운 김한신 이규철
펴낸이 · 주연선

(주)은행나무
04035 서울특별시 마포구 양화로11길 54
전화 · 02)3143-0651~3 | 팩스 · 02)3143-0654
신고번호 · 제1997-000168호(1997. 12. 12)
www.ehbook.co.kr
ehbook@ehbook.co.kr

ISBN 979-11-6737-503-2 (93910)

ⓒ 한국국학진흥원 인문융합본부, 문화체육관광부